左舜生口述史（1893-1961）
The Reminiscences of TSO Shun-sheng, 1893-1961

記錄 Recorder
夏連蔭
Julie Lien-ying HOW

編譯 Translator & Editor
郭世佑　劉紅英
Shiyou GUO　Hongying LIU

左舜生與夏連蔭在香港鑽石山,左寓口述現場(1961)

左舜生與夏連蔭在
左寓門前(1961)

目錄

漢譯序言／郭世佑 1
前言／何廉、韋慕庭 9

第一章　早年經歷與教育（1893-1916）........................ 11
第二章　回應新文化運動／少年中國學會 21
第三章　出版界／歷史研究 51
第四章　中國青年黨的組織與準則／黨與國民革命
　　　　（至 1927 年 4 月）..................................... 77
第五章　訓政時期的中國青年黨（1927 年 4 月以後）
　　　　... 105
第六章　與蔣介石關係正常化（1933-1937）.............. 145
第七章　戰時回憶 183
第八章　第一屆國民參政會（1938-1941）................. 209
第九章　中國民主政團同盟（1941-1944）／
　　　　中國民主同盟（1945-）............................... 229
第十章　第三勢力（1945-1946）............................... 253
第十一章　參加政府（1947 年 4 月至 1949 年初）
　　　　... 295
第十二章　近年（1949 年初至 1961 年）................... 325
附言 359
譯後記／劉紅英 361

左舜生口述史（1893-1961）*
紐約州紐約市哥倫比亞大學東亞研究所中國口述史計畫（1965）

錄　　音：夏連蔭（Julie Lien-ying How）（1961）
英文轉錄：夏連蔭（Julie Lien-ying How）（1965）
中　　譯：郭世佑、劉紅英
校　　對：郭世佑

---

* 在英譯稿的標題 *The reminiscences of Tso Shun-sheng (1893-1969) as told to Julie Lien-ying How* 裡，可將中心詞 reminiscences 直譯為「回憶錄」，然此稿並非左舜生個人獨立完成的回憶錄，屬於哥倫比亞大學東亞研究所中國口述史專案之一，該所研究人員夏連蔭（Julie Lien-ying How）女士在問題設計、全程提問、質疑憶述、錄音整理與英文轉譯等全程參與所起的作用至關重要，故將書名譯為《左舜生口述史》。至於該口述史的起訖年份，夏連蔭女士依照左舜生的生卒年，標為 1893-1969，實不確切。1969 年只是左舜生在口述結束數年之後的病逝年份，並非該口述史文本所囊括的迄止年份。就夏連蔭女士對左舜生的訪問過程而言，始於 1961 年 1 月 27 日，終於同年 12 月 29 日。就左舜生所述內容而言，時空範圍也是 1961 年為止，因此本書中文標題定為「1893-1961」。雖「附言」（postscript）錄有左舜生 1964 年 2 月 3 日所寫的一篇短評，談 1964 年年初的事，但不屬於兩人互動的口述史篇章。

漢譯序言

　　近四十年來，海內外中國近代史的資料挖掘、專題探究與學術交流日新月異，論著頻仍，已不再是 1980 年左右的青澀面目可比。然而，在海峽兩岸，特別是中國大陸的學術話語裡，在英語世界的史學空間，曾被鄭天挺、陶希聖、費正清（John King Fairbank）、韋慕庭（Martin C. Wilbur）、沈雲龍、李守孔等中外史家所珍視的中國近代史學科開創者之一左舜生（1893-1969），至今還像該專業的失蹤者，諱言猶在，匪夷所思。左舜生畢竟還是五四前後的知名社團－少年中國學會的後來居上者，也是民國第三大黨中國青年黨的後來居上者，該黨內外亦有「曾、左、李」之稱。

　　中國大陸的史學論著亦已呈現抗戰期間國民參政會的存在價值，左舜生卻是該會的主要發言人之一。君不見，當六位國民參政員離開延安前夕，中共領袖毛澤東在寓所單獨邀宴兩位國民參政員，左舜生就是其中之一，由毛公的文武兩佐周恩來與朱德作陪。如今的中國民主同盟在回首自身的成長歷程時，儘量繞開左舜生，左舜生卻是該盟

的前身「中國民主政團同盟」的秘書長，是代表主席張瀾統籌全局，與蔣介石掌控的國民政府軟硬斡旋凡數載的實際負責人。而在此之前，左舜生還是蔣介石邀入廬山別墅的座上之賓，亦乃蔣介石敦促中央政治學校特聘的兩位非國民黨黨籍的教授之一，在南京內外都比較顯眼，而左舜生並不覺得這有什麼特別的榮譽。

呈現在讀者面前的這一冊《左舜生口述史》，是對美國哥倫比亞大學東亞研究所中國口述史計畫執行人夏連蔭女士（Julie Lien-ying How）完成的「左舜生口述史」英文打字稿的中文回譯，即對左舜生的漢語口述試作修復式迻譯的文本。在口述錄音未曾完整保存之前提下，回譯本身的冒險性是不言而喻的。較之將馬克思（Karl Marx）、恩格斯（Friedrich Engels）的母語文本德文譯成英文或英文譯成俄文之後，再由俄文迻譯成中文而越譯越遠之杞憂，猶有過之。

學術乃天下之公器。譯者之所以明知故犯，輒與「左舜生口述史」的英文打字稿至今無人問津有關。[1] 倘若未曾越洋閱讀過「左舜生口述史」英文打字稿的華語史學同

---

[1] 2023年1月，秀威資訊以《左舜生回憶錄》為書名，推出新冊。閱後可知，該書的編者亦未關注藏於哥倫比亞大學圖書館的「左舜生口述史」英文打字稿。《左舜生回憶錄》的主體部分就是《近三十年見聞雜記》一書，再加發表於香港報刊的〈最近十年的香港〉、〈書生建黨的曾琦〉等時評或憶敘短文，未見新的內容。左舜生的《近三十年見聞雜記》一書，曾被收入繼左舜生之後的另一位中國青年黨黨籍歷史學家沈雲龍主編的「近代中國史料叢刊」等；〈書生建黨的曾琦〉一文輒以不同的標題，錄入左舜生的多種文集。

行與愛好民國史的廣大讀者藉此關注曾經躋身民國輿論與政壇的左舜生及其相關人物，使民國政治史研究於國共兩黨關係之外多做一些文章，彰顯民國歷史的複雜性，則是譯者所期盼的。

　　毋庸諱言，哥倫比亞大學東亞研究所對旅港要人左舜生等的口述史錄音著手英文翻譯時，倘若能作相應的中文之整理，在銷毀錄音資料之前，形成相應的中文稿本，即可省卻英文打字稿的回譯之勞，不必多此一舉。當年的決策者既不曾對漢語口述資料制訂中文實錄的計畫，亦未對左舜生二十九盤口述錄音予以全宗存儲，那是因為決策者不惟英、中雙語都不成問題，彼等的工作語言就是英語，毫無後顧之憂。然而，若就資料的完整性而言，尤以習慣於漢語為母語的中國讀者及中文之學界而論，主事者既不用中文實錄一份，又不曾保留全程漢語採訪的錄音，不能不說是一舉兩漏的缺憾。

　　惟其如此，以中文回譯英文打字稿之效果如何，則是鄙人始終忐忑的。不說別的，科舉制與帝制接連覆亡之後的民國政壇與社會已呈多元景象，左舜生所吐出的人脈往來密密麻麻，多方交錯，曾將原本出身於上海名門、人脈資源豐富，師出哥倫比亞大學史學名家之後還專攻民國史的夏連蔭累得不輕，遑論歷史學之散兵游勇如我者。香港作家岳騫曾在左舜生病逝前兩年登門求教，通報自己想編一部《民國名人生卒年表》之意向時，左舜生頗為重視，暢所欲言，耐心提示其選編要點，希望此書收進萬人之規

模。岳騫面有難色,坦承是書所錄頂多不過三千人。左舜生則認為,民國之名人甚多,至少不應少於五千人。[2] 已入左舜生史眼的民國人物之多,由此可見一斑。譯校者欲棄晚清而貿然撞入民國時空,雖無長處可避,卻犯揚短之忌,個中惶恐,實可想見。

在法國年鑑學派第三代中人雅克·勒高夫(Jacques Le Goff)看來,個人的回憶比歷史學意義的「歷史」更真切,「回憶倚重的是對記憶進行加工,而歷史實際上是對過去的一種編排,是按照社會結構、意識形態、政治來進行的一種編排,歷史學家們的責任便是在此。」他還說,如此編排出來的歷史「是世間的這或那,是真相的敵人,是政治有意識操縱的產物。民族主義、各種偏見在左右歷史,處在發展中的史學的歷史範疇有時候需要良知發現……」。也許勒高夫對「歷史」的詮釋還容易引發歷史學主體內部的歧義,但他認為「回憶是歷史的原材料」,「回憶存在於話語、文字和腦海中,它是歷史學家汲取素材的源泉」,[3] 當屬不刊之論,需要細究的只是誰的回憶與如何回憶。倘若勒高夫在謝世之前,能夠看到左舜生與夏連蔭倆人時而輕鬆問答、時而反覆質疑與存疑的訪談作坊,恐怕也會對那一老一少訓練有素的華裔歷史學家敬羨

---

2 參見《左舜生先生紀念集》(臺北:中國青年黨中央執行委員會編印,1971),頁91。

3 雅克·勒高夫著,方仁傑、倪復生譯,《歷史與記憶》(北京:中國人民大學出版社,2010),頁2。

三分，甚至不難以年鑑學派的名義，加入對此類口述史的禮贊。

1961年3月，左舜生以英文給哥倫比亞大學校長格雷森・柯克（Grayson Kirk）覆函時，欣然通報：「您邀請我加入哥倫比亞大學的中國口述史計畫，我感到榮幸，且樂意接受。夏小姐與我已經開始了我們的訪談。到現在為止，我們已約見了六次。我覺得訪談令人振奮，希望繼續約見夏小姐，直到我們的計畫能有一個成功的結果。我完全贊同中國口述史計畫的目標，我認為，這個計劃將是一項重大的事業。恰當進行的訪談將成為有價值的資訊源，比文字的記載更加可靠。我向您保證，我將盡我所能，使我們共同的事業為歷史研究做出貢獻。」若就訪談雙方的史學素養、互相配合的程度與訪談品質而言，左舜生此函不虛。由兩代華裔近史專家合作而成的《左舜生口述史》，不啻中國口述史專案的典範之作。雖然該專案已留下未曾趁熱打鐵地實錄一份中文稿本，且未將全套訪談錄音一併留下而至今無法彌補的缺陷美。

跨學科的學術大師馬克斯・韋伯（Max Weber）曾以「勝利者的宣傳」指陳歷史學的歷史，可謂入木三分。天下之勝者酷愛宣傳，還過度解釋，不嫌其煩。倘若敗者時常衣食無著，還不怨天尤人，內心的焦慮與思索卻在從容中穿越，那便是難得的異數。物以稀為貴。

不曾指望從追尋有年的近九十分鐘口述錄音之殘片中，還能聽到左舜生邊誦邊釋的得意之作〈踏莎行〉。左

舜生還鼓勵夏連蔭譯入英文，還說她肯定行。但夏連蔭深知漢、英二文的差異不是語言的技巧所能抹平的，最終未曾將左舜生此詞迻入英文稿：

軟水溫山，丹楓白露，漁舟點點神州路。
誰言遊子竟忘歸，歸帆總被秋風誤。

濁酒休停，閒愁休訴，歡娛總把禿齡駐。
從頭收拾好家居，思量未必他人錯。

左舜生有生的吟詩填詞不多，卻能這般出手，那麼，此前彼對錢穆、毛澤東等的詩作評價不高，說得還容易得罪人，那是情有可原的。左舜生置身於五四時，也試寫過白話新詩，曾被編入新詩合輯，卻對新詩的生命力並不看好，對新文化運動之巨擘胡適寫的新詩尤不樂觀，僅對康白情的新詩與其為人之道嚴加區別，承認其新詩還寫得不錯，涇渭分明。而左舜生在晚年作為敗者晚年寄調〈踏莎行〉所袒露的那番平靜，何嘗不是一個久經政學風雲與世態炎涼的史家所修得的應有之心態，良非易事。

基於種種緣由，《左舜生口述史》之回譯停停打打，前後已逾數秋，再校一輪就該交卷了。知難而進之草創與舛誤在所難免，不宜再拖。近日在萬里航空輪番穿越，隨身打開《左舜生先生紀念集》，幾回掩卷沉思，新添微感。同樣是滾燙的記憶，同樣是倉頡所賜，較之鋪天蓋地

紀念勝者的書刊，紀念敗者的篇什雖然屈指可數，竟能多添幾絲冷峻與質樸，省卻許多油膩。若就歷史學而言，此類「倖存者偏差」，彌足深思。

在文字可信度的慰藉中，不知不覺地走近了南極。故國遠隔重洋，時差區區四小時，卻足以倒轉乾坤。夏冬之互換，竟易如頑童翻跟斗，無需俗世威權之首肯。滿目海天一色，奢捧湛藍。海鷗旁若無人，井河兩道。一塵不染，最省督查。水遠路遙，匆此為序。

郭世佑
2024 年 6 月 30 日清晨於
R1015, M Social Hotel, Auckland, NZ
8 月 20 日午時於
史丹福大學胡佛研究所檔案館 2 號桌

前言

　　這個文稿敘述的是中國青年黨一位傑出領導人，同時也是一名編輯和政論家的生涯。

　　左舜生在 1925 年加入中國青年黨，是該黨最高領導者之一。他是該黨第一個與蔣介石會晤的代表，時間在 1934 年，在中國青年黨與中國國民黨兩黨關係的恢復中，扮演了關鍵的角色。在抗日戰爭時期，左舜生是國防參議會參議員，[1] 自 1938 年起，他是致力於調解國共兩黨之間衝突的第三勢力重要人物。1947 年 4 月，他加入政府擔任農林部部長，直到 1949 年初。在短暫訪問臺灣後，1949 年秋遷居香港，作為《聯合評論》的主編，繼續抵制北京與臺北當局。1969 年去世。

　　該口述史在關於近代中國政治與思想史的敘述方面頗具價值。這份文稿基於夏小姐（Miss How）[2] 於 1961 年 1 月

1　1937 年 8 月，國民政府在國防最高會議下設國防參議會，由二十餘名參議員組成，其中包括中國青年黨負責人左舜生與曾琦、李璜等。1938 年 7 月，國民參政會成立於漢口，左舜生與曾琦、李璜等出席首屆大會，出任國民參政員。該會閉幕後，左舜生與曾琦入選為駐會參政員，左舜生還連續四屆出任駐會參政員。

2　夏連蔭（1926-1982），原名蓮瑛，生於上海，祖父夏瑞芳（1871-1914），乃商務印書館創始人之一，父夏鵬（1896-1976），係上海商業儲蓄銀行股東，受行長陳光甫之託，長期在美經營外匯與進口等業務。蓮瑛作為家中獨生子女，自幼在雙親與八姑、外婆、

27日到12月29日在香港進行的二十九個訪談錄音內容，訪談以普通話進行，由夏小姐轉錄，並譯成英文。該文稿保留了當初的對話情景。

該口述史能讓我們瞭解民國時期的中國政治與思想生活，尤其是小型政黨與學者型政治家的角色。它也記錄了左先生對中國青年黨的同道以及國民黨與其他小黨、社會群體領導者的評價。該口述史還有一個簡短的附錄，是作者對當時的大陸與臺灣發展狀況的評論。

中國口述史計畫負責人
何　廉（Franklin Lien Ho）
韋慕庭（C. Martin Wilbur）

舅舅等的呵護下，在滬語、港語、國語及英、法語境中成長，因自嫌其名「蓮瑛」趨俗，易名連蔭，英文名Julie。先後就讀於上海中西女中與美國瓦薩女校，轉道紐約朱麗亞音樂學院進修鋼琴、巴黎索邦大學進修法語，後來考入哥倫比亞大學東亞研究所，係所長韋慕庭教授（Clarence Martin Wilbur, 1908-1997）的第一個研究生。畢業後留校，成為中國口述歷史研究計畫的得力幹將之一，左舜生與王正廷、陳光甫、張發奎等旅港要員的口述史均由其一手完成，譯成英文存檔。曾與韋慕庭合著《關於共產主義、民族主義及在華蘇聯顧問的文件》（*Documents on Communism, Nationalism and Soviet Advisers in China, 1918-1927*）一書，於1956年將資料結集出版。第二本合著《傳教士的革命：蘇聯顧問與中國的民族主義》（*Missionaries of Revolution: Soviet Advisers and Nationalist China, 1920-1927*），在她病逝後，由韋慕庭完稿刊行。How，是上海方言「夏」的發音，也是英文名對漢文「夏」的音譯。查閱美國海關的入境資料可知，夏連蔭於1941年以中學生的身分隨父母首次入境時，其姓名登記就是How Lien Ying，稍後，她把自己的英文名Julie附在前面，為Julie How，或署名Julie Lien-ying How，她父親夏鵬的英文簽名是Bang How。雖然夏連蔭成婚後的丈夫華仲厚之「華」姓在上海話裡與「夏」姓的讀音一樣，都是讀How，但華仲厚在美國海關的登記表裡的「華」是「Hwa」，而不是「How」。可見，Julie Lien-ying How 中的「How」，與其丈夫的「華」姓無關。

第一章　早年經歷與教育（1893-1916）

　　我的家庭往上追溯十代，都出過飽學的讀書人，祖祖輩輩都在應試科舉制的八股文。我的祖父是個舉人，是長沙有名的老師，出了不少高徒。我的一個伯父也是舉人，在湖北漢川縣做過縣令。我的一個哥哥是秀才。

　　我的家一直住在長沙。族譜從什麼時候開始？我說不準。我看過族譜的紀錄，很詳細，但沒有給我留下特別的印象。家族的每一支都清晰地劃出來，我的名字也寫在裡面。

　　我有八個兄弟姐妹，中間的兩個早就死了，其中有一個是非常善良的姐姐。家裡只有三個男孩：兩個哥哥和我。做秀才的哥哥比我年長很多，兩個哥哥都沒有活過五十歲。

　　在兩個妹妹裡，有一個在1949年共產黨接管時，沒有能夠離開大陸，六年前死在廣東。一個姐姐可能還在四川，但我們已有十一年沒有通音訊了。她的身體很好，希望她還活著。其他兄弟姊妹都不在世了。

　　我沒有見過祖父、祖母。我的父親是老師，他在家裡

教我讀古書,直到我十一歲。他是個嚴厲的老師,不過,總的來說不大管我。我們的家境曾經很不錯,但到我父親這一代,就破落了,因為家裡人多,維持生計很不容易。不過,所有的孩子都有過讀書的機會。

我的母親很疼愛我,一手促成了我的學前教育。她擅長湖南有名的湘繡,舊制度下的女孩子不上學,就在家裡學刺繡。我的姊妹們都是刺繡的好手。姐姐們都沒有上過學,但妹妹們上了學。她們到了上學年齡的時候,流行的風氣已經變化了。

我的堂姐,我伯父的女兒,也為我的求學提供了幫助。我記得她是一個受過良好教育的女性,我和她很親。我離開長沙後,由一個哥哥讓我有學可上。

童年給我的影響很深,因為窮困是一種訓練,使我建立了自己的人生哲學。如果我來自富裕的家庭,可能就很難忍受八年戰爭和十一年的難民生活。[1] 我總是保持樂觀,不怕逆境。

我的身體一直都不錯。小時候我愛玩所有小孩子的遊戲。我喜歡湘劇,我看得懂,因為我讀過很多小說,能唱一點點,我唱小生。

我的家庭有宗教信仰嗎?沒有。湖南人通常沒有宗教的傾向。湖南沒有幾個教堂,省內有一些佛教信徒、少數穆斯林和基督徒。

---

1 這裡說的「十一年的難民生活」,指左舜生於 1949 年 9 月自臺北轉移香港,迄至 1961 年 1 月開始接受採訪時,凡十一年的時光。

我知道戊戌變法嗎？知道不多，我更記得義和團的造反。父親告訴我，湖南有人被處死了，其中有他的朋友，也有親戚。我嫂子的姑父舒閏祥自殺了，他在湖南是個名人。

　　我有一個舅舅喜歡談洋人的事。他留在北京有危險，就回到長沙，把北方的新聞帶給我們。他連手錶都不敢戴，小心翼翼地藏起來，說明他的處境危險。

　　這些事情都是聽說的。我父親告訴我們，他在湖南親眼見過處決。他特別為李炳寰和他父親的案子感到難過。李炳寰是富有票（一個革命團體，由唐才常領導）的成員，被張之洞下令處決。[2] 他曾經給父親寫信，描述富有票在湖北起義的計畫。他的父親在省裡的臬台衙門做師爺。因為沒有向省裡的官員舉報，就被控告為兒子的同謀而被處死。我父親很瞭解這樁案子，經常談起。

　　1903 年，我十一歲，才上學。那時的湖南已經有小學了，我上的是長沙公立的第十八小學。學生的年齡從七歲到十八歲不等，我大概是居中間。我們除了經典，[3] 還學數學，加一點科學，還學工藝和體育。湖南省政府辦的

2　1900 年，唐才常在漢口組織以會黨為主體的自立會，組建「自立軍」，密謀反清暴動。富有票，指以「富有山堂」為中心散發的宣傳票券。

3　左舜生 1966 年於〈我的少年時期〉一文亦憶及當年授課的情景：「學校共有功課八門，以讀經、國文、算術為主課。鄧先生麓仙，年約四十，削長，兩顴稍高，目炯炯有神，講『四書』，教國文，算術，兼改作文，學生得益最多。」參見《左舜生先生紀念集》，頁 21。

學校非常好,我在第十八小學讀了四年書。

有沒有對我有影響的老師?我清楚地記得三位老師:羅先生、鄧先生和徐先生,[4] 我記得他們的教學方法,記得他們給我們留下的印象。羅先生是個老紳士,他教我們《論語》、《孟子》和其他古文,他光是講,我們很難聽懂他講的什麼。徐先生教音樂、繪畫和書法。鄧先生數學好,對我的影響很大,好像挺喜歡我。他輔導他弟弟的時候,讓我旁聽。他很認真,教我們的數學比課程規定的要深。這就是為什麼我覺得湖南的教育水準很高。

校長余肇升先生的責任心很強,花了很多錢來吸引英文、生物和其他科目的教師,主要都來自上海。後來,我發現他還是我的遠房親戚,他的兒子後來是我在復旦大學的同事。

1907 年,我十五歲,上長沙高等小學堂。我很喜歡程(Cheng)[5] 先生,很慚愧,我不記得他的名字。他是個秀才,非常認真的教師。今天很少有小學教師是真正認真的。他教我們古文。我記得在他的房間裡看到全套的《古文注解》。唐濟渠先生教我們國文,每天講解兩篇文

---

[4] 左舜生在《近三十年見聞雜記》一書的附錄〈清民之際的長沙〉中,也提到羅、鄧、徐三位師長:「羅先生的名字已忘記,鄧字麓仙,徐字定夫。我民國二十六年冬回長沙,知道羅、鄧早已去世,只有徐先生還在,在外縣一個中學教書,已經是六十左右的老人了。」參見左舜生,《近三十年見聞雜記》(香港:自由出版社,1952),頁 125。

[5] 本漢譯文稿除了附錄英文稿裡外國人士姓名與有關作品之原名外,保留其中少數特殊名稱與有待確證的個別民國人物之原名,以備讀者甄別與考究。

章,一篇是有難度的長文,一篇是簡單的短文。他教我寫古文,我入校的時候寫不好,但一年結束後,進步不少。我很快成為全班第一,贏得老師的關注。

歷史老師曹秩庸是湖南的名師,對我的影響非常大。他教歷史,我們很喜歡他,他經驗豐富,教書的方法獨具一格。最差的教師是照本宣科,但曹秩庸不一樣,他教的是課本上找不到的東西。他給我們講名人的故事,尤其是湖南人的故事。我從他那裡培養了對歷史的興趣。

另一位是曹孟其老師,他宣揚新思想,但舊學底子也很好,他是名師葉德輝的弟子。曹老師對政治感興趣。有一次,他問我,中國是搞憲政改革好,還是搞革命好?就是說,是採納康有為和梁啟超的主張,還是採納孫中山的主張?我當時讀過梁啟超的書,還沒有開始讀革命文學,我回答贊成憲政改革。他說,不,革命更好。在學校的最後一年他教了我,不僅如此,還啟發了我的思考。他同情窮人,擁護社會主義的觀念。後來,他開了間孤兒院,一直到共產黨接手政權才停辦。我最後一次見到他是在1938年回長沙的時候。他是譚延闓的好朋友,譚延闓做湖南督軍的時候,曹老師是他的參謀。

我除了讀梁啟超的作品,還讀過康有為的嗎?沒有,我沒讀過康有為的作品。為什麼沒有?雖然康有為比梁啟超的舊學底子要好,但梁啟超更能打動讀者。我們這一代人就深受梁啟超的影響,我是他的仰慕者,至今對他的印象都很好。他的兒子梁思忠在中國青年黨剛剛成立不久就

入了黨，曾琦很高興在我們黨內有梁啟超的兒子。梁啟超的另一個兒子梁思誠現在住在北京。

孫中山的作品呢？我沒有看他的作品。他的作品在長沙定王台圖書館裡有。[6] 圖書館藏有大量新書，包括革命文學和康、梁的作品。我對孫中山的作品有沒有興趣？我是完全受梁啟超的影響。不過，我們也關注湖南的革命支持者，譬如陳天華，以及後來的黃興和宋教仁。長沙的革命氣氛濃厚，在長沙高等小學堂的最後兩年，我們閱讀了革命書籍和報刊。1911年4月27日黃花崗起義在報紙上的詳細報導，引起我們強烈的關注。

我對湖南的辛亥革命有什麼記憶？革命爆發時，我們正在準備畢業考試。革命在有序地進行，很少有人被殺。我只看見一個人被處死，他叫黃忠浩。還有長沙縣的知縣沈瀛被殺，他常來我們學校視察，在每月初一帶領我們在孔夫子的牌位面前磕頭。我對他的印象不錯，他的死讓我們大家都很難過。

我們沒有任何學生團體。我上的學校是省政府辦的。現在回想起長沙高等小學堂，我對學校的高標準還是印象深刻。學校非常好，無論如何，比今天香港的學校好。那時候，江蘇的新式教育有名，浙江也不錯。戊戌變法以

6　即今日湖南省圖書館，始建於1904年3月，由湘潭實業家梁煥奎等人募捐，湖南巡撫趙爾巽准令，創設於定王台，堪稱中國第一個以「圖書館」命名的省級公共圖書館，兼教育博物館。1912年秋至1913年春，毛澤東曾在此自學半年。1927年間，該館由共產黨人何叔衡任館長。

後，湖南取得很好的成就，省政府官員極力支持新式教育。因此，湖南有了一些很好的私立學校。胡子靖[7]就是有名的湖南教育家。

1911年我從長沙高等小學堂畢業之後，在長沙師範讀了半年，共產黨的老政治家徐特立是我們的校長。因此，我和毛澤東一樣，是他的學生。

我在長沙高等小學堂學了一點英文，但只是入門的水準，我沒有什麼語言的天賦。1913年離開長沙之前，我在一個外語學校讀了一年，在那裡學得稍微好一點。學校也教法文和日文，但我想學的是英文。

高小畢業後不久，我開始為《長沙日報》寫稿子。那時候，高小畢業生的漢語程度比現在的中學生還高。我在長沙師範和外語學校讀書時，也持續為報紙寫稿。我寫各種題材。我在《長沙日報》發表的第一篇文章裡，建議在長沙建一個圖書館，得到編輯的好評，他把我的建議作為當天的頭條發表了。我提議的圖書館是以日本圖書館為模型。當時譚延闓主政的湖南省政府給民眾很多自由，可以暢所欲言。在長沙，年輕人主持會議，已經是稀鬆平常的事。

1913年我離開家鄉，那是我第一次離開長沙。從岳

---

[7] 胡子靖，即胡元倓（1872-1940），字子靖，號耐庵，生於湘潭世代書香之家。1897年入選拔貢，1902年為湖南省首批官費留日生，就讀於東京弘文學院速成師範科。歸國後，在長沙創辦明德學堂，「磨血辦教育」，與張伯苓齊名。曾任第一屆國民參政會參政員、湖南大學校長等職。

州到南京,我的一個哥哥在江蘇省政府擔任基層工作。我在他那裡住了一段時間,然後入上海震旦大學。[8]

我既然喜歡英文,為什麼選擇到震旦了呢?我上震旦純屬偶然。我沒有意識到,被上海的大學錄取很容易,我的哥哥也不太瞭解情況。我先試了震旦,結果就被錄取了。其實,我本來可以上復旦大學,可是我以為復旦難進,但後來聽說並不是那麼回事。既然震旦錄取了我,我就去了,事情就這樣。如果我進了復旦,可能要好一些。為什麼呢?我那時已經懂一點英文,對法文倒是一竅不通,還要從頭學起。1913年到1916年,我在震旦的預科專心學了三年法文。學校是四年制,它的醫科很好,要學五年。

我的正式教育是很偶然的,同我現在的興趣沒有多少關係。我在長沙上學時,對什麼感興趣?我喜歡物理和生物,但我的老師們說我的漢語最好。在震旦,我們所有的時間基本上都用在法文上,每週十四個小時。其他課程都比較淺,受益不多。法文完全由法國老師教,他們教得很好。文學和歷史,甚至中國歷史,都是用法文授課。我在震旦最喜歡哪些科目?我沒有機會對任何科目感興趣,因為我們所有的時間都用在法文上了,但我從來都沒有成功地掌握過法文。不過,在後來的歲月裡,我讀了很多法國文學作品,很感興趣。

---

8 左舜生入學時的震旦未稱「大學」,咸稱「學院」,更名為震旦大學輒在1928年之後。

我在震旦認識了曾琦和李璜。李璜和我同班,我們住同一間宿舍。那裡有沒有討論小組或者其他學生組織?沒有,但我們喜歡新的出版品。我在震旦開始看《新青年》,[9] 早期的《新青年》對我們有過強有力的影響。

　　上震旦之前,我有沒有跟外國人接觸過?幾乎沒有。我在長沙見過傳教士,有時還聽到他們說湖南話。我見過有傳教士捲入的事件,但不能說我對外國人有什麼具體的印象。聽傳教士談話是因為我對基督教有興趣嗎?不是,我只是好奇。他們的話題不限於宗教,也討論道德和社會問題。

　　在我看來,震旦的法文老師過著怪異的生活,我發現他們對生活的態度不自然。我的大多數老師是神甫嗎?非神職教師比神甫多。非神職教師看起來也奇怪嗎?是的,儘管他們不是神職人員,但他們是虔誠的天主教徒,生活似乎單調得有些可疑。校長和副校長是耶穌會士。我不敬佩副校長,他是中國人,我不認為他有學問,對我們沒有產生什麼影響。如果有一天要信基督宗教的話,我會選擇新教,我跟新教牧師更有話說。我夫人和孩子們屬於路德派。天主教的教義對我沒有什麼吸引力。

　　1916年我回到長沙,在那裡住了一段時間。跟一個

9　《新青年》的英文是 *Hsin-ch'ing-nien*,法文為 *La Jeunesse*。《青年雜誌》的封面印著 LA JEUNESSE,意即「青年」,還有「艱苦力行之成功者」──美國鋼鐵大王卡內基的頭像。猜測左舜生在接受口述時,不難對此作出具體的解釋。

湖南姑娘結了婚，那是包辦婚姻。

我在長沙做些什麼？我在定王台圖書館花了很多時間，我當學生的時候常去那裡。我經常在圖書館見到田漢，是我在長沙師範的同班同學。我讀些什麼書？我讀了很多文學書籍，特別喜歡讀嚴復翻譯的西方著作。我讀了許多都德、莫泊桑、夏多布里昂、雨果、狄更斯、杜馬的翻譯作品。我特別愛讀《茶花女》。

這家圖書館還激起了我對歷史的興趣。同現代大型的圖書館比起來，定王台圖書館很普通，但有很多湖南的近代史資料，尤其是太平天國的資料。平叛太平天國的是湖南人，譬如曾國藩。[10] 圖書館裡就有關於他們活動的詳盡收藏。

我在這家圖書館和後來在中華書局的時間，在很大程度上塑造了我的興趣。學習是一個機會的問題，一個人的發展方向有時不可能事先決定好，經常取決於環境。也許是一個好老師，或者一本好書，把人領到這條路，或者那條路。我的情況就是這樣。

---

10 若以左舜生受訪的錄音存留論，每當舉例時，彼喜用長沙方言中的「譬如」，而不是「比如」、「例如」，然意思相近。

第二章　回應新文化運動[1]／少年中國學會

1917年我去南京生活，教點書。在哪裡教？一個朋友[2]請我幫他的姐妹們補習。我一共有七個學生，從小學到大學，教的程度不同，但沒有一個出色的。我教什麼？歷史和國文。

我特別欽佩金陵大學的劉伯明主任，[3]和他成了好朋

1　英文原稿是「the new culture」，若漢譯成「新文化運動」似更確切。
2　該朋友即黃仲蘇（1895-1975），祖籍安徽舒城，乃父黃峙青在南京成家立業，仲蘇生於南京，與左舜生一同就讀於上海震旦學院，且經左舜生動員，加入少年中國學會。曾赴美國伊利諾大學與芝加哥大學文學院遊學，復持兩校師長的介紹信，轉身法國巴黎大學研究院，主攻法國文學，獲碩士學位。回國後，曾在上海特別市政府與國民政府外交部等處任秘書，轉任墨爾本領事，任教於東南大學、大夏大學、光華大學等校。1952年後，任華東師範大學教授、中文系資料室主任，從事世界文學史、英文現代散文寫作等。著有《朗誦法》、《近代法蘭西文學大綱》、《音樂之淚》等。
3　劉伯明（1887-1923），名經庶，字伯明，祖籍山東章丘，生於江蘇南京，《學衡》派的代表人物之一。少時就讀於金陵大學的前身匯文書院，留日期間加入同盟會，曾任日本留學生青年會幹事。民國初年負笈美國西北大學研究院，攻讀哲學與教育學，獲博士學位，受聘為金陵大學國文部主任，同時任教於南京高等師範學校。自1921年始，出任國立東南大學文理科主任、行政委員會副主任、代理校長等。宣導樸茂求實之學風，名重於時，惜乎早逝。有〈論學風〉、〈共和國民之精神〉等文刊於《學衡》。

友。有一段時間，我突然就喜歡宗教，潛心做禱告。向誰禱告？是上帝。哪個上帝？我想是中國的「天」，我信天。儘管劉先生是個虔誠的新教徒，但他勸我不要禱告，他認為禱告是消極的，他強調積極的生活。我覺得他的理由有說服力。總之，我對宗教的興趣來自緊張的情緒，持續不到三個月。

我在南京有很多朋友，包括黃仲蘇，我從前在震旦大學的校友。他是文學專業的學生，在金陵大學師從優秀的美國老師學英文。我和他的妹妹也是朋友，她[4]是我的學生，我的印象非常好。不瞞你說，還是我把她介紹給她的丈夫查謙[5]的。

我的大多數朋友是金陵大學或者南京高等師範學校的

---

4 即黃孟姒，1922年畢業於金陵女子大學，1924年與金陵大學畢業生查謙成婚。退休前為武漢大學外語系教師。其長子查全性（1925-2019），應邀於1977年8月初赴京，出席全國科學教育工作座談會時，已是武漢大學化學系頗有成就的資深副教授，在此會上提議儘快恢復高考制度，當即受到與會的鄧小平與主持會議的教育部部長劉西堯的重視。劉西姚乃查全性之父查謙在武大創辦物理系時的學生。查全性於1978年晉升教授，兩年之後評為中國科學院學部委員（院士）。

5 查謙（1896-1975），原名查貴師，字嘯仙，安徽當塗人。1919年畢業於金陵大學文學院，次年赴美，轉攻理科，獲明尼蘇達大學物理學博士學位。歷任金陵大學教授、中央大學教授兼教務長、武漢大學物理系主任與理學院院長、武漢大學校委會副主任，華中工學院籌委會主任與首任院長。在專業領域首次採用蒸發型鉑片，研究光電效應的不對稱性，界定不對稱性發生的條件，消除了因不對稱現象而引起的與量子論的矛盾，同時指出以光電效應方法測定普朗克常數的正確途徑。宣導「以實驗為基礎」的物理學教研方法，以文理滲透的視野，追問十六年以來世界科學加速發展而近代中國何以對科學並無重要貢獻的原因，至今擲地有聲。

在校學生。四川人王光祈[6]是所有朋友中，在精神上對我影響最大的人。曾琦介紹我們認識後，我倆就開始定期通信。光祈那時住在北京。1919年五四運動前後，我透過他加入了少年中國學會。光祈和我後來在南京見面。1920年初，我們一起去了上海。

在我的一生裡，我從來沒有享有過如此愉快的關係，光祈是個負責任的人，一個出色的朋友。他的女朋友[7]來自四川望族，她的父親吳又陵[8]經常為《新青年》投稿。當他們的浪漫關係破裂時，光祈的朋友都替他分擔了痛苦。

在南京的那幾年，是我一生中最有趣、最幸福的時光，也是我精神最活躍的時期。在這個時期，《新青年》支持白話文事業（通俗文學）。胡適的白話文運動激起了

6　王光祈（1892-1936），字潤璵，筆名若愚，四川溫江人，少年中國學會發起人之一，兼該會執行部主任，主編《少年中國》。左舜生的入會介紹人之一。在京主辦「工讀互助團」等學生互助團體，宣導「工讀互助主義」。1920年赴德留學前夕，將會務委託在滬的左舜生負責，該會的工作重心由此南移。王赴德苦學，先是政治經濟學，1927年專攻音樂學，1934年獲波昂大學博士學位，開東方民族音樂研究之先河。其代表作有《東方民族之音樂》、《歐洲音樂進化論》、《論中國古典歌劇》等。在左舜生的支持下，另有《辛亥革命與列強態度》、《三國干涉還遼秘聞》等書問世，影響及於中國近代史之研究。

7　即吳若膺，一位頗有浪漫故事的留法女性，發表過〈歐行雜記〉，原載《學藝雜誌》，第2卷第7號。留法學生王獨清（1898-1940）所著《我在歐洲的生活》一書（光華書局，1932）第一部分自述與「吳蒻雲女士」的交往，提到吳蒻雲的情人「又正是我在上海曾經會過面的『少年中國學會』底中心人物之一，當時相當負盛名的汪廣季」，此書所敘的「吳蒻雲女士」與「汪廣季」，即吳若膺與王光祈之化名。

8　吳又陵，即吳虞（1872-1949），原名姬傳、永寬，字又陵，亦字幼陵，號黎明老人，四川新繁人，新文化運動的活躍人物。

我們的關注和濃厚的興趣。

　　胡適從他在美國留學的時候開始努力。剛開始寫白話文的時候，還遭到一些同學的反對，其中有學文藝批評的梅光迪、[9] 學英國文學的吳雨僧[10] 和學植物學的胡先驌。[11] 在這三人中，梅光迪的立場最強硬。胡先驌是胡適的安徽老鄉，[12] 喜歡中國傳統文學，舊詩寫得還不錯。[13] 比起另外兩個，他是更好的作家。只有少數同學支持胡

9　梅光迪（1890-1945），字迪生、覲莊，安徽宣城人。1911年赴美留學，先在美國威斯康辛大學與西北大學就讀，後到哈佛大學專攻文學。中國首位留美文學博士。1920年回國，自南開英文系轉東南大學洋文系，以系主任創辦《學衡》雜誌。除了多次返美任教，先後出任中央大學文學院代理院長、浙江大學文理學院副院長兼外國文學系主任、文學院院長等，1945年病逝於貴陽。

10　吳雨僧，即吳宓（1894-1978），字雨僧、玉衡，筆名餘生，陝西涇陽人，清華學校留美預備科畢業，1917年就讀於美國維吉尼亞大學，次年轉入哈佛大學比較文學系，獲學士與碩士學位。1930年至1931年在牛津大學與巴黎大學從事學術研究。被稱為中國的比較文學之父，參與清華大學國學院之創建，曾與陳寅恪、湯用彤並稱「哈佛三傑」。

11　胡先驌（1894-1968），字步曾，號懺庵，江西新建縣人，廬山植物園之創始人，南社成員，1948年中央研究院首屆院士。1916年畢業於美國加州大學伯克萊分校，獲學士學位，1925年獲哈佛大學博士學位。胡先驌不獨為植物學之專家，文史造詣亦深。曾與胡適展開文學論戰，錢基博《現代中國文學史》頗有論列。參見錢基博，《現代中國文學史》，下編「新文學」（北京：中國人民大學出版社，2009），頁432-436。胡先驌還是《學衡》雜誌的重要撰稿人，宣導「國學」尤力，畢生賦詩不輟。陳三立對其詩評價頗高，稱其「意、理、氣、格俱勝」，「紀游諸作，牢籠萬象，奧邃蒼堅」。錢鍾書對陳三立之評與胡先驌詩之論卻前後稍異。

12　胡先驌乃江西新建人，不是胡適的同鄉。左舜生此處的記憶有誤。

13　從哥倫比亞大學圖書館存留的少量錄音來看，左舜生用長沙話說的「還不錯」、「還可以」，即「很不錯」、「很好」，甚至「很棒」之意。

適。楊銓[14]支持他，但有保留。楊銓精通中國古典文學，是南社的重要成員。陳衡哲（陳莎菲）[15]是胡適強有力的支持者。她學西方文學，寫作不錯，有堅實的中國古典文學基礎，後來跟四川籍的科學家任鴻雋[16]結為夫妻。

---

14 楊銓（1893-1933），即楊杏佛，名銓，字杏佛，原籍江西玉山，生於清江（今樟樹），閱歷甚豐。早年畢業於上海中國公學，還有加入同盟會的經歷，曾任南京臨時政府總統府秘書處收發組組長，南社成員。美國康乃爾大學工學碩士、哈佛大學商學碩士。曾與任鴻雋等組織中國科學社，參與《科學》月刊之創辦。回國後，歷任南京高等師範學校與東南大學教授、國民政府大學院教育行政處主任等、中央研究院總辦事處首任總幹事等，兼任中央研究院社會科學研究所所長。1933 年 6 月，在上海法租界中央研究院國際出版品交換處之門口被特務連開十槍斃命，年僅四十歲。著有《楊杏佛文存》、《楊杏佛講演集》等。

15 陳衡哲（1890-1976），原名陳燕、陳雁鳥，字乙睎，筆名莎菲（Sophia H. Z. Chen），祖籍湖南衡山，出生於江蘇武進，其祖與父、母、伯、舅等均為飽學之士。父曾任四川樂至縣知縣等。衡哲四歲即依偎於擅文工畫之母，識字讀詩，喜聽母舅莊蘊寬暢談海外故事，自幼抵制纏足。1911 年隨舅母入滬，讀女校。1914 年取得清華首批預備留美之女生資格，負笈紐約瓦薩女子大學，主攻西洋史，兼修西洋文學，成為中國白話文運動中的女性先驅，1918 年獲文學學士學位，1920 年獲芝加哥大學碩士學位，同年回國，與任鴻雋成婚，應聘北京大學，主講西洋史，成為中國第一位女教授，以女性視角著《西洋史》，別開生面。隨後轉任上海商務印書館，任教東南大學、四川大學等，曾參與創辦《獨立評論》，持續撰稿，揭露四川軍閥與官僚的腐敗等。1949 年後，曾任上海市政協委員。

16 任鴻雋（1886-1961），字叔永，祖籍浙江湖州，四川墊江縣人，十八歲中秀才。1908 年留日，加入同盟會。曾任南京臨時大總統府秘書。1913 年留學康乃爾大學，主攻化學與物理學專業。1915 年，中國科學社成立，被推舉為董事會董事長與社長。1916 年獲學士學位，1918 年獲哥倫比亞大學碩士學位。同年歸國，為立足母國的科學社發起「五萬元基金募集活動」，得到孫中山、徐世昌、伍廷芳、梁啟超等的支持。1920 年應蔡元培之聘，任北大化學系教授，同年與志同道合的陳衡哲成婚。曾著《科學概論》一書。1935 年受聘為四川大學校長，兩年之後辭職，潛心譯著《科學史及其與哲學宗教的關係》一書。曾任中央研究院秘書長、總幹事兼化學所所長，續任中國科學社社長等職。及至 1953 年，建議將中

胡適在《新青年》正式推廣白話文（1917年1月）之前，留美學生已經辯論過他的觀點。那時，他還沒有像後來一樣，把白話文作為改革項目來提倡，偶爾還用古文寫作。

胡適在《新青年》上發表文章，宣布「八不主義」時，陳獨秀最先表示完全支持。陳獨秀採取了專斷的態度，拒絕聽取任何反對意見，胡適的態度則民主一些，他想讓反對他的人充分表達自己的意見。陳獨秀在《新青年》上說，胡適宣導的文學改革是必要的，對此不應該有任何疑問。胡適在寫給陳獨秀的信中，反對他的這種態度。胡適的態度至今也是一樣。

魯迅開始用白話文寫小說。他的短篇〈狂人日記〉（1918年5月發表於《新青年》）強化了白話文的地位。只有用白話文創作，才能為這個新運動提供堅實的基礎。

錢玄同在《新青年》發表的文章裡，用筆名「疑古玄同」[17]來表達自己對過去的懷疑。他是章太炎的學生，中

國科學社的全部事業與圖書儀器公司、《科學》月刊等移交給中國科學院與科學出版社等。歷任中央文化教育委員會委員、上海市科聯主任委員、上海圖書館館長等職。

17 錢玄同（1887-1939），浙江吳興人，原名夏，五四運動前夕改名玄同，字德潛，號疑古、逸谷，常效古法，將號綴於名字之前，署名「疑古玄同」。早年留學於日本早稻田大學，曾任北京大學與北京師範大學教授，《新青年》的踴躍撰稿人兼輪流編輯，被譽為「五四」新文化運動的揭幕人之一，曾催促魯迅的中國第一部現代白話小說〈狂人日記〉問世，倡議和參與擬制國語羅馬字的拼音方案。著有〈文字學音篇〉、〈重論經今古文學問題〉、〈古韻二十八部音讀之假定〉、〈古音無邪紐證〉等重要論文。

國語言學家。胡適為自己的支持者裡有如此精通傳統文化的人而高興，那是自然的反應。

另一群教授反對白話文，其中最重要的有在北京大學任教多年的林琴南，[18] 還有黃侃。林琴南是福建人，是最多產的小說翻譯家。他是最近一個時期同嚴復平起平坐的翻譯大家。林琴南專門翻譯小說，嚴復翻譯學術著作，特別是英國的作品。這兩位的古文都很好。

林琴南的第一本譯作是小仲馬的《茶花女》，堪稱專家級的翻譯，故事對青年的影響非常大，很對中國人的胃口，故事的情節同一些中國的小說相似，一步登天地成功。著名的詩人蘇曼殊有感於譯作，還寫過一首詩。他雖然不懂法文，也被故事打動。

林琴南翻譯了一百七十一部小說，多數由商務印書館出版。這些暢銷書特別能吸引年輕人。當時普通的中文作者一千字掙三塊錢的稿費，真的很辛苦。商務印書館付給林琴南是一千字六塊錢，這說明他的成功。他不懂任何外語，寫的時候請人替他翻譯，但他的手稿幾乎不需要改動。他是個天生的作家，也是個好藝術家。走進林琴南的書房，會看到一個角落是書桌，另一個角落是作畫的高桌子，有個朋友曾經跟他說：「你家是個造幣廠！」

---

18 林琴南，即林紓（1852-1924），字琴南，號畏廬，別署冷紅生，福建閩縣人。晚年稱蠡叟、踐卓翁、六橋補柳翁、春覺齋主人，室名春覺齋、煙雲樓等。晚清舉人，博聞強記，詩文與畫作兼擅，有「狂生」之稱。在北京任五城中學國文教員數年，為桐城派巨擘吳汝綸所推重，邀入北京大學講席。

新文化運動明顯地影響到林琴南。推行白話文之後，沒有人願意讀用文言文翻譯的外國作品。商務印書館壓住林琴南早先交的一些手稿不出版，使他非常氣憤。他是新文化運動最勇敢的反對者。他在一封寫給北大校長蔡元培的正式信函中，反對在大學教白話文。特別是關於廢除古文方面，他給了胡適、陳獨秀和錢玄同最嚴厲的批評。蔡元培正式回覆他，使這些信件成為新文化運動的重要資料。林琴南作為一個有才華的小說家和翻譯家，在《新生報》發表的著名小說〈荊生〉裡抨擊了新文化運動。

　　林琴南最後離開了北大，到徐樹錚辦的學院去教書。教師中有兩個中國古典文學的名家，另一個是姚永概，[19]傳統勢力在這裡匯合。可以說，林琴南不願意繼續在北大教書，而另一方面，北大也沒有留他。

　　嚴復沒有受到白話文很大的影響，因為年輕人反正看不懂他的翻譯。怎麼會看不懂呢？年輕人很難弄懂他的寫作風格和翻譯內容。雖然他從前支持過新文化運動，但也反對白話文。他從英國回來的時候，贊成全盤歐化。當他加入反對派的陣營時，已經六十多歲了。他從青年到老年的思想變化，是一個有意思的課題。他是在譯作中發表對原文評論的唯一翻譯者。他能這麼做的原因是他既有觀

---

19 姚永概（1866-1923），字叔節，安徽桐城人。曾師從吳汝綸，前後長達九年。曾聘為安徽高等學堂總教習、安徽師範學堂監督。1907年，受命赴日本考察學制，提倡教育革新。民國成立時，北大校長嚴復委任為文科學長。1918年，被徐樹錚在京創辦的正志學校聘為教務長。1923年病故。

點，又敢於表達自己。新文化運動的重要資料之一是嚴復寫給他的學生熊純如的信，熊純如是江西一位中學校長。這些信不少於五十封，裝訂成冊。熊純如把這些信件抄寫下來，送給吳雨僧，吳雨僧就把這些信發表在《學衡》雜誌。這些信是嚴復對熊純如提出關於新文化問題的回覆。不過，這些信除了談新文化，還有對袁世凱的批評，特別是有關宋教仁暗殺案，以及對康有為和梁啟超的評論。

在商務印書館出版的古典文學選集《涵芬樓古今文鈔》的序言中，嚴復斷定，透過廢除古典文學來推廣白話文是錯誤的，並指出一個事實——西方並不輕視古典文學。他提醒讀者，中國古典文學與通俗文體一直並存著，前者的地位還高過後者。雖然每個人都因為考試制度而專注於八股文，但八股文這種最糟糕文體的興起，並沒有導致其他文體的滅絕。同樣地，他認為，「八不主義」也不能阻擋人們繼續用古文寫作。從進化論的角度來看，一種東西達到一定的發展階段和品質，就沒辦法輕易被推翻。可見，《學衡》派的領導人柳詒徵沒必要竭力反對這個被嚴復比作春天鳥啼和秋天蟲鳴的新運動。嚴復還反問過：何必使勁地反對呢？

黃侃也反對新文化，但不像林琴南那麼狂熱。他和嚴復不公開反對新文化，只是在口頭上，或者在給朋友的信裡這樣做。黃侃和錢玄同一樣，是章太炎的學生。因此，章太炎兩個有名的學生分屬對立的陣營。黃侃實際上比錢玄同的名氣還大，是章太炎最好的學生，深受舊學的薰

陶,精通律學,章太炎稱他青出於藍,承認自己受益於黃侃,雖然黃侃是他的學生。

同樣地,北大的學生也分成兩個群體。傅斯年、羅家倫、康白情等人編輯了《新潮》雜誌。這個被稱作《新潮》的群體支持白話文運動。另一學生群體編輯了《國民》雜誌。這個群體的重要人物許楚僧,[20] 現在在大陸。他當時不是一個好作家,後來到法國讀了一段時間,現在他寫得好一點了。《國民》雜誌沒有引起我們的興趣,這個群體比起《新潮》,在通識、外語和中國文學的素養方面都差多了。

新文化在北大問世後,往南擴展,以致風行全國。《學衡》是南方反對派的喉舌,集中火力攻擊陳獨秀。《學衡》派的領導人是劉伯明、胡先驌、梅光迪、吳宓(吳雨僧)和柳詒徵。柳詒徵寫了三本關於中國文化史的書。這個群體反對引入白話文、實用主義、易卜生(Henrik Ibsen)等。

劉伯明經常跟我談起梅光迪、吳雨僧和胡先驌。他對梅光迪最讚賞,認為是個優秀的學者。梅光迪 1920 年回

---

[20] 即許德珩(1890-1990),字楚僧,一作楚生,江西九江人,五四運動時期的北大領袖之一,曾受北京學生聯合會的委託,起草《五四宣言》,任《全國學聯日刊》總編輯,並加入王光祈等發起的「少年中國學會」。1920 年初赴法國勤工儉學,1926 年底歸國,歷任廣州中山大學教授、黃埔軍校政治教官、暨南大學與北京大學等校教授,並從事馬克思主義著作的翻譯。抗戰期間歷任四屆國民參政會參政員,九三學社的主要創始人。1949 年後,曾任政務院法制委員會副主任委員、水產部部長、全國政協副主席與全國人大常委會副委員長。

到中國的時候，劉伯明安排他到南京高等師範學校演講，要我和幾個朋友參加。我們對梅光迪的演講很失望。他是個糟糕的講者，明顯準備不夠充分，作為一個文學批評專業的學生，討論中西方文學，他的演講缺乏組織。很多觀眾在他講完之前就離開了，我是待到最後的一個。我看到反對白話文的力量寡淡無奇，感到有些苦惱。

沒過多久，吳雨僧和胡先驌也回國了。胡適告訴我，吳雨僧的英文很好，胡先驌的植物學很強，北大打算邀請他們任教。我不知道他們是不願意在北大教書，還是學校沒有正式邀請他們，總之，胡先驌成了植物研究所的主任，吳雨僧加盟清華，在那裡任教多年。柳詒徵和這些新近從美國回來的紳士們聯合起來。劉伯明是江蘇鎮江人，[21] 他做過南京高等師範學校的中國文化史教授，同時又是南京一個以古典藏書而聞名的圖書館主任。他專精於傳統文化，當時六十歲上下。

我說這些，是為了強調一個事實，南方和北方都有反對新文化的人，勢力相當大。甚至在今天，臺灣和香港還有反對新文化的人。這個反對勢力還強大嗎？不強大，不能同從前的反對勢力相比。

儘管我更同情新潮流，但我也尊敬舊學派。我尊敬學衡派，尊敬像柳詒徵和吳雨僧那樣的人。我認為反對派對於進步一方是必要的。這也是我欽佩蔡元培的原因，他作

---

21 左舜生的此處記憶有誤。劉伯明乃南京人，祖籍山東章丘，當與江蘇鎮江無關。

為北大的校長,同情新文化,但他也聘請屬於舊學派的教授,譬如辜鴻銘、劉師培、黃侃和章世釗。他對舊文化和新文化兩者都支持,只規定了一個條件:學問好。鼓勵新文化,不等於忽視舊文化。蔡元培在上海組織了一個馬克思主義研究會,因為馬克思主義是新潮流的一部分。畢竟支持馬克思主義是一回事,學習馬克思主義又是一回事。我覺得這種態度最為合理。

對新文化運動的貢獻,留學法國回國的學生不如留美回國的學生嗎?是的,運動初期很少有留法回國的學生參加新文化運動,他們後來才加入。當然,胡適在留美回國的學生中首當其衝。

在推行白話文之前,我讀過林琴南翻譯成文言文的西方小說,我一直都是小說的愛好者。自從白話文登場後,我就放棄文言文譯本了。

我從什麼時候開始用白話文寫作?我的反應很快。儘管我的古文寫作很熟練,我開始給上海《時事新報》寫白話文。我在五四運動前後寫了許多文章,引起上海中華書局的注意。在 1920 年初,我受邀成為中華書局編輯部的成員。誰邀請我?《時事新報》的主編郭虞裳先生[22]和張

---

[22] 郭虞裳(1891-1971),原名傳治,字虞裳,後以字行,上海人,早年就讀於唐山路礦學校,1914 年考入東京私立法政學校,三年後回國,曾任上海《時事新報‧學燈》主編,邀宗白華助編。留學英德三載,再次歸滬,任吳淞中國公學大學部教授,兼圖書館主任、經濟調查部主任等。北伐後加盟商界,以實業贊助張君勱的事業,隨張君勱加入「再生社」、中國國家社會黨與中國民主社會黨。1949 年赴臺,歷任中國民主社會黨副主席、主席團主席等。

東蓀先生。[23]

　　我快要離開南京的時候，給一個學生出作業，把漢語古詩翻譯成白話散文。他翻得不錯。這是一個實驗，在後來的幾年，我經常給學生出這樣的作業。

　　我不僅寫通俗散文，也寫過大約三十首白話詩。胡適不僅是通俗散文也是通俗詩的先驅。剛開始時，他不敢寫通俗詩。從 1916 年 7 月開始，他試著寫新詩。1920 年 3 月，他的詩發表在《新青年》上，冠以標題「嘗試集」。他承認這只是一次實驗，拿不準自己努力的結果。

　　《嘗試集》由亞東圖書館出版後，很多人開始寫通俗詩，其中包括學生和完全不懂英文的年長者。舊詩難寫，需要長時期的學習。有個傳得很廣的錯誤觀念，即白話詩的韻律和句式的自由度更大，更容易寫。

　　我對白話詩的熱情沒有持續多久，為什麼？在文學方面，最重要的問題就是興趣。我的很多朋友寫新詩的時候，我也試著寫。當熱情開始消褪，我就轉向舊詩。其實，我兩種詩都寫不好。正如前人所言：「文章千古事，得失寸心知」。

23　張東蓀（1886-1973），原名萬田，字東蓀，筆名聖心等，後以字行，浙江杭縣人。1905 年官費留日，與張君勱交好。1917 年，繼張君勱主編《時事新報》。創辦副刊「學燈」，與北京《晨報》副刊「副鐫」、《民國日報》副刊「覺悟」、《京報》副刊並稱新思潮的四大知名副刊。歷任中國公學、光華大學、燕京大學等校哲學系教授，曾為研究系與中國民主社會黨的領袖之一。張君勱與民社黨退出中國民主同盟時，張東蓀宣告與張君勱絕交，留在民主同盟，旋任秘書長。1950 年代初，被控向美國洩漏國家情報，1973 年死於獄中。

我在《時事新報》的一篇文章中宣導「小組織運動」，發表在很有影響力的欄目「學燈」。當時我並不知道武者小路實篤的作品（他1918年在日本創建的文學烏托邦「新村」）。

知識界種種時尚的潮流使我感到困惑和鬱悶，譬如個人主義和自由。我倡導與朋友們一道，告別社會，過一種半工半讀的新生活。你知道，我不僅對教會教育感到失望，總體來說我對中國的教育也失望。有些朋友贊同我的文章，有些則不。

我的文章在北京取得了具體成果。五四運動之後，在1919年年底之前，我的好友王光祈組織了一個「工讀互助團」。毛澤東也曾短暫參加，當時他靠幫別人洗衣服來維持生計。

我的朋友劉伯明不贊同我的想法，特別是在我的想法轉化為行動以後。後來我自己做出結論，這個想法接近無政府主義。王光祈有無政府主義傾向，另兩位朋友楊沒累[24]和朱謙之[25]也是。我們對社會上的一切都感到不滿。

---

24 楊沒累（1897-1928），湖南湘鄉人。早年就讀於長沙周南女校與岳雲中學，上海南洋女子師範學校畢業。熱倡獨身主義，並主張人類絕滅。1921年入北京大學音樂傳習所學習。1923年與朱謙之狂戀成婚。曾任教於廈門大學，轉而隱居西湖，潛心於中國樂律學史，多有撰述。著有《荷心（愛情書信集）》（與朱謙之合著）、《沒累文存》（朱謙之編）。

25 朱謙之（1899-1972），字牽情，福建福州人，世代行醫。早年就讀於北京高等師範學校與北大，參與五四運動，曾屬無政府主義者。歷任廈門大學講師、中山大學哲學系主任與歷史系主任、文學院院長、文學研究院院長，北大哲學系教授、中國科學院哲學社會

是的，也可以說我的觀念接近烏托邦。我們對社會和政治的不滿，來自新文化運動的影響。五四運動解放了青年的思想，我們各走各的路。

我怎麼看陳獨秀等人對儒教的抨擊？那時我對「德先生」和「賽先生」不如現在了解得清楚。我不激進，我相信漸進，我非常清楚民主和科學不能一蹴可幾，我反對革命。我當時持什麼態度？我覺得可以反孔，但那不等於我支持反對者。為什麼？我認為每個人都應該有追求自己想法的自由。我對孔子怎麼看？我那時尊孔，現在更尊孔。他是了不起的人。

新文化運動的某些領頭人物不是把反孔作為推廣民主和科學的前提嗎？當時的潮流是摧毀偶像，孔子是中國人最偉大的偶像。人們認為，如果摧毀了這尊大偶像，其他的小偶像就會跟著垮掉。我認為，我們必須認可和接受儒教裡有價值的東西。

就宗教而言，今天談這個有點意思。我不理解宗教。我不是不喜歡宗教，但我對外國的傳教活動不滿，特別是對他們在教育方面的工作。我寫了幾篇反對教會教育的文章，發表在《時事新報》上。我覺得文章寫得雖然淺顯，但很有力量。我是一個感情強烈的人，因此，我的寫作很有說服力。有幾個朋友用類似的方式寫文章呼應我，形成一股潮流。

科學部研究員等。著有《歷史哲學》、《中國哲學對歐洲的影響》、《中國景教》等。

我的主要論點是什麼？現在的我不反宗教。那時，我對教會學校的師生忽視中文學習這個事實反應強烈。所有中國人都應該知道的東西被無視了。其次，我覺得教會學校學生和中國大學學生不同，他們似乎同中國社會更加脫節。當然，那也許是件好事，但當時我不那麼看，那時沒有意識到可以依靠他們來幫助改造中國社會。另外，他們忽略政治。教會學校完全不重視政治，我認為有必要討論政治。最後，他們似乎對新文化運動漠不關心，教會學校的師生很少參加新文化運動。

我有朋友在教會圈裡，有些學生就來自教會學校。我對他們的印象不好，唯一的優點是英文水準相對高一些，其他方面都沒有讓我留下印象，他們的中文基礎太差了。

我之所以對教會活動不滿，還有一個原因，我們國家經歷了長時期的中國人和傳教士之間的衝突，最終導致了義和團事件，帶來極大的損失。這當然對我的態度有影響。另外，五四運動之後興起的重視唯物主義和科學的趨勢，無疑也影響到我的觀念。

我對宗教本身的主要觀點是什麼？其實，我無法討論宗教，我不懂宗教，也跟傳教士沒有聯繫。我的多數文章是討論教會教育。儘管我不涉及宗教問題，我談的是非常基礎的東西。我的態度是傳統中國人對待宗教的態度。孔子和孟子不討論宗教，諸子中，只有老子提到宗教，但他的學說與道教完全無關，雖然有人說道教基於是老子的學說。

我在震旦大學的校友有認同我觀點的嗎？我有些校友後來加入了中國共產黨，譬如鄭伯奇，[26]他是法文最好的學生，我不知道他現在怎麼樣了。曾琦和李璜也不談宗教。曾先生是個百分之百的中國人，無論是作為人，還是學者。李璜後來在法國學社會學、歷史和文學。

　　哪些朋友回應了我批評教會教育的文章？金陵大學的學生查謙。他就這個議題在《時事新報》寫文章。他後來在美國學數學，[27]在武昌教書。湖南人舒新城[28]也回應了我的文章，他後來做中華書局的主編。

　　我們對教會教育的批評，為教會學校的改變鋪了路。後來有個教會學校聘請中國人做校長，副手是外國人，那是五四運動的成果之一。傳教士接受了我們的批評，同意校長應該由中國人擔任。

　　反宗教運動從南京開始，向北蔓延到北京。在那裡，蔡元培先生提倡用藝術來取代宗教。他在民國初年接手教

26　鄭伯奇（1895-1979），原名隆謹，字伯奇，陝西長安人。1917年赴日留學，先後入東京第一高等學校留學生預備班、京都第三高等學校、京都帝國大學。1926年京都大學畢業，任廣州中山大學教授、黃埔軍校政治教官。1930年加入「中國自由運動大同盟」，與魯迅、茅盾、馮雪峰、柔石等人在上海成立中國左翼作家聯盟，並當選為左聯常委。

27　查謙留學美國後，所學專業並非數學，而是物理學。左舜生此處的記憶有誤。

28　舒新城（1893-1960），原名玉山，字心怡，號暢吾廬，湖南漵浦人。1917年畢業於湖南高等師範學校，少年中國學會會員，編寫《近代中國留學史》等。1928年，應中華書局總經理陸費逵之聘，任《辭海》主編。1930年起，任中華書局編輯所所長兼圖書館館長，全力主編《辭海》。1949年之後，續任《辭海》編委會主任委員，兼任上海市政協副主席等。

育部的時候，就強調藝術，這是他的指導原則。（1922年）他組織了反宗教大同盟。梁啟超寫了一篇文章批評我們的立場之後，這股潮流漸漸失去動力。梁啟超論證了宗教對人類的精神是必要的，我覺得他的看法有說服力，於是我的熱情大減。他影響的不僅是我，還有很多跟我持同樣觀點的青年。

討論新文化運動，如果不談 1918 年成立的少年中國學會是不適當的。李大釗是學會的創辦人之一。

少年中國學會受到五四運動的影響。我的所有朋友都受到五四運動的影響，我是在那段時間加入學會的。我是不是打算在五四之前加入學會？學會是五四前不久成立的。我的很多朋友都是成員。我收到加入的邀請，就馬上熱烈回覆。

在五四運動的高潮中，北大有兩位學生作為北京的學生代表到南京，都是少年中國學會的會員，一位是許楚僧，現在在大陸，另一位是黃日葵。因為他們不熟悉南京，王光祈來信要我照顧他們。我陪著他們在城裡四處奔走，召集學生。離開南京後，他們前往上海。

我密切關注學會的刊物。《少年中國》不重要，重要的機關報是王光祈編輯的《會務報告》，發表學會成員的書信，報導學會的事務，我每期必讀，還從南京寄信，讓他們刊登。

我負責學會的南京分會嗎？是的。南京有七、八個成員，主要是金陵大學和南京高等師範學校的學生，包括

方東美,[29] 現在是國立臺灣大學的教授,目前在美國;邰爽秋;[30] 吳俊升,[31] 現在是香港新亞書院的副校長;張聞天;[32] 沈澤民。[33] 黃仲蘇是活躍的會員。

南京的少年中國學會成員大多是由我介紹加入的嗎?大多數是的。譬如張聞天和沈澤民,我覺得他們很討人喜歡。他們是少年中國學會的真正青年,他們當時不會超過二十歲。沈君怡,[34] 臺北的現任交通部部長,另一個有希

---

29 方東美(1899-1977),原名珣,字東美,安徽桐陽縣,現代哲學家。1921年赴美留學,歷任國立東南大學、中央大學與臺灣大學哲學系教授、系主任。在臺期間,住在牯嶺街六十巷的臺大教職員宿舍,一生不寫日記、不寫自傳、讀書不做筆記。左舜生病逝時,撰〈苦憶左舜生先生——因及少年中國學會二三事〉,篇幅雖短,真摯感人。

30 邰爽秋(1897-1976),字石農,江蘇東台人,現代教育家。曾就讀於南京高等師範學校,1923年留美,芝加哥大學教育學碩士,哥倫比亞大學教育學博士。歷任南京第四中山大學、廣州中山大學、河南大學教授、暨南大學教授兼教育系主任、大夏大學教育學院院長,兼中國民生教育學會理事長、中國民生建設實驗院院長,中國教師節的第一個倡議者。1949年後,任北京師範大學教授。

31 吳俊升(1901-2000),字士選,江蘇如皋人,教育家兼哲學家。1920年考入南京高等師範學校,在校加入少年中國學會。1924年獲東南大學教育學士,1931年獲巴黎大學教育哲學博士學位。歷任北京大學、中央大學等校教育系教授,教育部次長,香港珠海書院教授,香港新亞書院教授兼副校長、校長。

32 張聞天(1900-1976),原名應皋,亦作蔭皋,字聞天,化名洛甫,江蘇南匯縣人。1917年入南京河海工程專門學校,加入少年中國學會。1920年與沈澤民一同留日,次年回國,兩次在上海中華書局新書部謀職,與左舜生同事,一度吃住在左家。1925年加入中共,1935年遵義會議前後,任中共中央負責人。1945年7月初,左舜生隨國民參政員六人訪問延安時,經毛澤東同意後,登門訪張。

33 沈澤民(1900-1933),原名德齊,名德濟,字澤民,筆名明心、羅美等,浙江桐鄉人,沈雁冰(茅盾)之弟。中共早期領導人,曾任鄂豫皖中央分局委員、鄂豫皖省委書記、中共中央宣傳部部長,1933年11月病逝。

34 沈君怡,即沈怡(1901-1980),原名景清,字君怡,浙江嘉興人。

望的青年，他後來在德國學機械。

南京的一兩個會員是別人介紹入會的。我們沒有自己的機關出版品，也不正式開會。我們作為朋友，在南京高等師範學校的梅園聚會。不能用看待外國組織的方式來看待少年中國學會，它的組織鬆散，不是政黨，也不是學術社團，重在精神。

學會曾經為了選舉召開年會。我參加了兩次年會，一次在上海，一次在南京的梅園。出席會議的人數一般不多，有三十個成員就很不錯了。王光祈是執行部主任。

學會接受女性會員嗎？不。為什麼不？曾琦是個很保守的人，不喜歡跟女性接觸。他是學會最活躍的會員，既然他不喜歡跟女性交往，我們也就不接受女性會員。王光祈也很活躍，他的思想進步，但他曾經被一位女性傷得很深。學會決定不接受女性會員嗎？沒有正式的決定，我們就是沒有想到要招收女性會員。當然，一定有女性合乎會員的所有要求，只是碰巧不為我們所知，也或許合乎要求的女性對我們不感興趣。

我對學會的精神評價很高。學會的宗旨是：「本科學的精神，為社會的活動，以創造少年中國」。學會的口號

同濟大學土木科畢業，留學德國，獲德勒斯登工業大學工學博士。歷任上海市工務局局長、交通部政務次長、南京市市長等。1949年赴臺，曾任交通部部長、總統府國策顧問。大姐亦雲，黃郭夫人；二姐性仁，社會學家陶孟和夫人；其妹性元，原資源委員會委員長錢昌照夫人。左舜生透過沈怡的大姐夫黃郭力薦，受到蔣介石的禮遇，得以開通青年黨與國民黨的合作之途。

是「不利用已成勢力，不寄望過去人物」，給我留下深刻的印象。我相信這是王光祈的手筆。他告訴我，胡適說我們有點自負，我不知道（胡適的）這個評論是不是跟我們的口號有關。

梁啟超對少年中國學會的影響極大，我們都癡迷於他那些關於少年義大利領袖的著作。他為少年中國學會寫了一篇文章，創作了一首歌曲——「少年中國之歌」，使我們深受感動。他對中國青年的影響是無法估量的。

我見過梁啟超嗎？見過一次，那是在 1920 年初，我到上海加入中華書局之後不久。我想我是在那年春天見到他的，是由我的一位在《時事新報》供職的朋友引見，因為梁啟超跟《時事新報》有聯繫。是王光祈陪我去的，他以前見過梁啟超。

在那之前，我讀梁啟超的文章，已經有十多年了。當時他剛剛從歐洲回國，他在歐洲參加了跟巴黎和會有關的外交活動。他不到五十歲，看上去精力充沛，身體健康。他問了光祈和我許多有關少年中國學會的問題。

這次見面後不久，我收到梁啟超的一封信。我很震驚，因為我只見過他一次，從來沒有寫信給他。他要我修改他為中華書局出版的《改造》期刊一篇文稿。這是他一系列文章中的一篇，後來合成一本書出版，題目是《清代學術概論》。他需要修改的是對胡適的讚揚，原文有五十個字左右，想減少到二十個字左右。他的態度使我印象深刻，他不輕易讚揚人或批評人。

另外一次，光祈和我去聽了梁啟超在中國公學兩個小時的演講。中國公學在吳淞，跟張君勱[35]有密切聯繫。學校的大多數教員跟張君勱關係親近。張君勱不在上海的時候，他們跟張東蓀親近。很多畢業生後來加入了（張君勱領導的）國社黨。中國公學儘管有政治傾向，但不能算是黨校。

我在上海的第一年感到心情舒暢，環境的改變無疑有關。我一個人住，夫人同我的弟弟、父母留在南京。直到1923年，或許是1924年，夫人才跟我會合。

我有固定的工作，前景似乎還不錯。我以前在上海讀過書，這次在上海逗留到抗戰開始。我喜歡上海，是個生活方便的地方。我有很多朋友，經常與他們見面，因為很多人出國、回國，都要經過上海。

我有很多機會認識人。我到上海後不久，在一家四川餐館見到陳獨秀，我還清楚地記得當時的情景。那是一個春節的聚會，做東的是汪孟鄒，亞東圖書館的老闆。亞東

---

35 張君勱（1887-1969），原名嘉森，字士林，號立齋，別署「世界室主人」，江蘇寶山人。清末秀才，曾赴日本早稻田大學研習法律與政治學，服膺於梁啟超的政治理念，加入政聞社。在德國柏林大學獲得政治學博士，歷任上海《時事新報》總編輯、國際政務評議會書記長，1923年在清華演講人生觀問題，引發關於玄學與科學的論戰。1932年4月，與張東蓀等在北平發起中國國家社會黨，簡稱國社黨，主張實行「國家社會主義」，抗戰勝利後改組為民主社會黨，簡稱民社黨，任中央主席，曾與青年黨一同支持國民黨主導的國民大會，一同退出民盟。起草《中華民國憲法》。1949年之後離開政治，專心儒學研究，曾與唐君毅、牟宗三、徐復觀聯名發表《為中國文化敬告世界人士宣言》。1969年2月病故於舊金山。著有《立國之道》、《新儒家思想史》等。

圖書館出版少年中國學會的刊物《少年中國》和我編輯的《少年世界》，亞東還出版國民黨的刊物《建設》。亞東與作家和編輯關係都密切。

當時有兩桌人。我這一桌包括朱執信、陳獨秀、王光祈、魏嗣鑾和宗白華。陳獨秀的話說得少，給我的印象很好，符合我的高期望值。後來我時不時有機會見到他，有幾次是在青陽里六號他的家裡。[36]

我熟悉朱執信的著作，知道有關他很多的事情。他給我的印象很好，看起來很真誠。他同情少年中國學會，儘管有時也會批評我們的某些政策。

戴季陶當時過得不是太好，三句話不離上海交易所和賺錢。當然，做個操盤手沒有什麼錯。但我作為一個有理想的青年，他的話使我厭惡，給我的印象很壞，摧毀了我

---

[36] 關於陳獨秀1920年代初的旅滬住址，英文稿稱作No. 6 Ch'ing-yang li，漢譯當為「青陽里六號」。據江西省委黨校黨史教研室曾輝博士提示，上海法租界石庫門的附近確曾有過「青陽里」之舊名。參見上海建築施工志編委會編寫辦公室編著，《東方「巴黎」近代上海建築史話》（上海：上海文化出版社，1991），頁141；張雪敏、葉品毅主編，《石庫門里弄建築營造技藝》（上海：上海人民出版社，2014），頁16；田漢雄、宋赤民、余松傑著，《上海石庫門里弄房屋簡史》（上海：學林出版社，2018），頁119。又，據陳鐵健先生提示，已故上海社會科學院歷史研究所研究員任建樹先生曾經辨析，「大約在這年〔指1920年〕4月間，陳獨秀遷居到法租界環龍路老漁陽里2號（今南昌路100弄2號，這幢房子是柏文蔚讓給他的，柏氏遷至新漁陽里居住）。老漁陽里2號是老式石庫門房子（因大門用三根長石條搭成而得此名），磚木結構，二層樓房進大門有天井，中間是客堂⋯⋯全部建築面積約140多平方米。這裡就是陳獨秀的住處，也是《新青年》編輯部的所在地和中國共產黨發起組的誕生地。」任建樹，《陳獨秀大傳》，上海：上海人民出版社，2012，3版），頁160。至於青陽里六號可否等於老漁陽里2號，待考。

大概因為讀他在《民權報》的文章而獲得的幻想。

我擔任《少年中國》和《少年世界》的編輯有兩年多。回顧以往，我覺得我們的工作很幼稚，我們是沒有經驗的年輕人，寫作不成熟。那些在國外學習的人也同樣缺乏能力。我們想到哪裡就寫到哪裡，有些人甚至連中文都寫不好。

王光祈在1921年到德國，我接手擔任少年中國學會的執行部主任。光祈堅持學會的原則，把餘生獻給了音樂。

中國共產黨1921年第一次黨代表大會決定禁止黨員加入其他政黨，這個決定對少年中國學會的共產黨會員有影響嗎？少年中國學會的共產黨成員沒有退出學會，因為他們不想失去宣傳共產主義和吸收會員加入共產黨的機會。

少年中國學會參與社會活動、避免政治活動的原則逐漸受到考驗。1922年以後，學會會員應不應該參與政治活動，這個問題引發過熱烈的辯論。隨著辯論的發展，學會的性質逐漸複雜化，在精神上產生了分裂。有些會員投身政治，另一些會員不涉及政治。有些會員擁護共產主義，另一些會員擁護國家主義。大多數人怎麼看這個問題？大多數人是學文學的學生。

毛澤東當時是少年中國學會的會員，他告訴惲代英和鄧中夏，他們應該下定決心，招收少年中國學會的會員加入中國共產黨。他說「老頭子」，指孫中山，[37] 得了癌

---

37 口述史整理者夏連蔭小姐的英文稿使用的是歐美文獻與著述中常用的 Sun Yat-sen 或 Dr. Sun Yat-sen、Dr. Sun。若按左舜生存留的錄

症。癌症治不好,他活不了多久了。這意味著共產黨可以接管國民黨。這是惲代英和鄧中夏告訴我的嗎?是的,我們是很好的朋友,我們之間無話不談。毛澤東與他們的對話是什麼時候發生的?(1924年1月國民黨)一大之後不久。毛澤東當時在上海工作,他是(國民黨)宣傳部的副部長。他能夠接管宣傳部,因為部長汪精衛不管事。

我見過毛澤東嗎?見過,那是1922年或者1923年。我想是夏天的末尾,也許他是在1920年,或者是1921年,由李大釗介紹入會的。李大釗從北京寫信給我,讓我去找他。我到安南路看他,離我在哈同路的寓所只隔兩條街。他的房間沒有什麼傢俱,四處散放著二手書,顯然很窮,沒有給我留下什麼印象,看上去十分平凡。

幾天以後,我在我和他住處中間的一間小商店碰到他,他身著藍色的棉布長袍。我們就中國社會談了很長時間。我說中國社會很複雜,他不同意,說,一切都取決於一個人怎麼看中國社會。雖然我發現它複雜,他認為它非常簡單。當我回想過去,就很清楚他的看法來自他的意識形態。

我在那之前聽說過他嗎?是的,透過王光祈。我知道他是共產黨員,嚴肅、多思、安靜。他說話時很平靜,並

音及其發表的中文口述,他對孫中山先生常稱「中山先生」,不稱「博士」。故漢譯文本依照左舜生本人的習慣,譯成「中山先生」或「孫中山」為主。又,左舜生對蔣介石、張君勱、梁漱溟、馬君武等人也習慣於稱「先生」,很少直呼其名。

不像大多數年輕人那樣容易激動。他很瘦很黑，就是一個普通人，跟今天的毛澤東大不相同啊！這個時期我就見過他這麼幾回。

惲代英和鄧中夏是我最親密的朋友。我們認識的時候，他們剛到上海，對這個城市不熟悉。他們對上海和周邊地區的了解，很多都來自於我。譬如，他們對郭秉文和黃炎培的批評是根據我提供的資料。郭秉文和黃炎培屬於同一個團體，他們迎合齊燮元和其他軍閥，我們覺得這令人作嘔。

我認為惲代英和鄧中夏比毛澤東能幹，他們的精神值得欽佩。惲代英百折不撓，我一個人在上海時，他跟我住過一陣子。他穿著簡樸，冬天穿一件皮毛裡子的棉袍，我經常拿那件皮毛取笑他。他忠實地寫日記，每天很早起床。有一天早上，他建議我們出去走走，好讓他看看上海。從我的哈同路寓所出發，一直走到下午4、5點，回家的時候我已經筋疲力盡，而他卻突然說，他當晚去南京。

鄧中夏也同樣能幹，做事飛快，我有很多機會在少年中國學會的集會上觀察他。首先，他個子高大。惲代英有時氣量有點小，但鄧中夏從來不會。回想過去，我想知道如果他們沒有被國民黨殺害的話，情況會怎麼樣？我想，他們現在的地位不會比毛澤東遜色。

惲代英在《新建設》期刊工作。他和鄧中夏經常邀請我給共產黨的機關報《嚮導週報》和中國共產主義青年團

的機關報《中國青年》寫文章。我用的筆名是「T.S.O」。有一次，鄧中夏請我在上海大學演講，那是中國共產主義青年團的總部，校長于右任並不曉得發生什麼事。

　　我周圍有許多共產黨朋友，我也差點被拉入共產黨。我對政治不熱衷，極為看重友誼，通常是我的朋友們拉我參與其中。我的壞習慣是喜歡朋友們的陪伴。我感覺我永遠也不會參與具體的政治衝突。我的興趣多而廣，包括文學、戲劇、教育，我對文學確實比對政治要感興趣得多，從來無法全心投身政治。

　　我缺乏堅定的政治立場，也無法清晰地區分政黨。後來，我意識到中國共產黨與其他政黨完全不同，就拒絕與它合作。跟我的朋友比起來，我的這個認識來晚了。

　　我是不是想過要加入國民黨？想過。（1925年3月12日）孫中山去世時，我確實想加入國民黨，我對他的逝世感到非常傷心，我相信他的三民主義就是民族救贖的思想，而且我敬佩（孫夫人）宋慶齡。但我不認識適當介紹我入黨的人，就放棄了這個想法。

　　我不是在孫中山去世兩個月之後就加入中國青年黨了嗎？是的，我入黨是受了曾琦和其他朋友的影響。那時，入黨是件簡單的事情，我要做的就是簽個名而已。朋友們已經告訴我黨的起源，他們都知道我對黨的原則非常瞭解。

　　有一天，少年中國學會的七、八個會員在我家裡辯論了一整天。曾琦、陳啟天和我代表青年黨的觀點，鄧中

夏、沈澤民和楊賢江代表共產黨，方東美是無黨派。我們無法解決我們的分歧。散場時，鄧中夏跟我說：「我們以後在戰場見吧！」我再也沒有見過他。

少年中國學會解散了嗎？從來沒有正式解散，可以說是停止活動，因為（1925年以後就）沒有吸收新會員。會員人數停留在一百零八名，總部沒有了，通訊也只存在於個人與個人之間。我們以前出版過期刊，有過通訊中心，召開非正式的會議。

在一百零八個會員中，超過十個人表明自己是中國共產黨員，有李大釗、毛澤東、惲代英、趙世炎、鄧中夏、劉仁靜、張聞天、沈澤民、黃日葵、楊賢江、侯紹裘。

中國青年黨的黨員不到二十人，包括曾琦、李璜、余家菊、陳啟天、何魯之、魏嗣鑾、劉泗英、張夢九和我。另外，還有其他會員支持我們的觀點，儘管他們沒有加入青年黨。很明顯，少年中國學會在我黨的歷史上占有重要的位置。

加入國民黨的會員不多，包括周佛海、[38] 吳保豐和陳寶鍔。佛海是中國共產黨的創建人之一。我不知道是誰介紹他加入學會的，他加入以後，我們成了好朋友。他是湖南老鄉，我也認識他的夫人，是我一個好朋友的朋友。

---

38 周佛海（1897-1948），湖南沅陵人，本名福海，曾以日本留學生代表身份出席中共一大，後來轉為國民黨，跟隨汪精衛。1940年，在汪政權任行政院副院長兼財政部部長等。1940年底，暗中向重慶國民政府靠攏，秘密接受提供情報之委任，1948年瘐死獄中。

學會的優點是只有很少的會員徹底變壞。那些擁護共產主義的人只是採取了與其他人不同的立場，那是另一回事。我只蔑視兩三個會員，譬如詩人康白情。[39]可以說，少年中國學會的精神對中國青年造就了很好的影響。

　　有沒有少年中國學會的會員名冊？沒有。我現在只記得五、六十個名字。我們把學會的檔案委託給了舒新城。我在中華書局時，他加入了書局。他去年在上海去世。他有我們的期刊的所有文件、信件和會員名冊。很遺憾，我們沒有辦法找到那些文件的下落。

　　儘管我們走上了不同的道路，過去的關係還留在我們的心中。甚至如今，一群會員聚在一起的時候，我們仍舊感覺到被友誼的親密紐帶所牽引，年輕時開始的友誼往往使人們更加親密。

---

39 康白情（1896-1959），原名梓綱，曾用名樹嘉等，筆名愚庵等，四川安嶽人，現代詩人。十一歲加入哥老會，1916年就讀北京高等師範學校，次年夏考入北大哲學系，易名「白情」，與傅斯年、羅家倫等籌辦《新潮》，投身五四運動，加入少年中國學會，以新詩頗負盛名。留學加州大學柏克萊分校後，加入與華人會黨頗有淵源的致公堂，旋即另組新中國黨，風靡一時。1924年末回國，多方謀職，風光不再。1949年後在華南師範學院中文系任教。1956年春，隨同事春遊，賦詩「集體遊春一舸行，白花齊放度清明。生逢毛澤東時代，郭外新秧分外青。」兩年後被劃為右派，病倒於返川之江輪。

第三章　出版界／歷史研究

　　我在 1920 年加入中華書局時,出版界正處於五四運動之後接踵而來的萌動。文學革命彰顯其影響力,帶來了一波新的出版品。很多原先保守的報紙,身不由己地順應潮流。《申報》和《新聞報》這樣的老報紙採用白話文,儘管規模不大。《時事新報》只用白話文。我搬到上海後,還繼續為《時事新報》寫稿嗎?是的,偶爾。

　　商務印書館和中華書局是最主要的出版商。商務印書館印行了將近一百萬冊書,中華書局印行了大約五十萬冊書。這些出版社曾經是保守的,尤其是中華書局。在新潮流的衝擊下,它們開始出新書了。

　　中華書局成立了新書部,主任是一位姓戴的日本留學生。我在 1920 年加入書局,兩個月之後,他另有它就,由我接手新書部。我是不是可以自由地管理新書部?中華書局的總編輯戴懋哉先生對我完全放手,他的態度值得欽佩。

　　我的首要任務是籌劃新書的出版。當新書部宣傳「新文化叢書」出版計畫的時候,著名學者馬君武先生與我們聯繫。他為我們的計畫感到高興,告訴我們,他完成了兩本譯著,想讓我們收進「新文化叢書」,一本是達爾文的

《物種起源》,另一本是黑格爾的著作。

叢書裡的書超過十類。哪個領域最多?哲學、文學——任何跟新文化有關的內容。我在中華書局的第一年出書不多,大約十本,大多是小部頭的。馬君武的兩本譯著是個例外,書賣得好,部分原因是他的名氣大。

叢書中的大部分是原創還是譯著?大部分是譯著。譬如,一個姓馮的日本學生翻譯了關於婦女的日文書,書名叫《女性論》。[1] 書寫得並不是太好,但在一夜之間成了暢銷書。中國從來沒有見過這樣的書,它引領了潮流。人人都對婦女解放這個主題感興趣,賣出一萬多冊,當時,一般的書每種賣出大約五千冊。

叢書包括宗教書籍嗎?不包括,但有的書有提到宗教。

叢書包括關於共產主義的書籍嗎?不包括。我加入中華書局的時候,書局不出版有關共產主義的書籍,商務印書館也不出版有關共產主義的書籍。共產黨還沒有開始介紹馬克思和恩格斯那樣的外國共產主義作品,但有些日本社會主義的著作談到了恩格斯和馬克思。因此,我們還是間接地瞭解了馬克思主義的作者。著名的京都大學教授河上肇關於左翼的譯著是眾所周知的,周佛海是他的學生。就我所知,日本左翼政治思潮的起源可以追溯到俄國革命之後不久,日本青年至今還受他的影響。

中華書局後來出版了關於唯物主義的書籍。出版過社

---

[1] 馮飛,《女性論》(上海:中華書局,1920)。

會主義運動的書籍嗎？有幾本從德語翻譯過來的國家社會主義著作。我在中華書局的十一年，跨越了第一次世界大戰結束到希特勒上臺前的時期。

新書部是不是介紹過現代藝術？中華書局有個美術部，但這個部門只關注中國傳統藝術，有高欣木先生[2]的得力領導，他是一位鑑別贗品的專家。我不能說新書部出版過藝術書籍，出版藝術書籍是個有難度、成本高的工作，光插圖就是個棘手的問題。

在出版西方藝術書籍的同時，也會出版介紹藝術家個人的書。譬如，一個留法的中國學生專門研究羅丹，並寄回他的雕塑照片。蔡元培在《東方雜誌》發表過一篇文章，主題是達文西，那篇文章使我深受感動。

徐悲鴻和林風眠特別關注藝術，他們受蔡元培的影響。藝術學院在杭州成立。我無法批評或比較當時像雨後春筍一樣出現的不同流派的優點。徐悲鴻每次見到藝術學院院長林風眠時，都要抨擊他。

商務印書館在1930年之後出版了很多藝術類的書。

---

2 英文稿是 Kao Hsin-pen，經譯校者認真考證，係 Kao Hsin-mu（高欣木）之誤。高欣木（1878-1952），名時顯，字欣木，號野侯，又號可庵，浙江杭縣人，清末舉人。精鑒定，富收藏，以古今名人梅花作品為多，有「五百本畫梅精舍」之稱。且善畫梅，工篆刻，1913年任中華書局董事、美術部主任，主持出版名人書畫影印本百數十種，主編西泠印社《金石家書畫集》十八冊。其兄時豐與弟時敬、時衰、時敷諸人，咸以書畫名重江南，隆一門之風雅。《中國畫學全史》之作者兼畫壇高人鄭午昌（1894-1952，名昶，號弱龕，別署且以居士等，浙江嵊縣人）出任中華書局美術部主任，輒在高欣木之後。

小一點的公司出版的藝術書更多,譬如開明、北新和三聯,這些出版社出了很多他們特別關注的藝術書籍。藝術史也問世了。基本上,西方藝術的引進,是我在中華書局任職結束之後的事情。

中華書局是不是出關於西方音樂的著作?有的。我的朋友王光祈在歐洲住了五、六年後,他開始寫中西音樂方面的書。我就出了他的十多本書,主要是翻譯和編輯德國的著作。

哪個時期、哪個作曲家受到最多的關注?莫札特、貝多芬還是蕭邦?不是,還沒有介紹這些後來的作曲家。五四運動後,西方音樂受到了廣泛的關注,但理解和賞析西方音樂的能力還是有限。

中華書局一共出版了十種以上的期刊,有些用白話文,有些是別人編輯後交給我們出版的。書局出版了梁啟超的期刊《大中華》,梁先生在期刊上反對袁世凱,賣了超過兩萬份。

劉伯明是南方反對新文化群體的最重要的成員。他問我,中華書局能不能出版他們的機關刊物《學衡》,我說可以。《學衡》的形式極為保守,以梁啟超的《新民叢報》為模版,正面抨擊白話文。這個刊物沒有一頁白話文,小說都翻譯成古文。

我不是新書部的主任嗎?那不重要。我的態度與胡適相似:應該給予反對新運動的人充分發表意見的機會。如果新文化運動能夠自己站得住腳,那就證明它是對的。我

歡迎反對意見。新書部出版反對新文化的書籍嗎？沒有，我們沒有收到專門反對新文化的文稿。如果我們收到了的話，就會出版。

我自己編輯在 1912 年書局成立同一年創刊的《中華教育界》，在我接手之前，這個期刊不定期出版。兩年多後，由於工作的壓力太大，我放棄了主編的工作。余家菊和陳啟天在不同時期接手。

我做《中華教育界》編輯的時候，跟教育界的來往密切。杜威 1919 年訪華，羅素在 1920 年到 1921 年間訪華，我是不是見過他們？我參加了上海一品香飯店歡迎羅素的招待會。趙元任稱他為「新孔子」。羅素深受感動地驚歎道：「我哪能跟孔子比？」我覺得他的回答很有意義。他的秘書布萊克小姐也在場，給我們的印象很好。

我沒有見過杜威，但我聽過他在江蘇省教育會和南京高等師範學校做的演講。劉伯明擔任翻譯。他的演講特別鼓舞人心，給我的印象極好。

杜威是個非凡的學者，我讀過他所有的著作。我在中華書局安排出版劉伯明翻譯的杜威著作《思維術》，鄒韜奮翻譯的《民主與教育》也隨後出版。杜威在南京教育界的影響，尤其是在南京高等師範學校的影響，是不可限量的。

我跟留美歸國的教育人士關係特別密切，很多教育人士是在美國培養出來的，因為郭秉文校長的關係，南京高等師範學校（1923 年改名為東南大學）的許多教員是在

美國受的教育。我和郭博士有聯繫嗎？我見過他幾次，但不是很瞭解他。我批評過他，所以我們關係不密切。我是不是記得1925年東南大學的學生示威？示威是在上海輿論的影響下進行的。我不是唯一批評東南大學的人。很多人覺得學校的運作不好。我們的主要批評意見是什麼？我們覺得它的新學或西學，不是特別強，它的舊學或國學也有很多不足的地方。

我認為哪些大學的舊學和新學都好？當然，我們特別關注北京大學，尤其是在五四運動之後。後來，我們對清華大學的評價很高。金陵大學不錯，農業系很令人讚賞。我個人認為劉伯明是個傑出的人，他的英文好。

我負責教科書嗎？教科書由另一個部門處理，中華有六、七個部門。我在南京政府成立以後是不是密切關注教育政策的變化？我雖然對它感興趣，但不能說我很熟悉政府的教育政策。

我跟商務印書館的編輯經常聯繫嗎？是的，我認識很多編輯。商務印書館的編輯部很大，大約有一百五十到二百名編輯。我跟誰特別熟？周昌壽[3]和鄭心南，[4]都是

---

[3] 周昌壽（1888-1950），字頌久，祖籍貴州麻江，生於成都。1906年官費留學日本，1919年日本東京帝國大學研究院物理研究所畢業，參與丙辰學社（稍後更名為「中華學藝社」），主持該社的《學藝》雜誌，旨在傳播西方最新科學思想與方法，引領時代之新風，可圈可點。回國後，任職上海商務印書館，作為介紹量子力學及相對論等最新科學知識的先驅，翻譯過西方大量的科學經典著作，為踐行「科教興國」的理想，貢獻良多。

[4] 鄭心南（1891-1969），名貞文，字幼坡，號心南，福建長樂人。十二歲考取秀才，十五歲留學日本。1918年畢業於日本東京帝國大

留日學生。我認識沈雁冰,商務印書館文學月刊《小說月報》的編輯。我加入中華時,這個雜誌沒有發表左翼作品,後來,雜誌介紹了左翼文學,譬如,那些自稱「受壓迫人民」的歐洲小國譯作。沈雁冰現在是北京的文化部部長,我還認識他的弟弟沈澤民。

回想過去,我覺得中華的那些年讓我受益匪淺。我介紹很多朋友來工作,其中有陳啟天、余家菊、田漢、張聞天、李達。張聞天比我晚三年加入書局,他後來在美國學工程。

我有二十多個朋友在歐洲念書。王光祈和其他三位在德國,剩下的在法國,包括李璜、曾琦和其他少年中國學會的成員,大多數人加入了勤工儉學團體。很多人的寫作和翻譯都不錯。我很適合與出版社和報社進行出版協商,中華書局出版過我朋友的大多數作品,那時我確實非常忙碌。

有些我的朋友為報紙的通訊專欄寫作。《申報》和《新聞報》從法國約稿。王光祈在德國每週為《申報》寫兩篇文章。這是新潮流,國外的新聞引起了廣泛的關注。

哪種語言被翻譯得最多?很多日文作品的譯本,特別是社會問題領域的。譬如,成了共產主義者的李達翻譯

學理論化學專業,獲理學士學位,與周昌壽、羅鼎等編成《綜合英漢大辭典》。應張元濟之聘,任商務印書館編譯所編輯,兼理化部主任。1932年底返鄉,任福建省教育廳長,致力於家鄉的教育事業。1949年後,任省政協委員、省文史館館員及對臺廣播組編審。

了一本討論社會問題的日文作品,書名是《社會問題綜覽》,由我幫他安排出版。

周佛海也翻譯日語作品。我安排中華購買了他的五、六份手稿。他是留日的窮學生,唯一的收入就來自寫作。

從英文翻譯來的更多,尤其是在教育領域,很多作品是留美學生翻譯的。對美國教育書籍的關注,有一部分得歸功於杜威訪華。不僅杜威的著作被翻譯了,關於美國教育的書籍在整體上都受到關注。南京是這類書的總部,很多書是由東南大學的教授翻譯的。還有科學和心理學方面的譯著。在中華書局出版的譯著中,很多是由金陵大學和東南大學的教授們翻譯的美國作品。因為我跟他們許多人很熟,他們經常拿手稿給我。

文學譯著出版的規模很大嗎?留法學生特別積極地翻譯法國文學作品。李劼人、李青崖[5]和王了一[6]的翻譯都很成功。哪個時期的法國文學得到最多的關注?經典作品——莫泊桑、都德。莫泊桑的作品幾乎全都被翻譯過。莫泊桑和都德為什麼那麼受歡迎?《新青年》有篇文章,胡適翻譯了都德的〈柏林之圍〉最後一部分。對作者的瞭

---

[5] 在夏蓮蔭留下的訪問散記文字裡,1961年2月22日的口述歷史訪談中,左舜生提到兩個發音相近的翻譯家,一個是法國文學翻譯家李青崖,一個是俄國文學翻譯家李霽野,這裡應指李青崖。

[6] 王了一,即王力(1900-1986),字了一,廣西博白人,巴黎大學文學博士學位,翻譯過二十多種法國文學作品,1932年回國後,先後在清華大學、燕京大學、廣西大學、西南聯大、中山大學等校任教。1954年後轉任北京大學教授,兼任中國文字改革委員會副主任、中國科學院哲學社會科學部學部委員等。

解，激發了大家閱讀其他作品的願望。《薩芙》是都德的作品中翻譯得最好的。莫泊桑擅長短篇小說，容易在期刊和報紙上登載。

李劼人是四川人，現在是成都的副市長，他一個人就翻譯了十多本法國文學作品，他很有名，我經常親自審閱他的手稿。我懂一點法語，喜歡拿翻譯跟原文作比較。他翻譯都德的《小東西》特別讓我感動。

傅雷翻譯的羅曼‧羅蘭《約翰‧克裡斯朵夫》很好。王了一翻譯的左拉的《小酒店》不錯。陳綿翻譯的小仲馬的《茶花女》也很成功。我估計一共有五百部法國作品被翻譯過來。

我的一個朋友翻譯了盧梭的《懺悔錄》。我去法國旅行（1926-1927）之後，推薦出版他的翻譯，但被拒絕了，因為擔心賣不出去，這表明對盧梭地位的無知。

盧梭仍然被看作是「新」的嗎？對，伏爾泰和狄德羅也是。我應該說，任何外國的，任何我們沒有的，即便是在國外被認為是「舊」的，對我們來說就是「新」的。「新書部」這個名字不太科學！法國的哪個作家「最新」？羅曼‧羅蘭。

郭沫若成功地翻譯了歌德的《浮士德》，但我沒有完全看懂。那是一本很難翻譯的書，因為書裡的神秘主義在我們這裡發展不好。《西遊記》裡的神秘主義元素大多是比較初級的。

俄國文學流行嗎？耿濟之[7]和鄭振鐸翻譯了一些俄國作品。托爾斯泰引起許多關注。中華出版了俄文譯作嗎？也許出了一點。

莫泊桑、都德、契訶夫、狄更斯和湯瑪斯‧哈代是翻譯者關注最多的作家。出版法國文學作品的譯本比其他語言的譯本多。

法國詩歌的翻譯多嗎？不多。翻譯詩歌太難了，翻譯過來的詩經常缺乏詩意。梁宗岱[8]在法國留學多年，他成功地翻譯過瓦雷里的詩歌。梁宗岱自己就是詩人，他把西

---

[7] 耿濟之（1899-1947），原名耿匡，字孟，筆名濟之等，上海人，俄羅斯文學最早的翻譯者與研究者，兼溝通中俄文化交流的知名外交官。1917入北平俄文專修館就讀，1918年開始翻譯俄國文學作品。五四運動時，與瞿秋白同為俄文專修館的學生代表，與瞿秋白、鄭振鐸合編《新社會》與《人道》。1921年1月與鄭振鐸、瞿世英、許地山、蔣百里等在北京中央公園來今雨軒發起文學研究會。1921年與鄭振鐸聯手，漢譯俄文《國際歌》。經瞿秋白修改與譜曲，成為中國共產黨的黨歌。先後在赤塔、伊庫茨克、符拉迪沃斯托克、列寧格勒和莫斯科等地出任外交官和代理大使，1937年因病辭歸。

[8] 梁宗岱（1903-1983），祖籍廣東新會，出生於廣西百色，幼奉庭訓，熟讀四書五經及唐宋八大家之作，文思暢達，兼習醫典與家傳醫術。1923年就讀於嶺南大學文科，次年留法，用心翻譯其師長瓦雷里的作品，率先將這位法國象徵派詩歌大師介紹給中國，交《小說月報》發表，轉讀瑞士、德國等國，任北京大學法語系教授兼主任。特好爭執，言語帶刺，還喜歡大打出手。曾挖苦友人梁實秋「厚顏無恥地高談闊論他所不懂的東西」，與朱光潛「差不多沒有一次見面不吵架」，尤因新詩的節奏分歧，與羅念生大打出手，被羅翻壓在地，然彼此的交往如常。抗戰勝利前，一度返回百色，繼承祖上的藥材貿易，熬製中藥，名醫之譽受用。後來任教中山大學外語系，隨該系轉入廣州外國語學院。常年身體健碩，僅三個月不穿短褲。關於梁宗岱，亦可參考梁思薇口述；周素鳳、張力訪問／記錄《梁宗岱、沉櫻與我：兩岸分飛的家族故事》（臺北：民國歷史文化學社，2025）。

方詩歌譯成中文，把中文詩歌用舊體詩的形式譯過去，散文也寫得好，很有才華！我很長時間沒有聽到他的消息了，不知他是不是還活著。

我知道拜倫〈哀希臘〉[9]的三個譯本，譯者分別是馬君武、胡適和蘇曼殊。馬君武的翻譯可以說是成功的，不過，三個譯本各有長處。

胡適翻譯的詩比自己的詩好。如果原詩好，即使翻譯不能完全表達原文的意思，還是有價值。

田漢是中國少年學會的成員，我想他是翻譯莎士比亞的第一人。[10] 他翻譯了《哈姆雷特》和《羅密歐與茱麗葉》，是由坪內逍遙的日文譯本翻譯來的。我覺得田漢翻得不是太好，因為他的英文知識不足，妨礙了他對莎士比亞的理解。但他翻譯的《羅密歐與茱麗葉》，確保了根據該劇改編的好萊塢電影的成功。《羅密歐與茱麗葉》也有白話文的版本上演，但不成功。

我認為，莎士比亞的最好的譯者是梁實秋，他是胡適和張君勱的好朋友，新月派的成員。他翻譯了莎士比亞的

9　即《唐璜》的第三章。

10　左舜生稱田漢為中國「翻譯莎士比亞的第一人」，恐非確論。早在1904年，林紓與魏易聯手，以文言文合譯過《莎士比亞故事集》，即《吟邊燕語》。然而，第一個用白話文移譯莎士比亞之劇作者，確乃田漢。田漢翻譯《哈姆雷特》，發表在《少年中國》第2卷第12期（1921年6月15日）。職是之故，若稱「田漢乃白話翻譯莎士比亞劇本之第一人」更妥。至於好萊塢改編的《羅密歐與茱麗葉》是否參考了田漢的譯本，待考。有關田漢的譯著資訊，本書譯校者請教過浙江大學文學博士、浙江財經大學中文系副教授姚曉萍博士，謹致謝忱。

《威尼斯商人》和《李爾王》。

　　莎士比亞全集是朱生豪翻譯的四卷本。朱生豪很勤奮，譯得不錯。但他的寫作不如梁實秋。他寫散文詩。西方詩歌的翻譯總體來說是成功的嗎？不，是最大的失敗，沒有多少成果。

　　大體說來，西方文學的翻譯還是不錯的。我覺得，那是因為中國文學本身的根基好。不過，科學、社會科學、哲學方面的翻譯品質就差一些。文學翻譯賣個一兩萬冊容易，哲學和社會科學的譯著要賣超過幾千冊就難了。科學作品難懂，譯著就更難賣了。

　　泰戈爾很多作品的譯本得到出版。譬如，黃仲蘇精於翻譯泰戈爾，他是我在南京時的好朋友，他在法國和美國留過學，我們一直是好朋友，我安排出版了他的一些譯著。

　　謝冰心受泰戈爾的影響，這在她的詩集《春水》和《繁星》裡很明顯。泰戈爾（1923年）訪華是個重要的事件，跟杜威和羅素的訪問有得比。徐志摩是泰戈爾稱職的口譯員。徐悲鴻的作品在巴黎春天沙龍展出，他為泰戈爾畫了一幅出色的肖像。

　　誰是這個時期最成功的翻譯家？馬君武和劉伯明。劉伯明翻譯杜威的《思維術》很出色，他翻成古文。但沒有翻譯家可以與嚴復相提並論。

　　我和馬君武成為好朋友，我很喜歡他。他雖然是工學博士，但他喜愛文學。我們出版了他用古文翻譯的《威

廉‧退爾》。他翻譯的達爾文和黑格爾是半古文半白話文。可以說，他用的是「通俗的古文」。

怎麼描述我自己的風格？我雖然寫白話文，那大概可以叫作「偽白話」，不是純白話文，因為我受過古文訓練。我認為，白話文不可能嫁接到古文之上，反過來倒是可能的。古文語錄只能用原文表達。

白話文分成好幾種，一種是純白話文。譬如，沒有受過古文訓練的年輕人可以寫純白話文。他們就像沒有裹過腳的婦女。第二種是像我這樣的人用的「偽白話」。郭沫若和郁達夫的白話文也不是純白話文，因為他們也受過古文訓練，他們的措辭是古典的。第三種是歐式白話文，使用者通常是熟悉外語的人，措辭和寫作風格是西方的，而不是中國的。

誰的白話文我最欣賞？就影響來說，魯迅很傑出，他的短篇小說尤其出色。就優美來說，我推薦徐志摩和郁達夫。就流暢和邏輯性來說，胡適很好。女作家裡，我最熟悉謝冰心的作品，她是很強的作家，但我對她的《寄小讀者》評價不高，太幼稚。丁玲怎麼樣？我（1945年）在延安見到她之前，沒有讀過她的多少作品，後來讀得多一些，但我的印象不深。

我怎麼評價白話小說？比新詩成功。但一個人要採用高標準的批評，他不會認為魯迅的小說是優質的。特別是今年，中國共產黨把魯迅當成偶像樹立起來。他的作品被外國廣為翻譯，特別是日本。魯迅雖然是名作家，有一定

的地位,但不能把他排在世界文學巨匠之列。我不能說魯迅的小說會在將來的幾百年被教授、閱讀和欣賞,但他是最好的白話文小說家。有沒有白話文小說家可以與世界上最好的作家相比擬?我想不出有誰可以。

在古典文學方面,中國的作家堪稱世界一流。譬如司馬遷和曹雪芹。《紅樓夢》、《水滸傳》和《西遊記》按理都應該躋身於世界偉大小說之列。《三國演義》很受歡迎,但作為文學作品來說是失敗的,可以作為歷史來看,但不是好的文學作品,因為缺乏創造性。我覺得它十分之九是歷史,十分之一是創造,其中一段有創造性的情節是描寫劉備探望諸葛亮。關公的名氣主要也來自這本小說的流行,關公實際上沒有那麼重要。

我怎麼看白話雜文?我喜歡周作人的雜文。不可否認,他的雜文不是每篇都有高品質,但有些確實出色。他是一個優秀的雜文家、好作家。他的文風和哥哥魯迅完全兩樣。他的文字清晰,像好茶一樣有味道。魯迅的作品辛辣,這也是它有影響力的原因所在。

郁達夫的雜文也寫得很好。有一次我在上海跟他談到白話文運動,他謙虛地談到自己所做的努力。

我怎麼評估白話戲劇?很多劇作家,有幾個比較有聲望。洪深是在美國受過培訓的專家,不僅寫劇本,也是導演和演員,多才多藝。我看過他演的中國版王爾德《溫德

米爾夫人的扇子》。[11] 中文譯本和原著略有出入,但內容完整。這部戲劇深深地打動了我,讓我對新戲劇產生濃厚的興趣,給我留下了深刻的印象。

原創的中國戲劇怎麼樣?曹禺(萬家寶)創作了名劇《雷雨》。過去二十年來,這個劇本至少出版了一百萬冊。我有的版本比較早,是十多年前出版的第二十七版。我相信,任何國家的文學都不能脫離傳統。《雷雨》的傳統味很濃,但又超越了傳統,這就是它為什麼很了不起。它已經被翻譯成日文和俄文,在日本上演過,也許在俄國也上演過。

像《紅樓夢》一樣,這部戲劇描寫的是中國家庭生活的陰暗面。我寫的劇評也獲得了好評。恕我直言,這是迄今為止發表過最好的劇評。

劇情複雜,可以說有兩個主角,儘管這對普通觀眾來說並不明顯。真正的女主角是蘩漪,一個愛上繼子的大資本家年輕妻子。劇情不斷地刺激感官,緊張的氣氛不斷升溫,直到令人難以忍受。最後一幕,蘩漪在雷雨中衝出去,看到繼子和他的女朋友——他們家的侍女四鳳交談。這一幕的張力超過紅樓夢的任何場景。

《雷雨》可以列入世界名劇嗎?是的,在一定程度上可以。當然,我看過的西方戲劇數量有限,而且都是翻譯過來的。《雷雨》無疑是這個時期最好的中國原創

---

11 這是王爾德作品的正式譯名。洪深編劇的話劇與電影譯名是《少奶奶的扇子》。

戲劇。我是不是覺得白話戲劇比白話小說或雜文更成功呢？是的。

丁西林是自然科學家，善於寫喜劇。他像歌德一樣多才多藝。我讀過他寫的劇本，都很好，但我從沒有看過它們上演。

田漢可以稱得上是白話戲劇的先鋒。他的第一個劇本是《梵峨璘與薔薇》，後來他放棄了。但是，這部戲劇已經顯現了它的前景。他不僅寫劇本，還投身於表演藝術。他克服重重困難，在家裡搭建舞臺，邀請對戲劇感興趣的朋友來看他的作品。

至於我對白話詩的印象，我對胡適的《嘗試集》印象不深，我不覺得它很好，它是以傳統詩歌為藍本。最初，新詩還不能脫離傳統的影響。梁啟超批評胡適《嘗試集》的詞味太重。只要看一眼《嘗試集》裡的詩，就會信服這個批評是正確的。少年中國學會成員寫的白話詩也有傳統的痕跡。胡適不反對舊體詩，他自己就編輯了一本詞集。他相信詩和詞都可以用白話文來寫。詞的形式要求更嚴，特別是韻律，可以配曲。

我認為，徐志摩的一些長詩確實寫得很好。徐志摩比胡適更熟悉西方文學，他的中文也極好，他的文學才能高過胡適，是個非常可愛的人。儘管我只見過他一面，但我很喜歡他。他死於飛機失事，我為之悲痛不已。他要是活得長一點的話，可能會成為「中國的拜倫」。

在南方和北方，特別是北京，至少有幾百人寫白話

詩。哪個新詩流派最成功？很難說。我不能說新詩曾經發展到可以說存在不同流派的地步。在談到不同流派之前，一定程度的成功是必要的。我不能說新詩曾經取得了很大的成功，它甚至還沒有達到與舊詩並存的階段。

如果新詩還談不上流派，哪個詩人最成功？我可以提沈尹默，他也是書法家，還有康白情和徐志摩。周作人也寫了些新詩，但他的主要精力集中在雜文。魯迅寫的詩比他弟弟還少，他寫舊詩。

儘管還談不上存在不同的流派，我提到的詩人風格都不同。當時我喜歡康白情，我特別喜歡他的〈草兒〉，他和徐志摩都有天賦。主要的區別是徐志摩受西方文學的哺育，英文寫得好。他的西方文學知識補充了中國文學的良好基礎。康白情的起點是中國的舊詩，他後來到了美國，沒有取得什麼成就。

在漫長的歷史之後，傳統詩歌受到形式的限制，而形式是不可侵犯的，對詩人具有約束力。我認為好的藝術必須受到約束。譬如，畢卡索也能用傳統方式作畫。新詩的主要問題是缺乏約束，沒有中國文化的足夠訓練。

學者默誦幾百首舊詩不算什麼。研究詩的專家能背誦整卷的詩，特別是杜甫和陶淵明的詩。但是，誰能背幾首白話詩？連自己寫的詩都不記得！我寫了三十來首新詩，只記得兩首。如果那三十首是用傳統格式寫的，我應該至少記得二十首，這說明新詩有問題。當然，不是說沒有出色的新詩。我記得徐志摩寫的一首長詩，第一次讀的時候

沒有什麼感觸。欣賞和理解，隨著熟悉而加深。我一度很喜歡這首詩，但現在一句都記不起來了。

我怎麼解釋這種現象？我認為，第一，新詩的不足在於缺乏韻律；第二，新詩缺乏舊詩激發思考的長處。舊詩有那麼多隱含的意義，合於不同的解釋。

我對文字改革有興趣嗎？我在這方面沒有研究。不過，我反對羅馬化。我的老鄉黎錦熙是羅馬化最積極的推動者。羅馬化起源於內地，那裡的傳教士把各種方言羅馬化。在巴黎，在「勤工儉學會」創立之前，吳稚暉和李石曾支持羅馬化。我認為，推行羅馬化很難。

我同樣反對採用國音字母，我覺得太繁瑣，我覺得日語假名也同樣繁瑣。根據我做編輯的經驗，我能看出系統裡固有的問題。給一本普通書注音的費用大概是總費用的百分之二十，不划算，這是推廣注音的一大障礙。我太了解印刷商面臨的困難。如果一千元能印一冊書，誰會願意為額外的符號多花幾百元？

拼音也許對初學者來說容易，但對我們來說，那些已經熟悉漢字的人覺得注音很難掌握。也許這只是偏見。拼音也許有用，但對我不適用。

另一方面，我完全贊成採用西方的標點符號和修辭手法。譬如，在書名劃底線，這些都起到了非常好的說明作用。

我出於興趣和研究，讀過左翼和右翼文學。我跟左翼作家聯盟聯繫密切嗎？我在上海的前幾年，左翼作家的活

動不積極，我（1927年）從法國回來的時候，形勢發生了顯著的變化。就像我告訴過你的，我跟沈雁冰很熟，跟郭沫若、田漢和張聞天都熟。

我不是作家，是編輯，因此容易認識這些人。他們託付我出版，或者推薦他們的文稿，給了他們很多人第一次機會。譬如，中華就出版了田漢很多作品。

總體來說，我注意到艱苦奮鬥的精神不見了。當然，這是普遍的現象。例外是有的，我可以舉個例子。在中華書局十一年，我看過的大部分文稿都寫得不認真，因此造成了不必要的麻煩。我只記得三個作家的文稿是完美無瑕的：梁啟超、王光祈和吳雨僧。

新文化運動仍然處於發展的早期。從1920年到1931年出版的原創和翻譯作品來看，我的觀點是，大多數作者缺乏前輩的自律和中文教育的基礎，這是他們的很多作品不能令人滿意的原因。

新文化運動在什麼時候最成功？緊接著五四運動的那個時期，新文化運動充滿了活力。很多人用新文體寫小說、雜文、戲劇、詩歌，他們的一些作品水準很高。這個最初的時期讓人印象深刻。

新文化運動初期和後來幾年的區別，不在於成功不成功。最初幾年的活力在以後的年頭裡不復存在。這很自然，因為任何新事物都會激起人們強烈的興趣。

還有其他因素。到北伐時，許多人的注意力集中在實際的問題上。清黨之後，國共衝突是主要的問題，然後戰

爭爆發，消耗了人們的精力。

我與中華書局的關係提供了我自學的廣闊天地，書局編輯部有大量藏書可以使用。編輯們可以訂購想要的任何書。書局圖書館大約有六十萬冊藏書。商務印書館的藏書更多，大約有一百萬冊。我也偶爾透過朋友從商務印書館借書。可惜日本人摧毀了商務印書館（1932年1月28日）！

我們有時間盡情閱讀。1925年左右，我重新開始研究四書五經、中國歷史和文學。雖然文學最使我感興趣，但我也讀了很多歷史。

中華書局啟動中學生百科全書的出版，進一步激發了我對歷史的興趣。我參加叢書的籌畫，並建議增加中國近代史資料。雖然古代史資料是必要的，但我覺得多數人，尤其是中學生，對古代史缺乏興趣。百科全書的每一卷平均在五到六萬字。

中華書局還推出了另一個較小規模的叢書系列，每卷一萬多字，十分錢一卷。

以下幾卷是我編輯的：大百科全書的「中日關係史」、「辛亥革命史」，小百科全書的「中日關係史」和「中英關係史」。這些書賣得很好，因為它們便宜，學生買得起。我當時年輕膽大。現在我讀自己在三十年前寫的東西，感到很羞愧。

自從拿起筆來寫歷史，我對歷史的興趣日增。因此可以說，我落入歷史學家的道路，一是因為我可以自由訂購

我想要的書籍，二是因為我為百科全書寫作。

　　三十年前，已出版的關於近代中國歷史的原始資料很少，需要花時間和精力查找資料。文件和其他種類的歷史資料都藏在書裡，混在詩歌和雜著裡。不是所有人都可以接觸到這些資料。每當我發現有價值的東西，就會找人抄下來。中華雇用了十幾個抄寫員。

　　在以這種方式收集起來的資料裡，我選擇和編輯了最重要的內容出版。我只購買過一本手稿，收錄在我出版的卷冊裡，那是《臺灣八日記》，[12] 作者是俞明震，俞大維的父親。[13] 手稿寫的是 1894 年到 1895 年間甲午戰爭以後臺灣被割讓給日本的事情。我花了八十元買下這本一萬字的手稿。

　　我編輯了近百年的中國歷史的原始資料（《中國近百年史資料初編》，共兩卷，中華書局，1926 年，以及《中國近百年史資料續編》，共兩卷，中華書局，1933 年），一共三十萬字。書賣得很好。第一本的兩卷再版了七次。我不清楚第二本再版的情況。

　　我的資料書是同類書籍中最早的，這是它們成功的原因。以前沒有原始資料書嗎？有分散的卷冊，但沒有系統收集和編輯的原始資料。儘管我的原始資料書是許多年前出版的，但至今還有用。臺灣的中華書局最近出了新版

12　參見左舜生選輯，《中國近百年史資料續編》（臺北：臺灣中華書局，1983，臺三版），頁 301-332。

13　俞明震為俞大維伯父，此處左舜生記憶有誤。

本,賣得很好。是修訂版嗎?不是。這些書是很久之前出版的。自那以後,出現了很多新資料。今天我不會再選擇同樣的文獻了。

這給人的感覺是,工作從來不會白費。我把從鴉片戰爭到辛亥革命期間最重要事件的相關資料歸入十個主題,共產黨也沿用了同樣的十個主題。當然,我不是說我發明了這個系統,因為遵循同樣的組織結構似乎是很自然的。[14]

我怎麼定義中國近代史的開端?中國歷史的分期是個難題。大多數人認為,近代是從1840年的戰爭開始的,即從帝國主義國家壓迫中國的故事開始的。我認為,我們應該追溯到明末清初中國與西方開始接觸的時候。利瑪竇和其他西方傳教士在中西接觸中起了重要的作用。這種接觸在康熙統治時期(1662-1723)特別重要,在雍正統治時期(1723-1736)暫時停止。如果當時繼續下去,西方文化在中國的發展會提早一百年。

現在我想告訴你我在1930年的(江蘇)南通之行。我很想知道,在張謇去世四年後,他的努力是不是存續下

---

14 自1949年之後,迄至1961年左舜生接受夏連蔭女士的口述採訪為止,中國史學會組織編輯了「中國近代史資料叢刊」《鴉片戰爭》、《太平天國》、《捻軍》、《回民起義》、《中法戰爭》、《洋務運動》、《中日戰爭》、《戊戌變法》、《義和團》與《辛亥革命》,確實是十個主題,左舜生編的《中國近百年史資料初編》並非他說的「十個主題」,而是十三個主題。不過,中國史學會在1950年代啟動編輯中國近代史的同類資料書時,大致以歷史事件為專題,分類也有不少相似之處,顯然參考過左舜生編的選題分類。

去、發展下去。我從沒見過張謇,我認為他是一位傑出的人物。他四十二歲中狀元,拒絕了做高官的機會,在甲午戰爭後,他投身於本地的實業,特別是教育和工業,達三十年之久,給我留下了深刻的印象。他的寫作也不錯。有關他的很多傳說讓我對他的興趣大增。另外,當時旅行變得容易,我也喜歡看看新地方。我相信,要瞭解一個地方,就必須親自去看看。

我接近南通的時候就有了好印象。那天下雨,路不好走。但我注意到村民們看起來殷實,市場上有肉賣,提著蔬菜籃子的婦女面色紅潤,看起來不愁吃,衣著乾淨,大多數的民居都是瓦片屋頂。少數稻草蓋的房子,稻草也擺得很整齊。村民們看上去生龍活虎,樂意幹活,完全不存在被脅迫的樣子。我覺得「張四先生」(當地居民這麼稱呼張謇)和他的哥哥做出了可貴的貢獻。

進城的時候,紡織廠和植物油廠的機器嗡嗡聲使我留下了深刻的印象。張謇推廣過手工業,利用婦女的閒暇時間。我最初的印象是,縣城裡的人能過上這麼好的生活,就是一個成就。

我住在一個老式旅店「有斐館」,[15] 乾淨舒適,保留了最好的東方傳統。當我得知中國首屈一指的繡女沈壽第一次去南通時也住在這家旅店的時候,我就更高興了。

中國青年黨的一位成員邀請我去他家吃飯。我很少能

---

15 「有斐館」,張謇於 1914 年創建。

享受這麼可口的食物,當地的魚特別開胃。主人不是有錢人,他的舒適生活反映了當地的高生活水準。

第二天,我訪問了張謇創辦的著名南通師範學校。儘管只是間中等師範學校,他仍然邀請了一流的學者來任教,請了著名學者王國維教中文,屠寄[16]教地理,從日本請來幼教老師。學校在一所很大的建築裡。我逗留了一會,被安靜的學習氣氛打動。只能聽見老師的講課聲和學生們的筆劃聲。學生很有禮貌,對我們鞠躬。

我遊覽了張謇建造的公園。這個公園很特別,中央有個觀景台。我還參訪了沈壽為女孩們建立的著名的刺繡學校。作為女性和藝術家,她很了不起,還是個詩人,是傳統女性的楷模。她跟丈夫不和,就接受了張謇的邀請,離開北京來到南通。她意識到張謇所做事情的重要性。他們的愛戀在許多傳說故事中被頌揚。

沈壽繡過一幅義大利王后的肖像,獲得義大利博覽會一等獎。為了感謝張謇,她繡了很多觀音像,但都被各個博物館收藏了,在南通看不到。不過,我看過她繡的一些肖像。從此以後,我這個湖南人就不敢再提湘繡,相比之下就顯得粗糙了。

---

16 屠寄(1856-1921),原名庚,字敬山,一字景山、歸甫,別字師虞,號結一宧主人,晚年更號無悶居士,江蘇武進人。光緒十八年進士,歷任翰林院庶起士、京師大學堂正教習、工部郎中。曾入兩廣總督張之洞之幕府,辦理教育及書局事宜。1895 年,赴黑龍江查辦漠河金礦事,旋任黑龍江興圖局總纂,編成《黑龍江興地圖說》。1903 年任淳安知縣。辛亥革命成功,被推舉為武進縣民政長,後拒任武進縣知事,一意著述。

我對刺繡學校的印象很好。老師和學生看上去很認真，秩序井然。事實上，我在南通從未見到髒亂的地方，這是我之所以喜愛南通的原因，這個評價並不適用於中國太多的地方。學校附近有個著名的亭子叫「謙亭」，是沈壽養病的地方——我對這個故事很熟悉。

　　在張謇的一生中，他曾受到一些人的反對，說他是地方的獨裁者，但也得到另一些人的支持。儘管他受到一些當地居民的批評，但在七十四歲去世的時候，他得到所有的人的哀悼和尊崇。我參觀了他修建完好、莊嚴肅穆的墓地。縣令是個國民黨人，自取其辱，送了一塊牌匾讚美張謇在實業上的成就，他犯了一個極大的錯誤，在自己的名字旁邊放了一個「頒」字，這是只有在上級對下級時才會使用的詞。

　　在南通的這兩天給我留下了很好的印象。雖然張謇已經去世四年了，他為南通服務的成果歷歷在目，使我感動，強化了我對他偉大貢獻的認識，加深了我對他的興趣和敬佩。張謇這樣的人對任何國家都是不能缺少的。他的一生反映了新舊交替時期的艱難，那些到過南通的日本人和外國人都認識到他的重要性。在清末年間，南通是那些對教育和實業感興趣的人的必訪之地。

第四章　中國青年黨的組織與準則／黨與國民革命（至1927年4月）

1923年12月2日，中國青年黨在巴黎成立。1925年的春天，我在上海入黨。我是不是清楚這中間中國青年黨的發展呢？不，我不太清楚。青年黨的組建由兩個因素促成。一個是國際性的，1923年的臨城案，[1] 激發了不利的國際輿論，中國被批評毫無法治，使綁架外國人成為可

---

1 指震驚中外的「臨城劫車案」，有關真相已大致清晰。1923年5月6日凌晨，「山東建國自治軍」首領孫美瑤率部千餘人，在臨城沙溝車站攔截一輛由浦口北上天津的特別快車，俗稱「藍鋼車」，劫走國外旅客二十餘人，國內旅客四十餘人。英人洛斯門（Joseph Rothman）因拒劫身亡，其餘作為人質，囚禁於抱犢崮山麓巢雲觀。英、美等五國駐華公使提出強烈抗議，聲稱「共管中國」。5月9日，五國公使限北京政府於三日內救出全部被擄外僑，否則，每隔二十四小時疊加賠款。北京政府自12日始，派山東督軍田中玉等與孫談判，協定政府軍撤出原防，將「山東建國自治軍」編為「山東新編旅」，歸山東第五師節制，委孫美瑤為旅長。6月12日，雙方在協定上簽字，釋放最後一批外籍人質。6月24日，該新編旅離山，釋放全部中國人質，此案告結。同年12月，孫美瑤被新任兗州鎮守使張培榮誘殺。至此，「山東建國自治軍」被基本覆滅。誠謝聊城大學羅衍軍教授提供有關檔案與專題研究資料。

能。這個事件凸顯了我們需要一個好的政府。

另一個因素是共產黨的積極活動,特別是在巴黎的勤工儉學會中。法國的中國學生受到兩種思想的影響:共產主義和反共產主義。勤工儉學會的成員,譬如周恩來、李維漢、徐特立、聶榮臻、陳毅是共產主義活動家。反共產主義的人不僅有曾琦,還有國民黨員,譬如張厲生。[2] 這兩組人發生了肢體衝突,導致幾個人的頭部受傷。我黨的資深人士李(不韙)先生就是受傷者之一。共產黨跟蘇聯建立聯繫,他們非常貧窮,收了蘇聯的錢。這兩個因素相結合,使許多在巴黎的中國學生相信有必要成立一個新的政治組織。

黨的正確的英文名字是什麼?「The China Young Party」。「Youth Party」這個詞經常出現在外文敘述裡,但它並不正確。法語名字是「Parti de la Jeune Chine」。

我聽說過中國青年黨和國民黨成員站在同一邊,同另一邊共產黨成員之間的衝突。但國民黨的成員很少捲入實際的打鬥。衝突結束後,張厲生會給我們受傷的同志送來水果表示安慰,這是他們合作的證明。

衝突是在法國的華人協會聯盟會議上發生的。這個組

2　張厲生(1900-1971),字少武,河北樂亭人。1916年以優異成績考入天津南開,與周恩來同學,彼此政見不合。1922年留學巴黎大學,主攻社會經濟學,加入國民黨。回國投身北伐,歷任國民黨中央執行委員、組織部部長、行政院副院長等。1949年赴臺,再任行政院副院長、中國國民黨中央委員會秘書長等,頗得蔣介石垂青。出任駐日大使之後,因日本與臺灣關係漸次疏遠,蔣介石歸咎其工作不力,未再啟用。

織由法國的華人團體構成，爭論的焦點是領導地位。會議是不是定期舉行？只有出現重要問題的時候才會召集會議。雙方的追隨者都帶槍，把槍放在會議桌上，表明雙方都做了武裝準備。我必須說的是，我不認為這樣做是對的。

1924年1月國民黨改組後，國民黨員幫助中國青年黨人反對共產黨，不會違背國民黨的政策嗎？國民黨裡總會有反共的群體。在巴黎的反共群體有多大？並不大。另外，這個群體的想法不明確。國民黨籍的學生同我黨成員與共產黨員都不同，他們沒有受到強烈的信仰灌輸，沒有發展完善的組織。儘管國民黨在採取與共產黨合作的政策之後變得更加組織嚴密，但像張厲生這樣的少數黨員仍然在繼續反共。

中國青年黨在海外和中國的發展分為兩個明顯的階段。（1924年8月）曾琦回到中國。1924年10月10日，他和朋友們創立了《醒獅週報》，讓我幫助他們。儘管曾琦是主編，但我幾乎事事躬親。曾琦不喜歡管理細節，他寫文章，但我得負責印刷、編輯、校對、發行、流通等等。兩年之內，發行量上升到大約一萬三千份。

我在1925年的春天加入青年黨的時候，黨的規模有多大？我不知道確切的數字，但我相信有超過二百名黨員。坦白地說，當朋友問我有關黨員人數的問題時，我無法回答，無法提供確切的數字。（黨中央於1925年冬天從巴黎遷至上海後）它曾在不同的時期設立在上海、華

北、香港和四川。黨的註冊檔案從來沒有集中管理過,我本人從來沒有見過完整的和準確的黨員數字。

什麼是黨組織的最基層單位?我對黨的工作向來不感興趣,所以我不能清楚地為你描述黨的組織。黨在大學建立了小組,特別是大夏大學[3]和復旦大學。我們在教會學校的成員比較少。

我必須承認,我對黨務缺乏興趣。我從來沒有介紹過人入黨,只對入黨申請人投過贊同票。組織的問題讓我頭疼。我不是黨的一個最高領導人嗎?曾琦在世的時候,我是他的助手。如果你要用「領導」一詞,可以說我是個副領導。副手可以拒絕操心組織的事情嗎?這已經成了習慣。人們請我寫信[4]的時候,我告訴他們我寫不好,這樣他們就不會再麻煩我。

我從來沒有操心過黨務,我與黨員很少聯繫。我可以為黨研究相對大一些的問題,但與黨員太近,讓我頭疼,我不適合做這類事情。黨員找工作的時候尋求黨的幫助,男女黨員之間的問題也找黨來解決,所有事都找黨,黨員過分依賴黨組織解決從工作到愛情的所有事情。

---

3 1924年,自廈門大學學潮中脫離出來的三百餘名師生彙集上海,發起和組建綜合性私立大學大夏大學(The Great China University)。初名大廈大學,「大廈」即「廈大」之顛倒,後來取「光大華夏」之意,定名為大夏大學。抗日期間,該校亦經顛沛流離,先後內遷至廬山、貴陽與赤水,一度與復旦大學合併為第一所聯合大學。抗戰勝利後遷返滬上。1951年10月,該校以大夏大學的原址為基,原文、理與教育學科與光華大學的部分系科合併,新組為華東師範大學。

4 此處應指推薦信。

我缺乏對人事和組織工作的興趣和才能,李璜有這些方面的能力,他一天可以給黨員們寫三十封信。他的書法好,我的書法不差,但我討厭寫信,李璜從來不怕麻煩。曾琦也善於做組織工作,譬如,他有所有朋友的地址和電話,我則從來沒有。可以說,我是個失敗主義者,我的態度無疑是失敗的原因。

事實上,我對黨的早期歷史不是很清楚,倒是非常清楚黨和蔣先生之間合作的起源,因為我親身積極地促成了這件事。至於黨的早期歷史,我有一段時間不在中國,也許我沒有關注過,也許我的內心不贊成(黨的某些政策),因此,我記不太清楚。

我甚至不能詳細地回答你關於我在黨內的職務問題。這麼說吧,我的主要貢獻在宣傳方面,我創辦了黨的所有出版品。(1935 年 7 月到 1938 年 8 月)我是黨主席。曾琦不在的時候,我經常擔任一兩個月的代理主席。代理主席是怎樣選定的?由常委會選舉。

我致力於政局的分析。我和曾琦密切關注政治的走向。在促成我黨和國民黨的合作,以及界定我黨對共產黨的態度方面,我扮演了重要的角色。李璜善於做組織工作,但他不擅長政局分析。他也擔任過黨的主席。

每一次選舉產生的常委會都有我。那麼我是在入黨不久就被選進常委會了嗎?是的,我一入黨就成了黨的領導人之一。理由很簡單:有頭腦的人太少。從經驗出發,可以說,中國的組織裡只有少數人有頭腦。在選舉常委會的

時候，我總是希望比曾琦少得一兩票，我不應該比他的得票還多。

中央執行委員會的成員有資格出席常委會的會議。必要的時候，我們會邀請一兩人參加。常委會經常開會，但不是定期，有需要時就開，有時一周開兩次。中央執行委員會的全體會議也不定時開。不過，他們一年至少要開一次會。

不要以為中國青年黨是個組織嚴密的政黨，這是一個只有幾個領導人的組織。我們黨的困難處境的主要原因是中國的環境，不允許我們成功，我們缺乏現代化的組織也是一個原因。

我們的主要問題是糟糕的財務狀況，我黨是所有中國政黨裡最貧窮的。一個政黨如果想讓它的成員專職為它工作，必須能夠為他們提供生計。中國的政黨不像西方政黨，沒有工商界領袖的資助。來自中國軍閥的資助呢？他們的資助很有限，只想讓我們幫助他們保存勢力。

黨的組織部部長經常換人。誰擅長組織工作？李璜和陳啟天輪流負責組織部。我想不到其他值得提及的人。李璜適合做這種工作。黨員會去組織部談個人問題。我從來沒有掌管過組織部。

黨的哪一個其他部門很重要？行政部裡管理帳目的科室。儘管黨的財務資源不豐富，但找一個靠得住的人來

管理這個部門還是必要的。通常是段震寰⁵來擔任這個工作。段震寰是湖南洞庭湖邊的南縣人，法國留學生，他是黨的創建人之一，常委會成員。通常由誰負責行政部？李璜，當他不負責組織部的時候。

我的精力集中在宣傳部，這是艱難的工作。黨很窮，維持黨報會遇到難以置信的困難。在我沒有主持宣傳部時，通常由常燕生負責，他甚至比我還不適合做行政工作。我認為他是我黨最有智慧的成員，我非常欽佩他。他不僅在政治上很有能力，也是有思想的人。可惜他在戰後不久就過世了。他的學生收集、編輯、出版了他的著作，有二十多卷（《常乃悳遺集》，香港：自由出版社）。

還有誰負責宣傳部？很多黨員為宣傳部寫文章，比如宋漣波，⁶有一定的辦報經驗。通常由我創辦一個報紙，

---

5 段震寰，號慎修，湖南南縣人，曾任青年黨中央內政部部長。據張夢九回憶，「段先生為人，沉默寡言，凡湖南人冒險犯難不屈不撓的騾子精神，均具有之。可是頭腦非常有條理而細密，本黨最初的黨章、組織規程、入黨及小組訓練辦法，一切重要文件，起草及繕印，大多出於其手。」張夢九，〈段慎修〉，《中國青年黨殉國死難及已故同志略傳初稿》，第一輯，頁152。1932年冬，青年黨中央決定經營西南為根據地，段震寰返湘，任湖南省黨部委員長，邀曾琦入湘，與喻翊忠等籌建「抗日救國軍」，被何健擊敗，後來屢圖再起，不得要領。及至1949年，青年黨的主力撤往港臺，段震寰再次潛入湖南，「準備打遊擊，初聞頗奮勇作戰，給予共匪以重創，後漸杳無消息。十年前，有人從湖南來臺者，談及慎修同志父子，方知其以眾寡緣懸殊，後援無繼，卒以力竭被俘，備受酷刑，而慷慨罵賊成仁矣。」張夢九，〈段慎修〉，頁153。

6 即宋益清（1904-2005），字漣波，四川崇慶人，畢業於清華大學政治系，任教於成都大學。1931年底，在蓉創辦《國難日報》，出任社長。1938年9月，漢口《新中國日報》遷蓉，再任社長，宣傳抗日不遺餘力，榮獲國民政府抗日勝利勳章。撰有回憶錄《十年報人》。1945年6月，任聯合國中國代表團的英語翻譯，曾在

然後交給他管。你看，就是我在不擔任宣傳部部長的時候，我還是負責刊物的創辦。

誰在黨代會上做政治報告？一般是曾琦做政治報告，報告上一屆代表大會以來的主要進展：黨和各團體的聯繫、黨的立場等等。黨代會通常接受黨更高機構的決定嗎？並不總是這樣。有時辯論很激烈，特別是觸及個人利益或者地方衝突的時候，很難調解。需要例子嗎？北平的代表大會在法西斯問題上就有分歧。

爭論最常見的原因是什麼？通常，主要的問題是個人之間的衝突，最經常由競爭黨中央執行委員會或者常委會的席位引起。一個黨員可能堅持讓自己當選而挑起激烈的爭端。有時反對派分子可能沒有明顯的組織，有時黨員間因關係密切，或因地域和特定的議題聯合起來，臨時組團。這種情況很難對付。但總的來說，黨沒有大的麻煩，通常是一方在某種程度上採用或者修正反對方的觀點，來解決分歧。常委會總是爭取避免內部的分裂。

黨的檔案在哪裡？一部分在臺北。常燕生的《十八年來之青年黨》[7]將黨的歷史寫到了1941年。我們出版了很多本。是不是還有沒出版的黨文件？有些保存在臺北，是我們的同志帶過去的，但丟失了很多。香港有沒有沒出版

舊金山見證《聯合國憲章》之簽署。1947年任上海《中華時報》發行人，兼制憲國民大會代表。1949年赴臺，1996年移居深圳。著有《三十年來的外交》、《中美關係七十年》等。

[7] 1941年出版於成都國魂書店，編者常燕生用的是筆名「柳下」。

的黨文件？沒有。

不能認為我們的檔案像外國的檔案一樣。我們當然有黨的文件，但不完整。有時不方便保存紀錄，有時因為黨內部的困難使文件丟失。比如，有一個箱子裝滿了文件，在上海被沒收，或者丟失了。那些文件是關於黨內的某些反叛分子，在華北處置他們的措施，以及在上海使用類似方式的計畫。公共租界聽到風聲後，開展了調查。那是有關青年黨歷史與發展極為重要的文件。

中國青年黨是不是在1925年10月10日合併了幾個青年組織，成立了中國國家主義青年團？是的，我們合併了幾個學生組織。留日回國學生組織的孤軍社有一定的地位，沒有加入我們。留美回國學生組織的大江會也沒有加入我們。不，我不記得有多少組織被併入青年團了。

我黨的目的是招募上海學生。曾琦和其他黨員，譬如張夢九，在大夏大學執教。可以完全自由地談論政治，與現在香港學校不准討論政治的情形完全不同。曾琦鬥志昂揚，抓住機會宣傳青年黨和青年團。我們的黨員在復旦大學也很積極，那裡共產主義者和反共人士曾發生過衝突。

中國共產主義青年團成立以後，共產黨資助了大批學生。我黨沒有足夠的財力資源做同樣的事情，但我們招募了很多窮學生，還有很多女學生加入我們。國民黨活躍嗎？國民黨在這些學校裡不活躍，國民黨還沒有意識到共產黨構成的危險。

中國國家主義青年團從上海逐步拓展，在東吳大學站

穩了腳跟。我黨有個名叫孫寶剛的黨員,是東吳大學的學生,他請曾琦和我為學生講話,我們有了宣傳自己觀點的機會。

青年團有沒有最高年齡限制?沒有嚴格的限制。現在擔任中國駐東京大使館的參贊崔萬秋[8]才十八、九歲就入了黨,但沒有入團。當然,他跟我們聯繫已經有一段時間了。

我們從中國和海外的大學生中招募青年團員。我們是不是招收中學生?沒有,我們沒有特別努力去這樣做。

青年團是為了培養未來的黨員嗎?是的。青年團是如何組織的?中央黨部指定成員去領導青年團。地方上的青年團如何組織?當一個學校有七、八個學生成立小組的時候,青年黨會派黨員去跟他們談話,並指導他們。這些黨員不會一直跟學生在一起,學生們選舉自己的負責人。

青年團初建的時候,成員不多,組織上沒有獨立於青

---

8 崔萬秋(1904-1990),祖籍山東觀城,出生於莘縣,留日前夕,赴滬拜訪中學時的筆友田漢,田漢引薦給左舜生。次年,經左舜生與陳啟天介紹,崔萬秋在日本加入青年黨,肩負該黨的東瀛拓展之責。1933年畢業於廣島文理科大學,任上海《大晚報》副刊「火炬」主編,兼編影劇副刊「剪影」,刊個人長篇小說《薪路》等,尤為話劇《娜拉》推出劇照與評論,獎掖齊魯小同鄉藍蘋(江青),熱議一時。同時在滬江大學與復旦大學兼課。遷都重慶後,任職於國民黨中央宣傳部對敵宣傳科科長,兼任中央大學教授,主編《時事新報》副刊「青光」與《世界日報》副刊「明珠」。抗戰勝利後,協助左舜生在滬創辦《中華時報》,任總編輯,連載其長篇小說《重慶美人傳》,膾炙人口。1948年任外交部駐日代表團專門委員,有「日本通」之稱。著有《日本見聞記》、《日本廢除不平等條約小史》等。晚年在港出版《江青前傳》,於文壇再起波瀾。

年黨。黨員多了以後，青年團形成了自己的組織，但還是繼續和黨保持密切的聯繫。即便它變成一個重要的機構以後，還是聽從黨的安排。我對青年團的印象極好。黨內的情況複雜，但團內從來沒有。黨是不是直到1929年9月，即當青年團公開時，才以青年團的名義發出通告？是的。

黨的全民革命原則是什麼意思？沒有階級區分。共產黨強調工、農的作用。我們想強調的是，需要全國人民參加革命。

就像我說過的，我對黨務不太感興趣。也許你們不同意。麻煩的是，我忠於朋友，他們敦促我入黨。我自然是相信黨的原則，但我必須說，對我來說，最重要的事是愛國主義。我對兩個陣營之間的激烈衝突不感興趣。事實上，我對政黨沒有信仰，而且反對革命。

但難道黨不是直到1945年12月在重慶召開的第十次代表大會，才堅持全民革命的原則嗎？我反對革命行動──用武力推翻現有制度。中國青年黨沒有為這種行動做好準備，儘管曾琦相信和軍閥結盟，相信使用武力。但我一直反對革命，我想這跟我對梁啟超的崇拜有些關係。

我是怎樣調和我的觀點和黨的原則呢？我一直相信黨的全民革命原則形成是對共產黨的階級革命的回應。國民黨贊成革命，共產黨贊成革命。如果我黨不支持革命，就會顯得落後。

不必過於看重形式。曾琦與孫傳芳、閻錫山、張作霖合作，後來又與張學良、唐繼堯、湖北軍閥，特別是四川

軍閥的合作,因為這對我們的生存是必要的,我們受到國共雙方的攻擊。我們幫助軍閥做教育工作,訓練他們的軍隊。他們給我們提供了轉圜的空間。

　　黨是不是打算最終仍會反對軍閥?跟軍閥保持聯繫和合作關係,不等於我們會永久地支持他們。跟他們合作是戰術,不是目的。我們一些黨員和軍閥有密切的個人聯繫。比如,編輯了吳佩孚遺著的劉泗英,是吳佩孚的親密朋友和仰慕者。我本人不敬重吳佩孚,他所採取的秀才態度,在我看來是相當落後的。我們怎麼對軍閥解釋我們的全民革命原則,或者他們不知道我黨的綱領嗎?他們知道我黨的綱領,但他們感到孤立,想得到政治上的支持,需要一個政治組織,來協助對抗崛起的共產黨和國民黨。至於我們,是爭取存活。我們的政黨給軍閥提供了一面旗子——國家主義的意識形態,用來對抗共產主義和三民主義。我自己不迷信任何形式的意識形態。

　　我怎麼定義黨的國家主義學說?黨在《國家主義》(關於國家主義的文章,兩卷本)[9] 裡有詳細的解釋。李璜從法國回國的時候,積極地陳述國家主義學說。坦白地說,我不覺得這些解釋太重要。對我來說,國家主義的涵義就是愛國主義,我們要民族獨立。

9　《國家主義論文集》第一集初版於 1925 年 3 月,編輯者為少年中國學會,發行與印刷者為上海中華書局,校譯者看到的是史丹佛大學胡佛研究所「曾琦檔案」所藏該冊的第 5 版,1926 年 9 月出版。第二集初版於 1926 年,仍由上海中華書局出版。

孫中山的民族主義原則與我們的國家主義是相似的。我指的是孫中山民族主義原則的哪個時期？我們的國家主義不包括反對外來主義。我們的全民革命原則反對階級鬥爭，要求民族獨立和國內各族群的平等。我黨對於改組後的國民黨反帝綱領持有什麼立場？我們不是用共產黨的方式來反對帝國主義的。我們反對外國蠶食我們的國家。共產黨反對所有的帝國主義國家，唯一的問題是時機，中國青年黨需要國際的合作。

談到孫中山，我相信他直到組織興中會（1894年11月24日成立的復興中國社團）才致力於革命。1894年秋，在寫給李鴻章的信件裡，孫中山請求李鴻章派他以非官方身分，到法國研究農業。李鴻章沒有接見他。李鴻章起用了唐紹儀的才幹，而不是孫中山。如果他當時把孫中山收做幕僚的話，我相信孫中山就不會轉向革命。

孫中山在國外受教育，在西方遊歷很廣。光緒二十二年（1896年），他在倫敦被捕。釋放後，一位英國朋友幫忙安排他在歐洲暫居。他後來寫下了這一段生活，當時他在倫敦圖書館[10]度過了許多時光，並且在歐洲遊歷。他得出的結論是，歐洲處於社會革命的前夕，他預計社會主義和階級革命將席捲全球。因此，他意識到他的國家主義和民主原則是不夠的，還有必要增加社會方面的原則。他的結論是，在驅除韃虜、建立民權以後，中國還需要進行

---

10 實為大英博物館閱覽室。

社會革命。

孫中山在廣州失敗（1918年）後，制訂了三民主義。他回到上海後撰寫孫文學說，把手稿拿給一些朋友看，其中有黃炎培。我後來問過黃炎培覺得如何。他告訴我，孫中山的中文不好，但他的論證令人信服，表達有力。

我從來沒有見過孫中山。如果早生十年，我一定會加入他的黨，接受他的領導。他沒有被中國的典籍毒害，思想開放。另外，他還受過醫學訓練。科學訓練對於政治是必不可少的。我認為，沒有受過科學訓練的人不應該從政。

我怎麼看待孫中山對共產主義的觀點？他非常自信，相信在他的有生之年，共產黨人不會參加騷亂。我認為，他如果多活五年，中國共產黨不會那麼快地蘇維埃化。他有社會主義的思想，無疑是一個非常聰明的人，但我不知道他是不是仔細地研究過俄國的情況。他在歐洲的時候還很年輕，四處走動，雖然讀了很多書，我懷疑他沒有花很多時間深入研究。他愛讀書，在去世的時候，只留給（他的遺孀）宋慶齡一棟房子和一些書。（他的兒子）孫科在這方面像他，緊跟反映世界趨勢的最新書籍。

（1924年11月，孫中山途經上海去華北時）曾琦拜訪了他，勸他不要跟共產黨合作。曾琦年輕時是同盟會（孫中山在1905年建立）的會員。他告訴孫中山，共產黨有蘇聯的支援，包括資金的援助，勢必會在中國發展起來。但孫中山沒有理會他的勸告。曾琦的話被置若罔聞，

因為他是中國青年黨的創始人,中國青年黨跟共產黨有衝突的背景。

中國青年黨是不是與馮自由等人在 1925 年創立的反對國民黨聯共政策的北京國民黨同志俱樂部有來往?沒有。黨跟西山會議派有來往嗎?曾琦跟這些人熟。具體指哪位?西山派的領導人謝持、鄒魯、張繼。還有誰?但懋辛、黃季陸。這些人理解我們。他們反對孫中山接納共產黨以及與蘇聯合作的政策。

曾琦和謝持是四川同鄉,和謝持的女婿曹四勿[11]是好朋友,他們經常在一起。曾琦和這些人的關係很好。1925年 11 月西山會議召開的時候,曾琦在北京嗎?沒有,他在上海大夏大學教書,同時跟我一起辦《醒獅週報》,但他在北京與上海之間來往頻繁。

有些國民黨成員反對孫中山與蘇聯結盟以及接納共產黨的政策,反對蔣先生繼續同共產黨保持密切聯繫,可以說,曾琦在其中扮演了重要的角色。他警告說,共產黨會令人畏懼,國民黨對付不了共產黨。他在這方面的言論比

---

11 曹四勿,即曹任遠(1893-1991),字四勿,取自《論語·顏淵》「非禮勿視,非禮勿聽,非禮勿言,非禮勿動」之意,曾用名利用、炯等,生於四川富順自流井鹽商之家,閱歷頗豐。岳父謝持,乃孫中山總統府之秘書長。任遠先後留學日、美、德,在東京加入同盟會,二次革命失敗後重返東京,加入中華革命黨,獲德國埃爾朗根大學化學與物理學博士。1924 年參與籌建中山大學,任該校及四川大學、中央大學等校化學教授。1932 年春加入胡漢民在穗重組的國民黨,任華北書記長與中央黨部副書記長。1951 年任北京工業學院教授,歷經思想改造、三反、五反、反右諸運動之衝擊,漂泊西北等地二十餘年。著有《現代有機化學》、《定性分析化學》、《染料化學》等。

其他人都多。他想盡辦法接近西山會議派。他這樣做是對的，你不這麼認為嗎？

西山會議召開時，有沒有青年黨的要員在華北？沒有。我相信當時黨還沒有發展到北京。西山會議是《醒獅週報》創建大約一年以後召開的，黨在中國開始發展還不太久，我們沒有多少黨員在華北。可以說，我黨和西山會議派有著精神上的合作與互動。西山會議的成員知道有一群年輕人——他們認為我們是年輕人——反對共產黨，這就增強了他們的勇氣。外部的意見對他們是一種鼓勵。

戴季陶在會議結束前退出會議是怎麼回事？戴季陶和蔣先生的關係非常密切。他不可能脫離蔣先生的影響。他們在旅居日本之前就結下了友誼，在日本，他們之間的關係更為緊密，不是一般的朋友。那就是為什麼戴季陶不得不改弦易轍的原因，他從來不是個堅定的人。我雖然不太瞭解他，但密切關注他的活動。他在國民黨有很高的地位，以對《民權報》的貢獻而聞名，他那時用的名字是戴天仇。作為股票操盤手，他用的名字是戴季陶。

談到西山會議派，必須記住的事實是，有些人雖然沒有現身參加會議，但也是支持的。章太炎就是一例，我在上海跟他很熟。他同情西山會議派，也同情我們。他為《醒獅週報》的封面題字。

林森跟這些人的關係密切。直到他當國民政府主席（1932-1943）的時候，我才認識他，但我當然熟悉他在國會的工作。在國民黨裡，他的地位等同於汪精衛、胡漢

民、鄒魯、謝持和張繼。戴季陶入黨比他們晚。

在反對共產主義俄國、支援海外華人的群眾集會時（1926年3月10日在北大），我黨黨員與共產黨黨員的衝突發展到肢體暴力的程度。共產黨員向集會主席李璜扔刀子，把他的長袍劃破了半邊。共產黨人攻擊夏濤聲的時候，有個叫譚慕愚[12]的女孩擋在他的前面，救了他的命。那時譚慕愚是堅決反共的。

我有沒有做什麼事情，來促進和國民黨的反共成員的合作？很少。雖然我跟國民黨的章太炎關係密切，但我們的友誼與政治無關。我喜歡聽他講歷史——明末清初和辛亥革命前的時期，非常豐富的歷史資料，但我沒有錄下他說的。我在他家裡見到很多辛亥革命的元老。

簡單地說，與國民黨員建立聯繫的工作都是曾琦在做。當然，我見過很多國民黨員，比如居正、張繼、鄒魯、謝持、黃季陸，但我跟他們關係不密切。他們是堅定

---

12 譚慕愚（1902-1997），本名待考，曾用名湘風、惕吾等，祖籍茶陵，生於長沙。從省立第一女子師範到北大，於歷次時政浪潮中頗顯才情。經北大的師長李璜引薦，成為中國國家主義青年團的週邊組織國魂社之骨幹，任重慶女子師範教務長，在南京女子一中因宣傳國家主義而遭捕，由北大師長顧頡剛等營救，脫離青年黨，任職於內政部統計司，與曹孟君等發起婦女文化促進會，服膺於桂系老將黃紹竑。1949年出席北京全國政協第一屆會議，任國務院參事等，開門見山地批評執政黨。1957年7月，在全國人大會議上，奉命檢討「嚴重的錯誤」，包括往昔「反動的國家主義思想」，然未過關。次年，統戰部召集右派分子開會勸導，「譚惕吾發言仍強硬不服罪」（《顧頡剛日記》，1958年4月30日）。顧頡剛對譚女士以「五十年來千斛淚，可憐隔巷即天涯」的單相思，抱憾終身。詳見余英時，《未盡的才情：從日記看顧頡剛的內心世界》，第五部分「顧頡剛與譚慕愚」（臺北：聯經出版，2007），頁106-153。

的反共分子,國家主義是他們天性的一個主要部分,他們專於舊學,思想上和孫中山不同。

四川是我黨的「總部」,四川軍閥保護我們。曾琦和李璜作為四川人,自然和四川省的高層領導人有聯繫,我們黨員中的四川人比其他省的人要多。來自四川的重要黨領導,包括魏嗣鑾、楊叔明、何魯之,都是在建黨之初入黨的。黨在四川比在別的地方關係要多。我們的四川同志們參與當地社團比外地人容易得多。簡單地說,黨在四川有廣泛的影響力。

袁世凱死後(1916年),四川分裂為軍閥自治地區,稱為「防區」。當一個軍閥干涉另一個時,內戰就會發生。十年軍閥時期,四川的內亂比任何其他省份都要頻繁。四川是中國最大的、人口最多的省份。四川的財富使它能夠維持龐大的軍隊,總數不少於十萬人。

在所有的省份中,四川軍閥支持我們最多。領頭的有劉湘、鄧晉康、[13]劉文輝、楊森。他們都反共,他們非常清楚共產黨的勝利會讓他們沒有生存空間。國共合作時期,他們也反國民黨。因此,他們尋找既反共也反對國民黨聯共政策的朋友,尤其是四川同鄉。敵對的軍閥互相爭

---

13 鄧晉康(1889-1964),名錫侯,字晉康,四川營山縣人。軍閥,歷任護國軍營長,川軍連長、營長、團長、師長、軍長、集團軍總司令、四川省主席。1937年率領第二十二集團軍出川抗日,在川軍內被視為領袖,授予陸軍二級上將。1938年至1948年,任川康綏靖公署主任,統領四川、西康兩省的軍權。1949年12月率部擁護中國共產黨,曾任西南軍政委員會副主席兼水利部部長、四川省副省長,第一、二屆全國人大代表等。

奪人才。（我們可以跟他們說）「如果你們怕我們，我們不需要跟你們合作，我們可以到別的地方去開展活動。」言下之意是我們會去幫助他們的對手，這樣他們就不允許我們離開他們。就像戰國時期一樣，人才在列國之間流動。在四川，人才的競爭非常激烈，軍閥們承擔不起畏懼我們的後果。如果我們決定跟他們合作，他們只能認為這是一種恭維。

我們的同志在四川參加兩種武裝：一是軍隊，二是袍哥。袍哥是省內重要的武裝力量。袍哥跟青幫相似，是個秘密社團，在四川公開活動。它的構成複雜，吸收各行各業的人。許多地主鄉紳——富人加入袍哥。在這方面，袍哥和長江流域的哥老會不能比。人們加入袍哥，為的是保護自己的利益，保護家庭，確保自身平安。有些成員是大學教授。不少袍哥的領導人加入了我黨。重慶的一個袍哥頭目廖性成[14]是我的老朋友，控制了重慶的碼頭。（1949年以後）他被共產黨處死了。

袍哥是什麼時候組織起來的？很久以前。就像長江流域的青紅幫，很難追溯袍哥的起源。有個日本人曾經調研過這些秘密社團，寫了一本書，中文譯本的書名是《中國

---

14 廖性成，四川簡陽人，川軍團長。據張夢九回憶，基於廖性成的長官劉存厚同情青年黨，廖性成入黨後，「對黨內同志幫忙不能算少。……朋友間如有困難，廖君常肯盡力相助。譬如當時本黨同志一批貨由成都到重慶，汽車時間不過兩天，而稅卡多至十次以上，有經商的，不勝其苦，而廖君因人事極熟，常為解決困難不少。」張夢九，〈廖性成〉，《中國青年黨殉國死難及已故同志略傳初稿》，第一輯，頁 233。

秘密社會史》。當然,我不確定這本書的可靠性,我們中國人很少研究這些社團。

孫中山的革命黨和秘密社團結盟,國民黨中有一群人擅長跟他們合作。我黨創建之時,意識到我們需要跟袍哥合作來對抗共產黨。我們的一些黨員已經是袍哥的會員,另一些人加入袍哥是為了推進黨的工作。袍哥成員參軍嗎?是的,不可能分辨得出他們。袍哥的反共本質是1949年以來大陸集中迫害袍哥的一個重要原因。

1925年7月,國民政府成立後,中國青年黨在上海的示威中高舉五色旗,當時是什麼情況?五色國旗是有法律依據的。臨時參議院(在北京)不顧孫中山的反對正式採用了五色旗。孫中山支持用國民黨黨旗取代五色旗,臨時參議院裡的少數人贊同用國民黨黨旗,但孫中山還是接受了參議院的決定。

國民黨允許共產黨人加入國民黨後,用國民黨旗取代了五色旗。因此,共產主義和國民黨黨旗之間有種聯繫。作為反共產主義者,我們反對國民黨黨旗。英國人同情我們的反共主張。

國民黨期刊《新建設》的編輯惲代英將國民黨黨旗印在期刊封面上。當我提到這個變化時,他說這是一個好舉動。他想知道為什麼青年黨堅持保留五色旗。我們在黨的會議上用五色旗,直到1937年戰爭爆發,我們才首次正式承認國民黨的黨徽。

1926年7月,我啟程去法國。中華書局贊助我一些

旅費。我上路前,帶妻子回到長沙。

我在法國期間是不是參與了政治活動?沒有。一些黨員為黨在巴黎的《先聲》週報辛苦操勞,但我都沒為這個刊物寫過文章。我謝絕參加選舉,去填補黨的地區職位。

我在巴黎的兩個最好的朋友是中國青年黨人鄧孝情和蕭時君。蕭時君還在巴黎,在一家圖書館工作。

我在巴黎認識了沈曼若,[15] 他是我和蔣先生走到一起的關鍵因素。沈曼若是湖南同鄉,來自毛澤東的故鄉湘潭。大約在他十七歲的時候,他的絕頂聰明讓北京的梁啟超留下了深刻印象。我一生只見過兩個真正聰明的人,他是一個。他不僅絕頂聰明,長得也英俊。愛才的梁啟超是第一個被他迷住的人。梁啟超在 1929 年去世前的幾年,

---

15 沈曼若,湖南湘潭人,留法學子,有才情,頗得梁啟超的賞識,一度深受蔣介石器重。湘籍畫家黃永玉在《往事模糊蘆花岸——香港九華徑的一些回憶》提到:「後來屋後搬來了沈曼若,湖南人,早年毛澤東、劉少奇的同道,青年時代,在法國學習研究自然科學和社會科學,回北京後蔡元培請客,有劉師培、黃侃、胡適這些前賢在座。蔡問劉師培認不認識沈曼若先生?劉青白眼說:『喔,那個沈伢崽啊!!』沈曼若那時才二十來歲,不高興了!『我就是沈曼若!』『喔!』劉師培說:『你就是沈曼若啊!你,讀過什麼書呀!』『什麼書都讀過!』沈說⋯⋯」詳見羅孚編,《香港人和事》(北京:中央編譯出版社 2010,頁 200-201。又,陳正茂先生《左舜生年譜》引用左舜生與慎初聯名《覆子行等同志書》的資訊,曰:(1934年)「六月,蔣委員長由南京發電托沈君(按:疑沈怡。沈怡,字君怡)於七月杪邀先生到廬山會談⋯⋯。」詳見陳正茂,《左舜生年譜》,頁 98。然而,左舜生就在陳正茂先生編輯和引用的《覆子行等同志書》中,明確提到沈君乃「湖南沈君⋯⋯此人自法回國後,諤公僅於上海見過一面,一二八的時候在北京見過一面,平日絕不通信,因諤公根本即不重視此人⋯⋯」詳見陳正茂等編,《左舜生先生晚期言論集》,下冊,頁 1813。可見,這裡的「沈君」就是留法的湘潭人沈曼若,與留德不留法的嘉興人沈君怡無關。

從范源濂和其他富有的北京官員那裡籌了錢，讓沈曼若出國留學。他讓這個年輕人帶上他寫給某些軍閥的推薦信去了湖南。他在信中說，非凡之人成就非凡之事，沈曼若前途無量。儘管梁啟超不習慣募集資金，但沈曼若的非凡天賦讓他心甘情願幫助這個年輕人。梁先生募集了一兩萬，在當時是可觀的數字。這筆錢由范源濂管理，沈曼若跟他的弟弟去了法國。

我聽說過他，但不清楚他的背景。我當時住在玫瑰園。某一天，我在一個朋友的房間聊天，沈曼若來到同一棟房子看另一個朋友。他聽說過我，聽說我在那裡，就來看我和我的朋友。他給我的印象很好，穿戴整潔，確實顯得很聰明。我覺得梁啟超的判斷確實沒錯。

他那時已經在巴黎兩年，贏得教授們的讚揚。作為一個酷愛閱讀的人，他知道最生僻的字。雖然我已經學了三年法文，他卻遠比我強。他決不是一個循規蹈矩的學生，他博覽群書，關於文學、科學等等，興趣廣泛。我覺得他沒有走在正確的道路上，建議他集中興趣，全力以赴地刻苦研讀。我們的關係很好，他把我看作一個大哥哥。他告訴我他和梁啟超的關係。總之，他給我的印象很好。

過了一些日子，他做了些讓我皺眉頭的事情。他認識了一位剛到巴黎非常糟糕的官員。我不用提這個人的名字，他是袁世凱稱帝時的一個很有權力的人。我訓斥了沈曼若，問他：學者為什麼要跟這種人打交道？他痛哭流涕，感動了我。

我收集關於法國歷史和起源於埃及文明的歐洲歷史教科書。它們是法國學校一到八年級的課本。我發現這些書編得令人欽佩，通常出自著名學者，比如索邦的教授，這些老先生非常負責，辛辛苦苦地收入所有重要的內容。我認為任何一個念到八年級的法國學生，都在歷史課上受到了很好的訓練。

　　我於1927年9月回到上海。我是不是向中華書局傳達了我對教科書的意見？那不會有多少作用。中華書局的大多數編輯並非博聞廣識，大多數人在中國完成教育後，在日本學習過一段時間，沒有達到世界的標準。

　　我不在時候，我們的黨員與共產黨發生了公開的衝突。我錯過了所有的風波，後來才知道具體發生了什麼。

　　我們黨成立的時間很短，黨員不多。共產黨從一開始就攻擊我們。共產黨壟斷了勞工運動，向來如此。我們的一個同志，馬致祥[16]在小沙渡路[17]辦了一所工人學校，共產黨決定採取行動來阻止「國家主義派」在勞工運動中取得一席之地。

　　（1926年12月）共產黨派了幾個黨員，偽裝成工

---

16 關於馬致祥在輔導工人夜校時遇害的過程，詳見段慎修（震寰），〈中國青年黨的真相〉，《文史資料選輯》，總第144輯（北京：中國文史出版社，2001），頁83-85。

17 在1920至1930年代，上海小沙渡路豎著標有英文「FERRY RORD」和漢文「小沙渡路」的雙語路標。1943年，小沙渡路更名為西康路，渡口改為西康路渡。1949年後，在整頓吳淞江（蘇州河）上的船渡時，渡口改稱西康渡。1981年，西康路橋人行橋建成。誠謝滬籍上海市君用網路科技公司總經理王秋皓先生悉心提供資料。

人，去搗毀馬同志的學校。他們用斧頭殺死了他。張剛中[18]僥倖逃脫了。他沒有在亂斧中喪命，但失去了一隻手指。那是一次殘暴的襲擊。

我們的年輕同志拒絕屈服，決定復仇。在一次槍戰中，他們打死了一個共產黨人。受害者是小沙渡路上一個共產黨小組的成員。他是個工人，但他應該也是個共產黨員，不過我們無法確定，至少是個積極分子。復仇給了我們黨員極大的滿足。

我們的行動進一步激怒了共產黨，加劇我們之間的對抗。我們擔心報復，便採取措施來防範共產黨的攻擊。同志收集一些手槍，嚴密看守《醒獅週報》的所在地——民厚北里哈同路1789號。但沒有發生意外事件，緊張局勢終於平息。

誰決定報復共產黨？段震寰跟蹤了鮑羅廷很長時間，圖謀暗殺他。鮑羅廷的行為激起了我們同志的憤恨。段震寰是個安靜的人，既不寫，也不說，但會做。因為他沒有用槍的經驗，有個助手陪著他。助手是青年黨人嗎？不是，但是個反共人士。不，他不是專業刺客。

暗殺鮑羅廷的計畫是最高機密。我黨在這個計畫上花了不少錢。黨有沒有為這個目的聯繫青幫？我不知道。總之，最後證實不可能執行這個計畫，鮑羅廷回了俄國。段震寰為他的失敗感到歉意，回到湖南。我們知道這不是他

---

18 張剛中，即張毅，浙江人，曾任青年黨中央內務部部長段慎修（震寰）的秘書。

的錯,大概暗殺鮑羅廷本來就行不通。我們說服他離開湖南,和我們再度合作。他是個好同志。(1949年之後)共產黨把他殺掉了。

我在巴黎的時候,是不是獲得過1927年4月清黨的充分資訊?外國的報紙有簡要報導,但沒有細節。我回國後需要照料家事,因為我的一個哥哥剛剛去世,我沒有太關注發生的事情。我辦完家事,回到上海,到了中華書局後,朋友們才告訴我清黨的事情。但訊息並不完整。

我是1934年在莫干山見到黃郛的時候,問過他關於清黨的事情。他和蔣先生是親密的老朋友,關係很早。蔣先生、黃郛、張羣、陳其美是結拜弟兄。黃郛大一兩歲,稱蔣先生為「老弟」。張羣是四人中最年輕的。其實蔣先生有過很多結拜弟兄,包括許崇智,甚至馮玉祥!

黃郛告訴我,(1927年年初)北伐部隊到達長江(下游)的時候,當時在南昌的蔣先生意識到北伐即將結束,清除國民黨內共產黨的決定就是那個時候成形的。那是不可避免的。黃郛對於清黨有重要貢獻,對這個問題做了詳細的研究。他是不是告訴我他支持哪一種方式?沒有,我沒有問他。有很多需要考慮,譬如,同蘇俄分道揚鑣的時機。

有一天,黃郛告訴蔣先生,既然北伐馬上就要結束,既然已經做了清黨的決定,他想退居莫干山。這合乎他的習慣,只要為蔣先生完成一個使命,就離開他。蔣先生沒有阻止他。不過,他要求黃郛再留一陣。他把黃郛引到一

個小房間，詢問他的看法，說鑑於軍事形勢，他的責任與日俱增。黃郛建議蔣先生牢記曾子在《論語》中的教誨：士不可以不弘毅。

黃郛告訴蔣先生，他夠堅毅，但必須培養弘大的志向。後來，我見到蔣先生的時候，我覺得黃郛的話很恰當。西安事變證實了蔣先生的堅毅，但他沒有弘大的志向，因此導致黨內外的不滿。缺乏弘大的精神是麻煩的根子。

蔣先生為清黨作準備的時候，格外關注上海，那裡的共產黨正在強化他們的工作。上海是他們與工人接觸的核心，形勢極為複雜，外國租界的存在使得共產黨的活動更為便利。

杜月笙、黃金榮、楊虎和陳羣，這些上海黑社會的大佬們在清黨過程中扮演了重要角色。蔣先生自己跟青幫有密切的聯繫。直到如今，他的辦事方式還是受到幫派風氣的影響。共產黨稱之為「蔣幫」不是偶然的。蔣先生很強勢，有黑社會作風。

蔣先生利用黑社會來完成清黨，可以看作是成功的。共產黨很難對付控制一切的黑社會，特別是在法租界。黑社會收集情報，青幫頭子通行無阻，他們可以查出工廠或組織裡有多少共產黨。他們準備詳細的報告，謀劃抓捕，身分識別上很少出錯。

黑社會頭目在清黨中做出的貢獻給他們帶來國民黨的高位和尊重。林森主席出席了黃金榮的生日慶典，政府官

員為杜月笙登門拜壽。那就是我為什麼笑談中國有三個領袖：共產黨的毛澤東、國民黨的蔣介石，還有杜月笙。

趙世炎是清黨的時候被殺的。他是少年中國學會的成員，留法學生。我雖然跟他不熟，但對他的才智評價很高，是一個好青年。他被捕的時候，身上帶著大量專門用於黨務的現金。

我的另一些好朋友死於清黨後不久。黃日葵，少年中國學會的成員，在北大和日本讀過書。他有文學天賦、敏感、活躍、英俊。受清黨的困擾，他生病不久後就去世了。在清黨之後不久去世的其他朋友包括商務印書館的楊賢江，還有侯紹裘、沈澤民。少年中國學會的劉一清後來成為托派，他是個「可愛的」年輕人！

中國青年黨對於清黨的態度如何？中國青年黨贊成清黨。我們有沒有幫助清黨？沒有，國民黨不需要我們幫忙。

第五章　訓政時期的中國青年黨（1927年4月以後）

　　國民黨在清除黨內的共產黨員之後，拒絕容忍具有長期反共歷史的我黨。我們應當被看作朋友，而不是敵人。不幸的是，國民黨一方面反共，另一方面拒絕容忍我們的存在，敵友不分。反共，也反對其他反共的人，蔣先生真是不可理喻！

　　黃郛是不是給曾琦傳達過蔣先生的國民黨與中國青年黨合作的建議？曾琦拒絕蔣先生的建議，是不是因為國民黨不允許在它的羽翼下有任何反對黨的合法存在？[1] 有可能，也許蔣先生的建議是以非正式的方式傳達的。

　　鑒於國民黨的態度，軍閥是唯一可以對抗蔣先生的人。我黨同孫傳芳和四川軍閥建立聯繫，就是因為他們反

1　〔原註〕見曾慕韓先生遺著編輯委員會編輯，《曾慕韓先生遺著》（臺北：中國青年黨中央執行委員會，1954），頁3。〔譯校註〕《曾慕韓先生遺著》中的〈曾慕韓先生行狀〉云：「十六年國民黨清黨以後，今總統蔣公宣稱國家主義與三民主義不相衝突，並由黃郛轉商兩黨合作之意於先生，先生以國民黨當訓政時期，不容許反對黨合法存在，婉詞以謝。」

共,而且他們是蔣先生的敵人,所以蔣先生和我們之間就難免有衝突。如果他覺得有必要打壓西山會議派,他就更會覺得有必要來打壓我們。

我黨是怎樣和孫傳芳建立聯繫的?曾琦接觸軍閥,我沒有。我喜歡隨意的聊天,曾琦不太一樣,他喜歡擺出大政治家的架勢。他比較保守,精通傳統學問。像我這樣的人不可能跟軍閥走得很近。我從來沒有跟任何軍閥走得很近,我嫌他們麻煩。

你應該明白,不是曾琦先跟軍閥聯繫的。打基礎的工作是由那些能夠跟軍閥取得聯繫的黨員們做的。等關係發展到某種程度,曾琦才出場。就孫傳芳的例子來說,是余家菊和陳啟天先接近孫傳芳,曾琦後來才跟他會面。

客觀地說,我認為孫傳芳把江浙管理得井井有條。他是五省聯軍總司令,總部在南京。他愛才,重視教育和文化。他鼓勵黃炎培辦職業教育社。他任命丁文江為淞滬督辦(1926年5月),不過,他們的合作沒有持續多久。丁文江後來(1926年12月31日)以辭職來反對孫傳芳與北方軍閥的合作,其他地方領袖也反對這個政策。

反共無疑是我們跟孫傳芳合作的一個重要原因。另外,他反共也意味著反對國民黨。我們認為孫傳芳比別的軍閥層次要高。

孫傳芳在南京敗給國民革命軍之後(1927年3月),要求我黨派人去幫忙訓練他的部隊。我們派了余家菊。後來(1927年7月中國青年黨第二次代表大會之後),我

們派了陳啟天。那時我在法國，所以不清楚細節，只知道他們跟孫傳芳建立了密切聯繫，孫傳芳對他們非常友善、客氣，對他們有信心。他們介紹了我黨成員到孫傳芳的軍校做教員（軍校從南京搬到濟南）。我們的同志用政治訓練和思想灌輸來強化軍官們的反共精神，也幫助孫傳芳制定計畫。

孫傳芳部隊的一些初級軍官是不是我黨的成員？是的，但由於是我們的同志指導訓練，加入我黨的人不多。在那之前，孫傳芳的部隊裡有我黨黨員嗎？不清楚。我從來沒見過孫傳芳，從來沒有接近過他，只見過他的部隊閱兵。我一生見過三支好的軍隊：孫傳芳、傅作義和馬鴻逵，都是真正能打仗的部隊。

龍潭戰役（1927年8月27至31日）見證了這個事實，孫傳芳的軍隊確實能打仗。那次傷亡慘重的流血衝突是北伐的決定性戰役。蔣先生應該捫心自問，如果不是何應欽、李宗仁、白崇禧盡心盡力，孫傳芳很可能就打回南京了。江浙的百姓並沒有討厭孫傳芳。我自己作為一個普通國民，覺得孫傳芳治理下的日子非常舒適。

余家菊和陳啟天當然沒有參與實戰。他們沒有離開打敗仗的孫傳芳，而是陪他到山東，直到他再也沒有希望繼續下去。龍潭戰役之後，孫傳芳的實力逐漸衰落。

派遣黨員跟特定團體合作，誰來決定做這樣的事情呢？這種事情只有幾個黨員知道，普通黨員並不清楚。這在常委會議上討論嗎？我是常委，從來沒有聽說常委會討

論過這類問題。黨有沒有關於與各軍閥合作的文件？現在沒有辦法找到這些文件。不過，曾琦去世後出的文集可能對理解他的觀點有幫助。

我們的人贏得了軍閥的高度尊重，他們確實不錯。軍閥們見到曾琦時就表揚他們。對，他們都是平民，他們在軍隊裡也做不了多少事。他們不得不避免進行宣傳工作，因為那會暴露他們的身分。除了四川以外，他們不得不保持沉默，這就是當時的情況。

四川的軍閥致力於自衛，需要人才來保存實力，不被蔣先生摧毀。四川的每個軍校都有我們的同志，有些人是教官。我黨的青年在各個軍隊裡擔任軍官。要知道，我們派人去協助軍閥做培訓，就能夠逐步在他們的軍隊裡發展我們的勢力。黨在軍閥的部隊裡建立自己的基層組織嗎？一定是有的，但我不清楚開展這種活動的方式。

我們在四川是公開活動的。軍閥們知道哪個部隊是由我們的同志指揮。有很高地位的人，甚至是四大軍閥之一的劉文輝，也加入了我們黨。但為了保護他，他的黨籍是保密的。現在當然沒有保密的必要了。他什麼時候入的黨？大概是在1931年日本入侵東北和抗戰爆發之間。我黨用他的錢比任何其他軍閥的錢都要多，他給錢很大方。

劉文輝是怎樣被吸收入黨的？四川人楊叔明同志與劉文輝關係密切，他實際上就是劉文輝的秘書長。當然，他沒有這個頭銜。他是個好作家、畫家、學者。家庭的聯繫也起了作用。楊叔明不是劉文輝的普通朋友，好像是他的

女兒嫁給了劉文輝的兒子，或者是他的兒子娶了劉文輝的女兒。

我不記得做劉湘工作的人的名字了。楊森是劉泗英做的工作。劉泗英不是和吳佩孚的關係很好嗎？那是後來。劉泗英跟吳佩孚建立了關係，是因為楊森和吳佩孚的關係近。

還有，我黨做了張瀾的工作，張瀾在四川軍閥中有信譽。他愛聽奉承話，我們對他做的工作很出色。我們和他的緊密聯繫，以及他對我們的贊許，打消了軍閥對我們的恐懼。

張瀾不是唯一在這方面幫助我們的人。還有誰幫助過我們？可以提一下某些國民黨員，譬如謝持，臺灣現在的教育部部長黃季陸，他屬於下一代，還有內戰前的四川省參議會議長向育仁。我們透過和這些人的聯繫得以接近軍閥。他們在四川身居高位。

簡而言之，各種因素——歷史的特殊性、家族關係、同鄉紐帶、大黨的黨籍、袍哥關係——使四川軍閥成了我們的朋友。

除了劉文輝，還有哪些軍閥給中國青年黨錢呢？有其他的四川軍閥，可能還有張學良。我從不管黨的財務。我從來沒有收到過捐款，除了湖北的胡宗鐸[2]給了我黨兩

2　胡宗鐸（1892-1962），字今予，湖北黃梅人。1917年保定陸軍軍官學校第四期步兵科畢業後入桂軍，歷任國民革命軍第七軍第七旅旅長、第二師師長、第三路軍第三縱隊指揮、第十九軍軍長等職。

萬，條件是由我簽收。軍閥和我黨之間是互助嗎？實際上，雙方之間的互助是有限的，我們能幫他們做些事情，他們則給我們一些錢。

我們在1927年春天派遣黨員去雲南陸軍講武學校嗎？是的。唐繼堯跟我黨的關係密切。他的兒子唐筱蓂在1931年左右加入我黨，當時他是日本陸軍士官學校的學生。

我黨是怎樣在東北開展工作的？我們開展軍事運動，但沒有做工人工作。楊宇霆在東北是僅次於張作霖，最有權勢的人物，他跟曾琦的關係緊密，跟我們關係親近，給過我們很多幫助。他的保護讓我們得以開展工作。

中國青年黨是什麼時候與楊宇霆建立關係的？我不記得確切的時間了。你要記住一個事實，東北很遠，我自己都沒直接參與過。不過，我確信，黨是通過楊宇霆而不是張作霖來開展工作的，我們跟張作霖沒有直接聯繫。（1928年6月張作霖去世後）張學良處決了楊宇霆，他害怕楊宇霆掌握控制權。毫無疑問，楊宇霆是張學良敵視我們的重要原因。

關於我黨1928年在奉天召開第三次代表大會、[3] 1929年召開第四次代表大會的言論是不是屬實？不是。

我們派遣合適的同志去張學良的部隊工作，我現在記

胡宗鐸乃桂系早期的骨幹將領，被列入中央研究院近代史研究所與哥倫比亞大學合作的「民國時期人物口述史36人計畫」，著有《胡宗鐸自述》。

3　〔原註〕見余潤棠、姚傳鏗，《中國當代政黨論》（廣州：縱橫文化事業公司，1948，2版），頁71。

不得他們的名字。就像我們跟孫傳芳的合作一樣，曾琦在前期工作做好以後才會出場。

我們在東北開展大規模的培訓工作。一共應該有十萬人參加了培訓。他們都是東北人嗎？是的，幾乎都是。張學良對這些都清楚，尤其是他的軍校裡有很多我們的同志，我們在東北有一千多人。他曾經跟曾琦說：「你們在這裡的人太多了。你們黨在這裡有一千多黨員。」曾琦無言以對。張學良是指揮軍隊的軍人，軍隊是他的生命線。所有軍人都同蔣先生一樣，絕不允許別人滲透到軍隊裡去。

黨和閻錫山的關係的性質如何？我們是透過山西人常燕生聯繫上他的，但我要追溯一下這個關係的歷史。閻錫山的秘書長賈景德在山西身居要職，他是進士，喜歡文人。常燕生同志是個好學者，寫得一手好詩文，他發現很容易跟賈景德建立關係。

閻錫山也喜歡學者，他自己是秀才出身，曾經留學日本，和黃郛關係親近。他看好常燕生。常燕生當時還是個年輕人，閻錫山給了他一個什麼頭銜。常燕生發現自己處在一個可以經常接觸閻錫山的位置，這就是閻錫山如何與青年黨，後來又如何與曾琦建立聯繫的。

在由汪精衛組織、閻錫山支援的擴大會議[4]之後不久，我訪問了太原（會議於 1930 年夏天在北平召開，後

---

4 指「中國國民黨中央黨部擴大會議」，簡稱「擴大會議」。

來移到太原）。我去太原是為中華書局檢查教科書的銷售以及教育的情況。雖然我不是為了政治目的去那裡，但我很好奇。

（在離開上海之前）我拜訪了章太炎。他跟閻錫山是老關係，閻錫山很尊重他。我請他為我給閻錫山寫了一封引薦信。他說拜訪閻錫山是個好主意，他很願意幫忙。

我途經北平，走平漢鐵路，在石家莊下車。石家莊給我的印象不錯，我覺得旅館用的煤的品質很好。第二天，我拜謁了吳祿貞的墓。吳祿貞是辛亥革命中在石家莊被暗殺的革命黨人，墓地修得很好。我的印象是當地的人過得舒適。我無論到哪裡，都會去當地的市場看看人們吃什麼。如果吃得好，他們的日子一定不錯。

正太鐵路用的窄軌，外地的火車沒法過，這是閻錫山的自衛措施之一。我抵達太原的時候，中華書局太原分部的經理到車站來接我。

太原的城牆令人印象深刻，除了北平，可能無與倫比。閻錫山極端保守，致力於保護古蹟，他自己就住在完全沒有改建的前巡撫衙門裡。

我把章太炎為我寫的引薦信交給賈景德。閻錫山在仔細審查了我的政治背景和來訪目的之後，同意會見我。他感覺我有任務。

我在上海的時候，黃炎培和他的追隨者們都讚揚閻錫山，把山西描述成「模範省」，我曾相信他們。但我注意到衙門的外面有成堆的垃圾和廢物，就對山西是個模範省

的真實性產生懷疑。

衙門裡面比外面看上去好很多。衙門很大。閻錫山穿著長袍馬褂，戴著瓜皮帽走進正廳，他看起來像個老學究。他問起章太炎，然後就滔滔不絕地說起來，典型的中國軍閥，無視客人的存在，別人插不上話。

閻錫山談到山西的情形，如何對付共產黨，重建工作，特別是在教育領域的成就，創建圖書館等等。我覺得有人在屏風後頭聽我們說話。後來我聽一個朋友說，那是習慣的做法。那個隱身人是梁化之，[5] 山西的重要人物，他的重要性大概僅次於賈景德，是負責保護閻錫山的親信之一。

我詢問閻錫山關於擴大會議的事情，他含糊其辭。中國青年黨跟擴大會議有聯繫嗎？沒有。我們即便是願意跟汪精衛建立聯繫，也不會成功。我知道汪精衛不得不匆匆離開北平。他和閻錫山不是蔣先生的對手。我拜訪山西的唯一目的是看看所謂「模範省」和「山西王」。看到閻錫山的衙門和聽他說話，就讓我失望。

我花三天參觀他的博物館，我覺得那很普通。山西很

---

5 英文稿為 "Liang Tso-chi" 應為 "Liang Hua-chih"（梁化之）之誤，誠謝政治大學歷史學系退休教授劉維開先生提示。梁化之（1906-1949）名敦厚，字化之，以字行，山西定襄人。梁父乃閻錫山之姨表兄。梁化之自山西大學文學院畢業，任閻錫山的機要秘書，執掌其私人印章等。受託與中共代表彭雪楓商談合作。閻宣導自強救國運動，成立自強救國同志會，閻自任會長，梁為總幹事。閻邀薄一波返晉，創設山西犧牲救國同盟會，亦委梁為總幹事。兩度代閻主持省政。1949年4月，在解放軍攻克太原時自盡，即傳說中的「太原五百完人」。

富饒,尤其是礦產資源,煤很多。古老的晉國位於山西,是戰國時期最強的國家。由於內部穩定和平,人們的生活狀況不錯。省內的治安不錯,但生活費用高。

我和賈景德敘談,他比閻錫山更有學問。(抗戰期間)我對他很了解。他是國民大會代表。(後來)我在臺灣見到他。他最近去世了。

我告訴湖南的朋友易克枲,[6] 我見到閻錫山時,都是他在說話。易克枲政治上很活躍,曾經是中國青年黨黨員。儘管他跟黨的關係不緊密,但與曾琦的私交很好。他是個好作家,是長沙《大公報》的主編,後來跟吳佩孚聯繫密切,認識很多軍閥。不過,我不大確定他和閻錫山的關係。

我告訴易克枲,我要離開太原,想走太原到大同的公路。他勸我不要走那條路,下雪很冷,他認為雪這麼大,雁門關是個危險的地方。我說我不在乎,我想看看雪中的雁門關。

我沒聽易克枲的勸告,坐汽車去了大同。我最初的印象還不錯,凌晨離開太原時,還看到士兵在操練。但路況很差,汽車很糟糕。如果沒有在北平買的那頂毛皮帽子,我的頭總是撞到車頂,恐怕已經碰破了。但這就是「模範

---

6 易克枲,別名敦伯、師心,湖南長沙人,京師大學堂譯書館畢業。先後在北京湘學堂、岳麓高等學堂任教,後為《湖南公報》記者,長沙《大公報》主編,出任過湖南教育司司長、北京教育部參事、專門教育司司長、眾議院議員,吳佩孚幕府成員。1949年後定居上海,為上海文史館館員,著有《圍棋棋譜》等。

省」的主要公路！

　　鄉村的生活條件比太原要差很多，但閻錫山自己很富有。他一直給我不好的印象，但我不會說他一無是處。長期以來，他是個騎牆派，對地方的考慮使他倒向北方軍閥，他同時又曾經是同盟會的丈夫團成員。不過，我懷疑國民黨是不是會認為他是個忠誠的黨員。（1920 年代中期國民革命期間）他與北方的段祺瑞和南方的革命軍同時保持著緊密的聯繫，隨時準備改換陣營，這就解釋了他為什麼能從 1911 年到 1949 年都保有他的權勢，是地方軍閥掌權最長的紀錄。在國家的層面，蔣先生則是在位最久的。

　　我們辛苦跋涉一整天之後到達大同，那時只剩下兩名乘客。按照老習慣，旅館派人提了一盞燈來接我，我覺得這很有意思，雖然他把我的行李放到牛車上時，讓我有點擔心，因為我的錢都在箱子裡。旅館座落在一個山洞裡。我的房間很簡單，有個炕。乾淨和衛生就沒辦法了。

　　快過春節了，我急於回到北平，發現可坐當晚平綏鐵路的火車，我想坐臥鋪，但只有二等車廂有票。火車很老式，還點煤油燈。總之，我在第二天早上到了北平。

　　中國青年黨在這個時期有多少黨員？我 1927 年 9 月從法國回到上海的時候，黨已經有了可觀的發展，至少有一千黨員。黨員人數在 1927 年到 1931 年之間有減少嗎？我沒有這個印象，不過，有這個可能。有些人沒有正式退黨，他們只是變得消極，實際上就是脫黨。

我們黨員中有少數人，我們稱為「社會黨員」。我們認為他們可以發揮某種特殊的作用。他們在地方有政治重要性，有些人是軍閥的秘書，我們不會告訴他們所有的事情。他們不出席黨的會議，黨籍也不公開。表面上，他們與我們只有私人的友好關係。一來是他們的個人品行並非無可指責，在青年中的聲譽也不太好。另外，我們不能公開他們的黨籍，擔心會危及他們的地位。譬如，如果我們公布一個為張學良工作的人黨籍，他就會被發現，很難在那個位子上做下去，這就破壞了他對黨的功能價值。

盧作孚就屬於這一類的黨員，翁照垣也是。還有一個山西的師長，一個香港的記者，他們的黨籍都不能公開，擔心會引發複雜的情況。

中國青年黨能夠開展重要的活動嗎？我們做了反對國民黨的工作。1927年到1929年間，我們對國民黨的仇恨達到高峰。因為我們反共，我們看不出國民黨有任何理由打壓我們。

我們在上海搞群眾運動。有一次，我們的十多位同志遭到逮捕。這樣的逮捕經常發生嗎？太經常了！1931年左右，盛中謙同志被國民黨的秘密警察逮捕。他不是黨員就是團員，是中央大學的一個幹部，他是那裡的學生。中國青年黨和中國國家主義青年團在中央大學有很多成員嗎？不是很多。由於國民黨的打壓，我們不能在學校公開活動。我們做了一些工作，但規模很小。

盛中謙很活躍，對黨很忠誠。我聽說過他，但從來沒

有見過他。李璜認識他。我們調查過，發現他是被國民黨（中央黨部）的調查統計局逮捕的，是陳立夫、徐恩曾那個團體。我黨的一個黨員以親屬的身分到監獄探望過盛中謙。國民黨處死了盛中謙，他是獨子，他的母親瘋了，這是國民黨惡行中的一個。我們經常跟（陳）果夫和（陳）立夫提到這件事，這是我們要和國民黨算的帳之一。

國民黨是不是殺了我們很多人？我不能那麼說，儘管經常發生逮捕和被解雇的事情。國民黨綁架過張君勱。他翻譯拉斯基的《政治典範》，是以「張士林」的名字出版的。他當然不是國民黨的唯一受害者，我們的同志也遇過綁架。

蔣先生甚至逮捕過居正。蔣先生收到關於居正在山東的軍事活動的情報後，命令淞滬警備司令熊式輝逮捕他。這就是蔣先生怎麼對待老一輩國民黨領導人的！我記得我在居正出獄後不久見到過他（1930年）。

第三黨的領導人鄧演達也被捕了。宋慶齡和陳誠也是第三黨的領導人。蔣先生太殘酷了！在南京的人聽說鄧演達被捕的消息，發電報請宋慶齡營救他。但因為她同情共產黨，蔣先生根本不見她。在她到達南京之前，鄧演達就已經被槍斃了（1931年底）。鄧演達是個非常能幹的軍人。

孫中山和蔣先生兩人都有天賦，但他們沒有太多的學問。蔣先生在1911年才參加革命，他當時不過是一介武夫。在革命中，他是浙江一個「敢死隊」的隊長，他的專

長是暗殺。因此，他不是作為一個政客，而是作為一個殺手登上政治舞臺的。

　　蔣先生對孫中山很忠誠。1923年，孫中山召他去廣東。他的好朋友戴季陶建議他做由蘇聯援助而建立的黃埔軍校校長。他起初不願意，因為他對廣東的情況不滿意，特別是對某些同志不滿意，譬如粵軍的領袖。

　　據一些黃埔畢業生，譬如第四期的黃宇人說，黃埔軍校的學員欽佩蔣先生，但他不夠謹慎，有時說怪話。孫中山去世後，他跟學生說，儘管孫中山去世了，鮑羅廷還在。他把鮑羅廷說得像國民黨的總理，這就造成很不好的影響。黃宇人最近一篇關於蔣先生給黃埔學生演講的文章，得到老國民黨人雷嘯岑的讚揚。雷嘯岑現在是香港《自由報》的編輯，我跟他很熟。

　　孫中山去世後，蔣先生在汪精衛和胡漢民衝突的背景下掌握權力，跟他一同上升的是革命勢力中的二流分子。他對汪精衛太不公正。在孫中山生前，汪精衛和胡漢民被視為黨的元老。他們比蔣先生資格老得多，是極有才能的人。蔣先生要奪權，就要除掉他們。

　　蔣先生雷厲風行，是他得勢的重要原因。他統一中國不是偶然的。北伐在相對短的時期內完成，另一個原因是錢，錢是中國政治的基本要素。他收買韓復榘和馮玉祥這樣的人。他也用情報，不過那些情報經常是錯誤的，但他的對手甚至得不到任何情報。

　　蔣先生收到的不止是敵人的情報，還有朋友的情報。

（1934年）黃郛告訴我，儘管他和蔣先生是老關係了，還得每天向蔣先生彙報在華北處理日本事務的情況。他說這番話的時候，我正在評論陳立夫的中統和軍統。蔣先生甚至扣押過黃郛，所以他把居正押進監獄就一點也不奇怪。蔣先生這些事情的紀錄，不論從國家的角度，還是從國民黨自身的角度，都值得質疑。

　　1930年左右運營了大約一年的知行學院是我們的黨校嗎？它和蔣先生的培訓班不一樣。知行學院提供了博雅教育，強調精神。如果你問我黨的成就有哪些，我會說這是我們最成功的嘗試。在香港和臺灣的學院校友仍然對黨忠心耿耿。

　　李璜和陳啟天是不是在不同時期負責學院的工作？[7] 我沒這個印象。李璜，陳啟天和我共同負責。我們都在學校任教。我教中國文學和其他科目。曾琦做過一些講座。授課的外來人士包括張君勱、潘光旦、朱慶瀾、張東蓀，偶爾來做個講座。他們像我們一樣，都是志願服務。

　　學生數量在五、六十人之間，住在學校，他們是各省黨部送來的。學院是怎麼被資助的？黨中央給了一些經費，但很有限。

　　我在1931年辭去了中華書局的工作。在那之前，我

7　〔原注〕見陳啟天，「陳啟天回憶錄」（初稿），1954〔應為1958〕，哥倫比亞大學中國口述史計畫,第三部分,頁43。陶元珍,〈中國青年黨的過去二十九年〉,《新中國評論》,第3卷第4期（1952年12月2日）,頁11。

在復旦大學教現代中國歷史,有些很不錯的學生。因為同時教書和做黨的工作,我很難繼續任職中華書局。

中國青年黨的第一份黨報《申江日報》在一二八事變(1932年)之前不久在上海出版。我做過週刊,辦報還是第一次,一切都要從頭學起。關楚璞同志是香港著名記者,他教我怎麼收集和編輯新聞,簡而言之,我全都需要知道。

《申江日報》的經歷教給我很多,我意識到有足夠的資金來源是至關重要的。我們用的是一位陳同志的印刷機,他現在在臺北。我們沒有值得一提的編輯室,幾個人擠在報社的一間小房子裡,很辛苦。那是我做過的最辛苦的工作!我甚至累出病了。我受責任心的驅使,每天晚上要讀完所有版面才休息。發行量不到三千。一份政治報紙,特別是機制不全的報紙,只能吸引一小部分讀者。《申江日報》持續的時間不超過一年。

我們有沒有遇到審查的麻煩?上海出版界相對來說不受國民黨的打壓。我們在出版黨的期刊《國論》和《長夜》時都相當自由,這兩個期刊與其說是政治的,還不如說是學術和文學的。上海的情況比較特別。國民黨不能事先審查我們的抨擊,或者禁止我們發表文章,他們最多只能阻止發行。政府在租界還不能跨越這些界線。

除了上海,中國青年黨是不是做過工人工作?相對來說,黨做的很少,我們跟工人沒有什麼聯繫,我們設法在工會中安排了幾個黨員,但效果不好。我們無法跟共產黨

競爭。我自己很少關注勞工運動。

劉長虹同志在天津做工人工作。他在那裡負責我們的部分工作，但並不積極。他的目的是破壞共產黨的勞工運動，與當地的幫派關係密切。共產黨占領大陸後把他殺了。我有很多理由懷念劉同志，如果不是他的話，我可能早就在濟南的某個夜裡遭到襲擊。那個事件跟黨派衝突無關，要怪我自己大意。

某晚，我與劉同志和其他黨員共進晚餐，來的都是山東本地人，地點在有名的濟南大明湖。鄰座有一群山東人，都是北方大漢。附近有個亭子，傳說是舜帝耕作的地方。亭子裡裝飾著一幅卷軸對聯，取自杜甫的詩，是著名的湖南書法家何紹基寫的字。[8] 對聯讚揚濟南名人輩出。我當然注意到那個卷軸，因為那是我老一輩湖南老鄉的作品。我當年不太謹慎，現在比那時小心，但還是不夠。我不經意地評論道，我已經在濟南遊覽了很多地方，至今還沒有見到一個名人。我知道我不應該這麼說。鄰座的山東人生氣了，過來威脅我。他們是那種動輒跟人打架不三不四的傢伙。幸虧劉同志懂得幫派成員的手勢。他做了某種手勢來阻止那夥人，想攻擊我的人才安靜下來。

黨還在什麼別的地方開展工作？黨的工作沒什麼可說的。在廣東的工作怎麼樣？有些黨員跟工人建立了聯繫，

8　與濟南大明湖畔有關，且為清朝何紹基所書的杜甫詩句，當指杜詩〈陪李北海宴歷下亭〉中的「海右此亭古，濟南名士多」。今日濟南人仍引以為傲。

但我不確定他們是不是有成果。黨與右翼工會建立了聯繫嗎？沒有，至少我不知道跟他們有何合作。

不過，廣東和香港有許多黨員。黨在香港的工作是什麼時候開始的？我們在香港總是有很多黨員。在1920年代，合適的黨員在教育部門和報業工作。他們在殖民地的經營有多少成效？他們在做地下工作。他們是本地人嗎？他們都是廣東人。他們是怎麼被招募的？這個問題很容易回答，我們招收黨員畢竟不限於某個具體的地域。

事實上，我黨能在香港紮根，大部分功勞要歸於張子柱，[9]他是黨的創建人之一。張子柱是新會人，新會是梁啟超的家鄉，梁啟超欣賞他的才能。張子柱創辦了香港西南中學，做了二十年的校長。他的兒子現在還是校長。

西南中學有政治目的嗎？我黨可以透過派遣黨員去學校教課和做管理工作，來影響這個有一千多人的學校。西南中學成為我黨的「總部」，我們與學校的教師、管理者、畢業生逐漸建立了聯繫。

黨還在香港出資，辦了一個名叫《探海燈》的小報

9　張子柱（1896-1981），字瀾洲，號梅景，廣東新會人，1920年公費留法，入巴黎大學學習經濟學，與胡國偉等創辦《先聲》週報。1923年12月，在巴黎參與創建中國青年黨，為黨章起草人，任宣傳主任，以《先聲》週報為青年黨的機關報。1925年回國，先後在上海大廈大學、法政大學及武昌中華大學講授經濟與政治學科，轉任雲南講武堂政治教官等。1928年赴港，創辦西南中學，作為青年黨的活動基地，且與胡國偉等創辦《香港時報》和《探海燈》三日刊，呼籲抗日。曾任南京銀行香港分行副行長，兼國民參政會參政員、國大代表、經濟部政務次長、工商部政務次長、代理部長、臺灣青年黨主席、行政院政務委員等。著有《國家主義與世界潮流》。

紙，關楚璞擔任主編。[10] 他不是一個普通的報人，寫得既快，又有說服力，已經有二十年的辦報經驗，很受尊敬。

香港政府對我黨的活動有所察覺嗎？香港政府知道我們在做什麼，它睜一隻眼，閉一隻眼。如今也是一樣。

我怎麼看待對日政策？我對日本問題的看法有別於我的同志們。我知道日本有侵略中國的具體計畫，南京沒有能力對付他們。我認為「攘外必先安內」在原則上是對的，儘管蔣先生的安內措施有許多不足之處。我不屬於主張抵抗的陣營。

日本1931年9月18日進攻東北，1932年1月28日進攻上海，我黨兩次號召停止政黨之間的衝突，一致抗日。我是怎麼調和我的觀點與黨的聲明的？那是黨務，跟我沒關係。你聽我這麼說很驚訝，不是嗎？我拒絕因為黨而犧牲我自己的觀點。

要理解我黨的立場，就需要記住黨對日本的仇恨。我們的領袖曾琦是仇日的第一人。他去日本學習之前，就不喜歡那個國家，在日本的時候更不喜歡了。他反對段祺瑞政府簽訂的中日秘密軍事協定（1918年5月16日）。持同樣觀點的其他中國學生包括現在在臺北的中國少年學會

---

10 關楚璞（?-1942），筆名楚公，祖籍廣東南海縣，生年不詳。主編《香港時報》副刊《探海燈》，針砭時政與人物，形式活潑。1937年轉往新加坡，任《星洲日報》編輯主任並主持筆政，宣傳抗日，增闢「南洋史地」，「南洋經濟」與「南洋文化」等副刊，與劉士木、李長傅、郁達夫等七人在南天酒樓成立「中國南洋學會」。為紀念《星洲日報》創刊十周年，主編《星洲十年》，成為研究南洋史地與政治、經濟、文化的重要參考資料。

成員張夢九,後來擔任川大校長的王宏實,湖南人羅季則。曾琦和其他人回國以示抗議。這些人對日本相對比較了解。他們在上海創辦了一份報紙——《救國日報》,呼籲採取反抗日本的政策。儘管他們很難找錢來維持這份報紙,學生到哪裡去找錢,他們還是設法把報紙辦了下去。順便說一句,這家報紙跟龔德柏的同名報紙沒有關係。王宏實是出版人,曾琦寫文章。

曾琦到過法國(1919年)。他在法國期間和回到中國之後,在日本問題上從來沒有妥協過。我知道的日本回來的留學生,十之八九不喜歡日本,只有十分之一同情日本,看好那個國家的前途,這是日本教育失敗的一個表現。相反的是,留美學生對美國的印象很好。法國留學生呢?他們對法國的印象很好,至少他們欣賞法國文化。英國和德國的留學生也喜歡他們留學的國家。我跟留學生來往了幾十年,我相信外國對我們的學生有極大的影響。在外國學習很長時間之後,一個人的思想和態度會起變化。教育的威力簡直有些嚇人。

中國青年黨採取的對日政策,是不是與黨並不負責國家事務這個事實有關呢?不是。我個人相信,北伐和清黨之後,我們黨確認蔣先生是一個有能力的領導人。我認為蔣先生也許想抗日,只是時間的問題。

我有沒有反對過黨的立場?我們黨的宣言沒有像後來全國各界救國聯合會發表的宣言那麼極端。我想我起了一些作用,讓語氣溫和一些。黨知道我持保守的觀點。我的

立場得到很小部分黨員的支持。當時，我認為有必要盡可能地協調好關係。

我是不是在黨的會議上表達過我的觀點？這類問題在只有少數黨的領導人參加的會議上討論過。在黨的大型會議上，無法進行真正的討論。一般黨員不可能了解情況。國民情緒正在失控，很難讓發熱的頭腦冷靜下來。很多黨員都很年輕，很難不跟著潮流。一般黨員誰會不贊成抗日！在反日盛行的氣氛下，黨自然呼籲抗日。一個政黨不會因為少數人的保守觀點而動搖。

我對日本的了解比黨內其他成員相對多一點。我知道對付日本是毫無希望的，我們國家必要的資源極為匱乏。我了解政府的計畫，也從朋友們那裡得知我們在軍備方面的資訊。根據蔣百里將軍對軍隊素質的分析，蔣先生的軍官們沒有能力指揮國際戰爭。我相信這位著名的軍事專家的判斷。我不能說我們最終會不會戰敗，但我確信最初的敗仗會很可怕。這是我內心的想法，當然，我不能公開表達，我不被允許公開表達，沒有人能這麼做。

黨相信中國有必要的資源抵抗日本嗎？俗話說：「寧為玉碎，不為瓦全。」知道一個外國勢力有侵略意圖，認為即使沒有能力也必須抵抗，這種信念仍是蔣先生的心態，這不是理性的結果。

日本在 1932 年 1 月 28 日進攻上海後，以保衛吳淞要塞聞名的翁照垣是我黨多年的秘密黨員。他是個勇敢的好戰士，連蔣先生也認可他。在廣州的時候（1920 年代中

期），蔣先生試圖與他聯繫。蔣先生在給翁照垣的信中稱他為「大哥」，這是一種策略。當然，蔣先生不知道他是我黨的成員。雖然以前聽說過翁照垣，但直到他成了民族英雄以後，我才見到他。

當翁照垣向黨尋求指示的時候，黨有沒有告訴他，一旦日本進攻就抵抗？[11] 我不記得了。不過，很有可能。

翁照垣的參謀長邱國珍和一個姓吳的團長[12]也是我黨的成員。翁照垣的整個旅（第十九路軍）都是我們的人！1月28日以後，我們公開翁照垣的黨籍。我請章太炎寫一篇文章，只請他寫幾句讚美之辭，但他熱情地寫了一篇長文。我訂了三百份文章的照片影本，送到全國各大報。天津的《大公報》刊登了章太炎的手稿，全國都知道實情，翁照垣在華北名聲大噪。

中國青年黨是不是組織過由戴天人領導的鐵血軍來協助第十九路軍？是的，鐵血軍由幾百位青年組成，多數是學生。有些人犧牲了。戴天人是個學生。

蔣先生不贊成在上海抗日。當蔡廷鍇打電話給他，報告第十九路軍開火還擊時，蔣先生生氣地掛斷電話。他認為軍隊太魯莽。他害怕看到任何不是他嫡系部隊或親信指揮的軍隊在民眾中大受歡迎。當陳銘樞、蔡廷鍇、蔣光鼐

---

11 〔原註〕見柳下（常燕生），《十八年來之中國青年黨》（成都：國魂書店，1941），頁45。

12 經查第十九路軍第七十八師第一五六旅（翁照垣旅）並無吳姓團長，僅有一位吳康鑑營長。

和翁照垣的名字登上頭條的時候，他很懊惱。第十九路軍的抵抗必定要失敗，我知道它沒有成功的機會。一支孤軍怎麼能夠在上海對付日本人呢！

我經常跟蔣百里討論時局。他是個軍事戰略專家，他想讓第十九路軍衝進上海租界，追擊日本人，以此來激發國際干預。他告訴我，上海的日本軍隊準備死拼。儘管他們的人數比我們軍隊的人數少得多，但他們能夠做充足的準備，因為我們不敢進入租界。他跟陳銘樞、蔡廷鍇、蔣光鼐討論過他的想法。

在戰事最激烈的時候，王造時和我被上海的四十個社團推舉作為代表，去見吳佩孚和張學良（北平綏靖公署主任）。我們希望為淞滬自衛作戰取他們的援助。推舉我們的根據是什麼？我們年輕，知道如何說話，是積極分子，至少我們不會給人不好的印象。上海處於戰爭狀態，老年人不方便北上，年輕人更有勇氣。

我是不是被選出來代表中國青年黨的？不是。雖然人們知道我屬於青年黨，但我們是被四十個社團的代表推舉出來的，這些社團在威海衛路的中社集會。中社是個挺大的俱樂部，禮堂可以容納三百人。我們還可以帶飯去吃。

中社的組織者是黃炎培、褚輔成、[13] 沈鈞儒和上海的

---

13 褚輔成（1873-1948），字慧僧，一作惠生，浙江嘉興人，監生出身，日本東洋大學高等警政科畢業，旅日期間加入光復會。辛亥年參與領導浙江的反清起義，任省軍政府民政長、省參議會議長、首屆國會眾議院議員、眾議院副議長等。1927年任浙江省民政廳長。虹口公園爆炸案之後，協助韓國獨立臨時政府領導人金九在嘉興避

銀行家、企業家和商人們,譬如,浙江銀行家俞寰澄。[14]這些人覺得國家受到嚴重威脅,有想法的民眾應該交換意見。人們三、五聚會,也有三、五十人的聚會。俱樂部是什麼時候建立的?大約在日本進攻東北之前,我不太確定準確的日期。俱樂部最初不是討論的殿堂,它是類似年輕人的協會,會員們可以聚餐。後來漸漸成了關心政局進展的人聚會的場所,因為在私宅聚會不方便。我在那裡經常見到我(未來)的妻子。[15]

四十個社團共同簽署一份文件,作為請願書,由王造時和我帶去華北。我對時局看得很清楚,我覺得王造時還不如我看得清楚。我知道與吳佩孚和張學良的面談不會有什麼收穫。

難。抗戰時任國民參政員,1946年參與發起九三學社。

14 俞寰澄(1881-1967),名鳳韶,號辟廬,浙江德清人,清末舉人,曾協同張靜江經營珠寶業。辛亥上海起義時,曾設法營救吳興籍同盟會骨幹陳其美,任中國銀行副總裁,兼首屆國會眾議院議員等。護法運動失敗後,與友人開辦上海市證券交易所,任理事及證券商業同業公會理事長,加入黃炎培辦中華職業教育社,兼任商務印書館副總經理等職,支援抗戰。1945年參與黃炎培、胡厥文等發起的中國民主建國會,任常務理事。1949年出席北京任首屆全國政協委員,兼第一至三屆全國人大代表。

15 即左舜生的第二妻室左黃竹生。左黃竹生〈悼念舜生〉一文曰,她是湘籍復旦大學國文系的學生,當初被同窗力勸,聽左舜生的課,果然著迷。「我去旁聽了一次之後,以後就不斷的去旁聽;而且每次要早去搶座位,否則,課室坐滿了,無位可坐……我到四年級選課時,就選了舜生所教的兩種課程,一是「中國近百年史」,一是「中華民國史」。他講得有趣,學生也從未缺課,兩種課程的考試,我的成績都是 A,他因此認得了我這個學生,我也對他相當佩服,我們從此由師生成為朋友……我們由六年的朋友而成為夫妻。」《左舜生先生紀念集》,頁 228。

北平很冷。我們先去石駙馬大街熊希齡的寓所拜訪，他和夫人參加過中社的會議。我們向他完整地彙報了上海的情況：民眾對淞滬自衛作戰的熱情和自發的支持，黃炎培等人在後方的活動。我們告訴他，我們想見吳佩孚和張學良。他主動提出要陪我們去。我們告訴他，我們黨的劉泗英在為吳佩孚工作，會陪我們去見吳佩孚。不過，我們接受他陪我們去見張學良的提議。

我們去郡王府拜訪了張學良。這是我第一次見到他。我覺得他長得不錯，身穿藍色中國長衫，看起來像個京劇裡的小生。他知道我們為何而來。他說：「你們以為我不抗日嗎？你們以為馬占山做的事情我做不了？我不得不聽命令。你們知道我父親死在日本人手裡，你們以為我不想報仇嗎？」我原以為他很粗魯。見到他的時候，我發現他的談吐頗有見地。我意識到蔣先生和蔣夫人對他印象好，宋家和孔家對他很好，並非偶然。宋子文和他的私人關係很好。

他接著說，他不能採取行動。只要他一動，一切都完了。他說我們很幸運，還能到北平跟他面談，這要歸功於他保持現狀的技巧。我們告訴他上海的情況，他說我們完全正確，民眾必須支援抗日。如果他能抗日，一定比馬占山強多了。很明顯，他的態度是要把責任歸咎於蔣先生。他意圖不善，這是西安事變的序幕。

我們跟他談了大約一小時。熊希齡自始至終保持沉默。也許張學良真想抗日，他似乎想讓我們相信他是反日

的。當然,他知道很多人在譴責他。譬如,馬君武就寫過一首詩,說在日本人攻打奉天的時候,張學良只顧跳舞,完全不關心這座城市的命運。張學良想讓我們相信,他不採取行動是因為蔣先生有命令。當然,他完全沒有必要向我們解釋這一切。

也許張學良真的沒有忘記他的父親,東北人民真的想抗日,但張學良不能同意幫助上海抗日。我離開上海之前,就知道情況會是這樣。我問他:「你不帶頭,如果別人帶頭的話,你怎麼辦?」他回答說,他坐鎮北平,誰敢動?他這話讓我聽起來有些自負。但總的來說,我覺得他是個討人喜歡、善於言辭的年輕人,完全沒有給我留下什麼壞的印象。我想知道他到底是個什麼樣的人。

吳佩孚仍然保持著老派的軍閥風格。我走進會客室的時候,注意到牆上有他畫的一幅梅花和他自己的書法條幅。有些很好,有些不怎麼樣。他有的時候還能寫首好詩。我看到桌上有本《古文觀止》。吳佩孚給我的最初印象是老朽,跟不上時代。

過了一會,幾個客人加入我們中間。我們畢竟是帶著秘密使命,不能在別人面前談。吳佩孚終於走進客廳,身穿中式長袍,客氣地向我們打招呼。他似乎是在錯誤的印象下努力著,以為我們回到上海後,會以上海公眾團體代表的身分募款來幫助他。我們解釋了此行的目的後,他說,他能團結民眾,因為大家知道他是反日的,但他需要錢。我覺得這些都是空談,如果他出手的話,我們也許能

做些事情。否則，募款來支持他就免談了。

我認為吳佩孚對時局不是很清楚。他想抗日，但無能為力。他在失敗之後（被北伐軍打敗），從四川跑到北平。憑著與張作霖和張學良的老關係、他的威望以及在民眾中的聲望，被邀請住在一個大宅子裡，仍然保持著從前的生活方式。

晚餐有三桌。王造時和我被安排坐在貴賓席。很多客人是白鬍子老紳士，是吳佩孚的舊軍閥友人。

我們還拜訪了什麼人？我們在清華大學和其他幾個學校做演講。清華學生正式邀請我們做關於上海戰事的報告。王造時比我喜歡演講，他話比我多，他表達的觀點是不必害怕日本的炸彈。我可不願意走那麼遠。

政府邀請我們出席 1932 年 4 月在洛陽召開的國難會議，中國青年黨拒絕了，理由是汪精衛否決了我們關於廢除黨章的提議，我是不是贊同黨的決定？李璜（被派到南京參加討論大會事宜的四個代表之一）告訴我，汪精衛在這件事上很情緒化。當然，對其他政黨的雄心保持警惕，是汪精衛也是國民黨的典型做法。國民黨對其他政黨利用國家的危機，為自己謀利的可能性尤其敏感。除了從李璜那裡聽來的情況，我對這件事沒有任何印象。我同意不去洛陽的決定，因為我看不到國民黨展現誠意的證明。多數人決定不去。但有些人，譬如像王曉籟[16]那樣的「小大

---

16 王曉籟（1886-1967），名孝賚，字曉籟，別號得天、曉來，以字行，浙江嵊縣人，家境富裕，幼讀私塾，但「好動不好靜」，喜習騎射

佬」，出席了大會。

《淞滬停戰協定》簽訂（1932年5月）之後，第十九路軍撤出上海。我在無錫看到抗日英雄蔡廷鍇檢閱他的部隊。

就我反對抗日的觀點而言，我怎麼看待黨組織東北義勇軍以及在東北進行遊擊戰的事情呢？我贊成收回我們的失地、收回東北的努力，但這跟進行全面戰爭是兩回事。

很多人在這個時期加入我黨，持續到1937年的抗戰爆發。我們在東北的軍事行動擴大了，因為東北人加入我黨。他們愛國，想收復故土，反共。張學良反共。而張作霖，許多共產黨人死在他手中。

長城之內，我們黨的抗日活動由李璜領導。他負責財務交易，聯絡我們的游擊隊和那些破壞鐵路、騷擾日本人的東北馬賊。我們的同志在津浦鐵路來回攜帶現金、信件和消息。現金是給馬賊的，他們拒絕接受紙鈔。喻維華是頻繁冒險旅行的人之一，她工作非常努力。

我們用在上海和南洋募得的善款資助東北的抗爭，一共募了二十萬。我們和東北馬賊的合作取得了令人讚歎的

拳術。曾參與丁未紹興起事失敗，逃亡滬上，負責訓練閘北商團，參與保路運動與辛亥革命，以及反袁二次革命、護國運動等，以上海總商會會董、閘北商會會長等身份，「寧放棄商業而致力於商政」，幾乎無「政」不與，曾任上海市臨時政府主席委員。九一八事變後，歷任上海各界抗日會常委、中國航空協會總會理事長、膠濟鐵路理事長、上海市臨時參議會參議長、國民參政會第二、三、四屆參政員。抗戰勝利後，任全國商會聯合理事長等數職。1949年後任上海市人大代表、市政協委員。多妻多子。年六十時，子女即達三十人，其中派送空軍與陸軍各六子。

結果。我們殺了很多日本人，贏得了天津《大公報》的讚譽。成志達同志和苗可秀同志是我黨兩位最熱血的游擊隊戰士。

不久，國民黨的秘密警察殺害了成志達同志。當我們的錢花光後，一心只想發財的馬賊就開始製造麻煩。因此，我們把注意力轉移到操縱張學良的東北軍。

張學良發覺了，叫李璜停止在他軍隊的秘密工作。不過，張學良是不是答應把他的一個師移交給青年黨，讓翁照垣指揮？是的。1933年春天，在長城之戰中，翁照垣帶領這個師抗日。因此，政府軍實際上是在志願軍的偽裝下參加抗日。這證明張學良並不是真的「不抵抗」。

我黨是怎麼在黑龍江和熱河協調抗日活動的？我對黨在北方的工作不是很了解。

在日本人和蔣先生的雙重壓力之下，憲兵開始在北方抓捕我們的黨員。（1933年4月）曾琦和李璜被迫逃亡。

同時，中國青年黨陷入法西斯主義的影響。在留美歸來的東北人王振武領導的一群同志裡，法西斯主義的傾向特別強。王振武和他的夫人都很能幹。這個團體受國際潮流，尤其是德國和義大利的影響。當時，上海的出版社出版了許多關於法西斯主義的書籍。希特勒的《我的奮鬥》就出了好幾版（中譯版）。

王振武想讓曾琦來做黨的領導。他認為，一個擁護國家主義、反對共產主義的政黨應當採用法西斯制度。誰是他的團體裡的積極分子？楊叔明。他無條件地支持曾琦。

這個團體還包括一些東北人。王振武跟張學良走得很近。

我在維持黨的反法西斯主義和反獨裁統治方面發揮了作用。大多數黨員的立場如何？大多數黨員擁護我和李璜都極力推崇的民主制度，而北方的同志們相對來說傾向於王振武一派。

曾琦對法西斯的立場如何？他是我的親密老友。但我坦白地告訴你，如果不是我們幾個人堅決表明我們的觀點，他可能就轉向法西斯。我們還是有些影響的，他不能承受失去我們支持的代價，不得不尊重我們的觀點。作為朋友，我很喜歡他，但我從來不在政治上遷就他。必要的時候，我會毫不猶豫地譴責別人。

黨的法西斯傾向什麼時候最強？黨的總部在北平的時候。1930年代早期，黨的總部在北平和天津搬來搬去。在黨的七大（1932年夏天在北平召開），王振武一派企圖通過決議使曾琦成為黨的領袖。這有點像國民黨的口號，「一個政黨，一個領袖」。議案是不是具體提到曾琦的頭銜？沒有。但專制無疑是目的。有沒有提議以這樣的方式來組織中央黨部：黨代會從黨主席提出的候選人名單裡選出黨主席和中央執行委員會成員？[17]有的。

黨員們（像過去在巴黎的日子裡一樣）佩戴來福槍。太過分了！我們跟王振武一派鬥爭，並且獲勝。除了李璜和我，還有誰發揮了積極作用？余家菊和陳啟天？是的，

---

17 〔原註〕「陳啟天回憶錄」（初稿），第三部分，頁55。

他們跟我們一邊。曾琦不夠堅定,面對李璜和我的反對,他動搖了。麻煩的是他和王振武的私人關係很好,會接受他的觀點。但王振武一幫人不夠強大,而黨需要我們。

在這件事之後,曾琦在表達自己的立場之前會諮詢我們。如果他的身邊都是王振武一派的人,他恐怕早就成為法西斯分子。我們和曾琦保持朋友關係,並且尊重他。黨的領導成為集體的,而不是個人的。可以說,曾琦、李璜、余家菊、陳啟天和我的觀點可以被認為是黨的觀點。北平代表大會之前的情況如何?曾琦的觀點曾經很強硬,但如果我們的論據令人信服,而且表達有力的話,他倒也不一定固執己見。

北平代表大會有沒有達到這樣的共識:中央黨部的負責成員應該放棄被選舉權,以便給年輕的成員讓路?[18] 沒有,我不記得有這樣的事。

不久之後,黨不惜處死了一位黨員。這件事反映了法西斯對黨的影響。受害者是霍維周,他是東北黨員團體的領導,極為能幹積極。他可能是東北大學的畢業生。我知道他不是軍人。他小組裡的部分成員是東北軍校的畢業生。

霍維周和他的追隨者對黨不忠誠。我不清楚細節,因為衝突發生在華北,那時我很少離開上海。我只知道他們的行為損害黨的利益,他們尋求在黨內拓展東北人的地

---

18 〔原註〕「陳啟天回憶錄」(初稿),第三部分,頁 56。

位。你知道，在中國，鄉土的紐帶有多厲害！

霍維周小組反黨，是發生在南方人王慎廬取代東北人王捷俠擔任東北義勇軍司令以後嗎？是的，王慎廬是安徽人。因此，黨內的衝突跟我黨在北方的抗日有關係。東北人的反叛態度妨礙了李璜領導的志願軍。

中國青年黨派了兩個同志，一個姓楊，一個姓夏，去北平刺殺霍維周。這是借用共產黨人的策略！是楊同志開的槍，夏同志現在住在香港。

另一個跟反叛分子走得近的王姓東北黨員計畫去南方，擴展他們的影響。我當時負責上海的黨務。北平中央黨部派人通知我，霍維周已經被處決，王同志是個重要人物，應該落得同樣的下場。

我一直都反對極端行為，我覺得這太野蠻了。既然我們反共，我看不出採用共產黨方法的邏輯。我解釋說，在上海租界，這事難成。如果採取行動，調查一定會接踵而來。這樣一來，黨就會很難在上海維持自己的地位。北平和天津的情況不同，因為中國的軍閥不會太在意這種事情。

計畫對王採取的行動沒有實施。他到上海以後，意識到情況對他的策劃不利，也許他離開北平之前就有聽到要刺殺他的計畫。總之，他保持沉默，整個事情就逐漸平息。

殺害霍維周這樣的事件是不是很罕見？是的。我是不是想起了處死自己同志的其他案例？走到那一步是很不尋

常的。當然，黨內的衝突是有的。這是我記得的唯一一處死黨員的事件嗎？是的，我們的黨員當然會殺共產黨員。我對政治不熱心，它可以是很骯髒的。

中央黨部是在霍維周死後從北平搬到香港的嗎？是的。張子柱在香港的西南中學發展得不錯，四位黨員在學校擔任負責人。黨一貧如洗。同志們希望張子柱能夠負責更多的黨務，希望黨在香港找到發展的機會。但這個情況沒有發生。同志們想在學校就業的願望都沒有實現。學校確實雇用了幾個黨員任教，但大多是廣東人。張子柱的冷漠態度引起多數黨員的不滿。搬到香港的人不能無限期地留在那裡。黨是不是在那個時候宣布暫時停止活動？[19] 黨的活動確實減少了，但也沒有完全停止。

除了翁照垣的部隊，中國青年黨還在哪些政府軍隊裡活動？財政部屬下的稅警總團有我們的影響。我想，稅警總團的編制有三、四個團。其中有一個團長是我們的一個姓郭的同志。稅警總團比一般的軍隊有更好、更多的裝備。

為什麼有那麼多我們的黨員在稅警總團服務呢？我們很多同志是留學回來的秘密黨員，畢竟我們沒有在頭上佩戴標記說我們是中國青年黨。（財政部部長）宋子文尋找在國外受過軍事訓練的人來幫他組織軍隊，他很精明。我想他覺得不能依靠他的姻親蔣先生，他必須培養自己的軍

19　〔原註〕「陳啟天回憶錄」（初稿），第三部分，頁57。

隊。他有沒有意識到稅警總團裡有很多中國青年黨人？可能沒有。他不可能知道那些人的黨籍，我不認為我們在稅警總團的同志被暴露了。蔣先生拒絕容忍任何人有自己的軍隊，在這一點上，他在過去的三十五年中始終如一，因此他解散稅警總團。我認為宋子文是個能幹的人，但他有他的弱點，他太西化了。

我黨還在哪些政府軍隊裡活動？我不清楚。不過，我知道，就連蔣先生的軍隊裡都有我們的同志，但人數相對較少。我們的同志大多擔任陸軍連長、營長、團長。我們的一些黨員，譬如鈕先銘，高升了。但總的來說，除了在四川和東北，黨沒有吸收大批軍人。

鈕先銘是留日學生，在軍隊裡擔任重要職位，他很積極能幹。他黨籍被暴露的時候，我收到何應欽將軍的一封信，說不能容忍我們派人在軍隊裡操作。何將軍通知我，如果鈕先銘想保住他的職位，我必須命令他退黨。這個事件發生在 1937 年抗戰爆發之前。

鈕先銘退黨後，與我們保持私人聯繫，幾乎是「橫跨兩黨」。後來國民黨加緊對他的控制，最終就跟我們疏遠了。不過，他在臺灣還是見我們的，他沒有忘掉他的老關係。他的家庭跟中國青年黨有聯繫。他的妹妹，一個非常漂亮的姑娘，還在黨裡，她很能幹。

1937 年以前，這種事情相當多，1937 年之後就很少了。中國青年黨員能夠在國民政府中找到工作嗎？只要他們對自己的黨員身分保密，就可以保住自己的工作。他們

在我們的黨員中占少數。有些人做技術工作。一旦他們的黨籍曝光,他們就不得不退黨。

我有沒有命令過黨員退黨,以便保持他們在國民政府中的工作?我只清楚我從何應欽那裡收到的信件。很多類似的事情是由李璜經手。如果他們在政府裡做基層工作的話,也必須退黨嗎?是的,甚至連辦事員都必須退黨。

黨員找工作是不是困難,或者說,黨為黨員找工作是不是困難?黨員不是太多,跟臺灣現在的情況不一樣。臺灣的事情很難辦,找工作的人多,工作機會少,我們的同志連中學校長這樣的工作都找不到。從前找工作要容易些。首先,租界有迴旋的餘地。其次,地方有工作的機會,譬如四川,地方軍閥不歸政府管,政府不能阻止地方雇用我們的同志。

我們是不是有一些黨員加入了國民黨?有的,譬如,王振武和他的夫人加入了國民黨。他現在負責臺灣經濟部的總務部門,但我們仍保持朋友關係。我可以肯定,我們沒有黨員加入共產黨。

除了軍閥,還有誰給過我們黨經費?我們的同志從富裕的朋友、同情我們的上海富人那裡獲得過捐贈。譬如杜月笙。他為什麼同情我們?因為反共。他資助我們黨的期刊。是在清黨之前還是之後?是之後。既然國民黨那時已經反共,為什麼杜月笙想幫助中國青年黨呢?他沒給我們很多錢,只是暫時的幫助,我們一些朋友跟他有私人關係。畢竟他交的朋友越多,對他越好。他為什麼不幫助中

國青年黨呢？我們黨有一定的力量，他尊重我們，地下幫派的做法就是這樣。

地下幫派的頭目們很有遠見，他們不會僅僅因為一個組織的規模小而看不起它。杜月笙是上海租界最有勢力的幫派頭子，黃金榮在法租界勢力大，張嘯林在浙江有勢力。我認為他們都非常能幹，特別是杜月笙，雖然他的所作所為很糟糕，但他極有禮貌，表面上是個完美的紳士。我只在歌舞廳見過他，我當時還不認識他。

曾琦在創建中國青年黨的時候，是一份中國報紙裡不名一文的巴黎通訊員。孫中山獲得外資來發展他的革命工作，國共兩黨也都接受了外資。但中國青年黨從來都沒有接受過外資，這也許是我們的國家主義精神的表現！我們不是沒有機會獲得外資。

誰給我們這種機會？譬如日本人，幾次要給我們資助。我們總是拒絕收他們的錢。什麼時候？在日本侵略東北之後，他們想幫助我們黨。我們跟日本人有很多接觸，但從來沒有收過他們的錢。

我認識很多日本人，我在上海肯定認識有一百個日本人。我們從來不談錢。他們請我們吃晚飯，我們會回請。有一次，我們邀請一位日本海軍學校的校長吃晚飯。他對餐點很滿意，但他說，可惜中國人和日本的風俗習慣不一樣。他肯定是指沒有侍女陪座。

比起我的同志們，我對日本了解得多一點，我對日本問題關注得最多。儘管我算不上日本問題的專家，至少我

密切關注那個國家。我在上海跟各式各樣的日本人來往，有軍人、學者、國會議員、報人、浪人。

浪人有政治關連。有的由日本政府和軍隊雇用，在各種圈子積極活動，也收集情報，但他們不一定是間諜。他們中間有些人參加過中國的運動。譬如，很多日本人在孫中山發動革命時幫助過他。浪人的領袖頭山滿就是一個例子，頭山滿跟孫中山的關係很近。蔣先生在 1927 年（8月）辭職之後，去了日本，住在頭山滿家裡，頭山滿可以保護他。不然，蔣先生可能有危險。

有些浪人為了幫助孫中山，犧牲自己。宮崎滔天的著作（《三十三年之夢》，東京，1926）幫助我們瞭解興中會時期（1894-1905）。章士釗把這本書翻譯成中文，用的筆名是黃中黃。我對浪人的印象是，他們有些人來自社會的最下層，這些人以賺錢為目的，為軍閥所利用。另一些人不為他人所用，有獨立的思想。

我從來不尋求日本人的友誼，總是他們找我。他們知道我是大學教授，能夠影響青年的思想。我是不是在大夏大學和復旦大學任教？我一度同時在這兩個大學任教。日本人知道我密切關注局勢，當然知道我屬於中國青年黨。有時，我會把我跟日本人的談話告訴同志們。

我從來不怕被人利用，我堅持自己的原則，不會輕易動搖。我不怕日本人。他們以為他們能夠從我這裡得到情報，實際上，我能從他們那裡得到更多的資訊。我願意跟他們接觸，以便從他們的談話、態度和不經意的洩露中得

到情資。

當時在中國有三個重要的日本人：山本榮治、影佐禎昭、土肥原賢二。儘管山本榮治顯得低調，但他是（1937年12月14日在北京）組建中國臨時政府的主要負責人。影佐禎昭是（1940年3月30日在南京）組建汪精衛政府的最重要的負責人。我認識的日本人中，土肥原賢二給我的印象最差，但日本人最崇拜他。他的表情甚至也流露出對中國的侵略意圖，我在上海見過他一次，他是東北最有勢力的日本人。

我認識的大多數日本人，包括山本榮治，都是崔萬秋介紹的。我第一次見到山本榮治的時候，覺得他比較簡單，給我的印象不差，看起來客氣而真誠。他在我的家鄉湖南開了一家小公司，叫山本公司。他的目的不是真正做生意，而是用公司來掩護他的活動。後來他搬到上海，我造訪他們在虹口的寓所，見過他的夫人和女兒。

山本榮治講一口流利的中文，穿中式服裝。他常來寓所與我長談。坦白地說，我看不出他是如何利用我的。我跟他來往了大約三年。有一天，在上海的戰事最激烈的時候（1932年1月28日之後），他突然來到我在愚園路和地豐路[20]交會處的寓所。我告訴他，這對他來說太危

---

[20] 張葆恩在〈大時代的悲劇人物——懷念謝澄平老哥（上）〉一文提到左舜生在上海地豐路的地址，云：「重晤澄平，那是民國三十五（一九四六）年初春時節的一天清早。我一走進上海地豐路地豐裡——左公的寓所，就聽見澄平說『葆恩來了』……那一天我是來向左公辭行的，沒想到卻巧遇澄平。」《全民》，第14卷第7期（1992

險了，問他有什麼事情。他說：「誰看得出我是日本人啊！」我跟他說，戰事期間，最好不要來看我，於他於我都有好處。別人看到他就不好了。

我是透過山本榮治見到王克敏。我以前以為他跟曹錕關係很好，他曾經在曹錕手下做事，聽說很富有。但山本告訴我，王克敏的名聲不好，很貧窮，靠變賣家裡的舊畫度日。我半信半疑。不過，我見到王克敏的時候，確實看到他在簡陋的寓所賣畫。

山本榮治像大多數日本人一樣，作為個人可以成為好朋友，但一牽涉到國家利益的時候，就是另外一回事了。我從山本榮治那裡聽到許多日本對中國的計畫。日本人對我不警惕，不懷疑我。

透過山本榮治，我認識了幾位日本軍人，包括影佐禎昭。見到他的時候，他是中佐，一個三十多歲的英俊、坦率的年輕人。我很喜歡他，他完全不是典型的軍人，有學問，經常吟誦日本詩歌。基本上，是個非常有意思的人。

曾琦和其他黨的領導人也跟日本人來往嗎？有一些，沒有我多。日本人不喜歡跟曾琦交談，他們認為他是反日的領袖。余家菊、陳啟天、李璜對日本問題缺乏理解，他們並不特別關注日本，他們的興趣在別的方面。我一直認為，如果對外國一無所知，交談就很危險，很容易言辭不

年 10 月）。綜合有關上海地名的資料可知，左舜生與張葆恩說的地豐路，曾幾度更名。1943 年改名為「迪化路」，1946 年改稱「迪化北路」，1954 年易名為烏魯木齊北路至今。

當。因此,當其他人會見日本人的時候,我通常都在場,大部分時間都由我說話。

第六章　與蔣介石關係正常化（1933-1937）

　　我是第一個代表中國青年黨正式會晤蔣先生的人。儘管我們直到1934年才見面，但他從1929年或1930年起，就開始關注我們黨了。我們雖然跟軍閥有來往，我相信蔣先生意識到我們是誠心反共的。他認為我們即使在清共時幫不上忙，以後可能會有機會幫到他。中國青年黨能幫他什麼呢？譬如，我們也許可以幫助蔣先生在國民黨內部擴大他的個人地位。他有在國民黨之外交朋友的習慣，我們作為一個組織，可以成為他的朋友。

　　我是透過沈曼若見到蔣先生的。沈曼若在我回國後不久也從巴黎回來了，我當時不理解他為什麼那麼快就回國，他已經得到很好的資助，應該可以在國外多讀一段時間的書。奇怪的是，他回國以後，很快就與蔣先生搭上關係。蔣先生很喜歡他，認為他是位出色的青年。蔣先生通常在江西剿共，沈曼若則經常在桂林和其他地方伴隨蔣先生，他們很親密。沈曼若的職位是什麼？他沒有頭銜，只是客人，當然也會有工作分配給他。後來他得到一個頭銜，擔任過秘書之類的職務，也許是做宣傳或者青年工

作，蔣先生強調青年的重要性，把他看作青年領袖。

沈曼若認識陳果夫和陳立夫。他有沒有加入國民黨？他在國民黨裡有關係，但沒有正式入黨。我看到他給陳果夫和陳立夫的信，簽名用的詞是「職」，這讓我覺得很官僚。

沈曼若花了蔣先生很多錢來經營他在北平辦的六個版面報紙，我估計他一共花了蔣先生將近三十萬，揮霍無度，一事無成。不過，他發明一種速記系統，使他得以獨自經營。他能寫，借助於他的速記系統，出了很多大部頭的哲學書籍，中西文都有。梁啟超對他談論哲學的印象很深。張君勱和張東蓀兩人起初都對他讚賞有加。張東蓀把他作為「青年哲學家」介紹給張君勱時，張君勱還不太知道怎麼看待他，後來發現他其實很膚淺。

有一天我在上海偶然遇上沈曼若。我責備他，說他在平民百姓中可以愚弄梁啟超，在軍人中可以愚弄蔣介石，我說他確實厲害！他一點也不尷尬，因為我說的是事實，他也很開心。

根據我得到的資訊，沈曼若享受蔣先生的信任有四、五年之久。在這期間，他讚揚我，對蔣先生說我有政治才能。當然，他可能錯了。總之，他激發了蔣先生對我的興趣。他建議蔣先生跟我談談，蔣先生也接受了他的建議。後來我發現了沈曼若的動機。他認為，如果他能為蔣先生在黨外與能夠幫忙的人建立聯繫，蔣先生會更加信任他。

大約在 1933 年，沈曼若向我轉達蔣先生的兩次非正

式的邀請。我婉拒了，說，蔣先生和我以後一定有見面的機會。從 1932 年到 1934 年，蔣先生在政治上做了最大的努力，他覺得，在日本占領東北後，他還需要多方面的推進。我當時對南京的政治抱有希望，但為什麼拒絕跟蔣先生見面呢？因為我覺得我不能作為個人來行動，我不能不經過黨的批准擅自行動。中國青年黨是不是討論過蔣先生的見面邀請？沒有，儘管黨知道蔣先生向一個朋友打聽我，曾琦也知道這件事。如果黨沒有討論蔣先生的邀請，我怎麼會知道黨的看法呢？蔣先生沒有正式邀請我，他不過是跟朋友談到我，我有朋友跟蔣先生的關係密切。我覺得，有沒有必要考慮非正式的邀請，這不是批不批准的問題，我就是沒有放在心上，因為我覺得蔣先生的誠意不夠。

由於華北的全面緊張局勢，蔣先生派黃郛到北方跟日本人會晤。我不知道黃郛的官方頭銜，嚴峻的形勢需要黃郛這樣的人才，蔣先生認為何應欽不能勝任，這個想法是正確的。國民黨極力反對《塘沽協定》（1933 年 5 月 31 日由黃郛談判和簽定），這是出於偏見，因為黃郛是政學系的領袖，黃埔系和 CC 派都反對這個協定。我覺得黃郛的談判會給華北帶來暫時的穩定，使東北的情況不會影響到中國本土，是件了不起的事情，不可能有人能做得更好。

我不認識黃郛和何應欽。我只是一個上海的教師。我在《時事新報》上發表文章批評國民黨對黃郛不公正的評價和譴責，用的是我的筆名「仲平」。

黃郛談判的時候，張東蓀在北平，他問我知不知道蔣先生給黃郛多少錢在華北跟日本人打交道，我說我不知道。他告訴我，黃郛一個月拿八萬美金。當然，黃郛沒有把錢全都花完，雖然這種事情很花錢。這是張東蓀跟我說的，我相信與事實不會有太大的出入，因為張先生是個非常聰明的人，是中國的聰明人之一，是蔣百里的好朋友。

　　《塘沽協定》之後，我們黨發現，在華北繼續工作越來越困難。（1935年7月25日）苗可秀同志被日本人殺害。苗同志名聲在外，日本人一心想抓捕他，我不清楚苗同志是不是被東北的馬賊出賣給日本人的。

　　1933年11月下旬，福建人民政府成立後，我訪問過福州嗎？是的，我去看了一下福建人民政府。

　　福建人民政府是蔣先生和叛軍領袖之間衝突的產物，包括李濟深、陳銘樞、蔡廷鍇、蔣光鼐和其他人。陳銘樞（福建人民政府總書記）曾在行政院短暫地擔任過副院長（1932年），但他和蔣先生合不來。他是神州國光社的創建者。神州國光社是上海的一個文化組織，由第十九路軍提供財政支持，出版許多書籍和相當數量的歷史資料，部分歷史資料收進了共產黨近期的出版品。從英國留學回國的王禮錫[1]是這個組織的關鍵人物，我對他的印象很好。

1　王禮錫（1901-1939），字庶三，一字麗明，筆名王庶三等，江西安福縣人。曾就讀於省立第七師範學校與江西心遠大學，轉滬參與創辦神州國光社，翻譯出版進步文學作品，投入關於中國社會史的討論，轟動一時。1933年與妻陸晶清流亡英國倫敦，以賣文為生，發表許多詩文，頗具影響。1938年12月回國，被選為中華全國文

我的福州之行非常有意思。我在蒼前山住了十天，那裡有點像外國租界，所有的領事館都在那裡。酒店相對舒適，也安全。蔣先生的飛機一定是把第十九路軍嚇著了。我看到一兩個炸彈扔下來，叛軍甚至沒有防空砲兵，我看到福州婦女在蒼前山避難。以前我注意到福州朋友的夫人們很漂亮，現在意識到她們毫無例外。我回到上海後，曾經說過福州的女子是中國最美麗的。

我的朋友胡秋原在福州起了重要作用，他剛過二十歲，是國民黨人。他和我們的關係密切嗎？他後來在國民參政會期間和我們關係密切。我跟那些叛軍領袖見過面嗎？沒有，我那時並不認識他們，曾琦跟他們有聯繫，我只是一個遊客。他在我去的前後也到了那裡，他非常佩服有名的第十九路軍，而且他愛才、有好奇心，他走近那些領袖，想看看他們是什麼樣的人，但他很失望，因為他發現他們很淺陋。曾琦見了誰？他見了蔣光鼐。我沒有參與他們的對話，我不喜歡接近那些人。

我們的訪問有沒有政治意義？曾琦想去看一下，但他看到反叛者並沒有做好準備，他們的行動是出於一時的衝動，失敗是不可避免的。他跟我說，他們絕對沒有做基礎工作，他們想聯合兩廣，但不成功。他們想和共產黨結盟，也不成功。這也是我們不能和他們有關聯的原因，因為我們只和反共的人結盟。福建人民政府的失敗在於叛亂

藝界抗敵協會理事等，次年病故。

者政治上的無能。（1934年1月下旬）蔣先生的軍隊一來，他們就逃跑了。

1934年春天，我接到蔣先生從杭州發來的電報，是透過沈曼若發來的，蔣先生邀請我暑假去廬山見面，這是他第三次接觸我。我在上海復旦大學教書。我諮詢了曾琦，他很懂這種事情。他知道處理黨外合作和與各種圈子聯絡問題時，應該持什麼態度，那是他的長處，他懂政治，但不懂女人！

我們在上海一家酒店談話，待了半天。在家裡說話不方便，因為曾琦的家裡總是有訪客。我給他看了電報，我說：「蔣先生要跟我談一談，你認為我應該去嗎？」他說：「為什麼不去？如果他只是想談談，你沒有理由不去見他呀。」我告訴他，既然他批准，我就想說明我的態度。我說了三點：第一點，與國民黨對話時，我不會不顧我們黨的立場。第二點，我不會不顧我自己的身分，我可以做蔣先生的朋友，但不會做他的下屬，不會像他身邊的那些人一樣接受他的威權，把他作為領袖來迎合，我是寧可被砍頭也不願那樣做的！我是學者，不需要恩惠。第三點，如果有一天，中國青年黨與國民黨合作，我不會捲入國民黨的內部糾紛，我會跟國民黨的整體合作，但不是跟CC派、黃埔系或者政學系合作。

我問曾琦，他覺得我的態度怎麼樣，他說，我的看法是正確的，他完全同意。跟曾琦達成諒解後，我問他，我是不是應該作為中國青年黨的代表會見蔣先生。他說：

「即使你說你不代表黨，你還是黨的代表。毫無疑問，你不是作為個人被邀請的，而是因為你的黨派關係。」

這件事從來沒有在黨的會議中討論過。我說過，我相信我們的同志認同蔣先生是個有能力的領袖。不過，如果蔣先生不跨出第一步，我們是不可能與國民黨合作的。在蔣先生主動邀請之前，我們黨是不是表示過願意與國民黨合作？沒有，我們沒有，無論是正式的，還是非正式的，我們一直嚴厲批評政府。

我觀察蔣先生的動向。我見過他，但對他沒有清晰的瞭解，說不上真正認識他。我想到一個上海的朋友，蔣先生敬佩他，但仍然逮捕過他，這個朋友就是蔣百里將軍，我們跟他的關係密切，我很了解他，覺得他是一個真正聰明的人，也是我的好朋友，那時他不到五十歲。他的日本夫人完全中國化，喜歡玩麻將，他們住在國富門。蔣百里將軍和蔣先生之間的關係是好壞摻雜，壞的一面當然是他被逮捕。他被捕的原因是什麼？我不清楚，但我覺得跟吳佩孚和孫傳芳有關，是軍閥衝突的問題。

我在1934年春夏之交去看望蔣百里，我想從他對蔣先生的了解中獲益。他喜歡愉快的談話，熱情歡迎他喜歡的談話對象。我們聊了幾件事之後，我向他求助。我解釋說，蔣先生邀我去廬山見面，我問他，既然我不瞭解蔣先生，能不能撇開個人的關係，客觀地告訴我蔣先生的為人。蔣將軍保證說，他不會有主觀立場。

我清晰地記得他說的話。我在《近三十年見聞雜記》

（香港：自由出版社，1952，頁40-41）的一篇文章中提到過，但不詳細，因為他有些言論不適合錄在書裡。蔣將軍說：「你來問我對蔣先生的看法是個好主意，我會坦率地回答你的問題。你知道，中國從南到北所有重要的軍人，我沒有不認識的，有些人還是我的學生。在我看來，當各種情況出現時，蔣先生在快速和果斷地處理這方面，具有卓越的能力。他的問題出在統籌全域方面。你知道，我有資格批評黃埔軍校的素質，那是我的嫡系。就黃埔軍校的課程設計來判斷，黃埔的畢業生頂多只能做團長，但現在他們做師長。在德國和日本那樣的國家，在豐富的知識培養下，師長是有能力指揮大型戰役的人。擔任師長的黃埔畢業生也許可以打內戰，但肯定打不了國際戰爭。如果捲入國際戰爭，肯定要打敗仗。」

我請蔣百里將軍說說蔣先生缺乏整體規劃的證據。他說：「在他派人出國購買軍火這件事情上，在他邀請德國軍事顧問的事情上，你都可以看到。譬如，他在德國下訂單購買軍火，裝備一個現代化師，這就暴露出他的無知。他不知道需要多少槍、砲等等。一個師不能只用砲打仗，每種武器都得配置。政治上，蔣也一樣，他不懂全盤規劃。他將來失敗的時候，你會看到這就是他失敗的原因。他處事迅速果斷，無人能及。他有今天的地位絕非偶然，北洋軍閥的反應太慢，而他敏捷又聰明。」

蔣百里有沒有說過哪個軍人有全盤規劃的能力？他自己就有這個能力。他做過保定陸軍軍官學校的校長，是著

名的《國防論》作者。曾經擔任蔣先生參謀長的楊杰後來寫了一本《國防新論》，適合非專業的讀者，因為它用淺顯的方式提供各類軍事資訊。總有一天，我會比較一下蔣百里和楊杰這兩位軍事名家。也許我不應該評判蔣百里能不能做全盤規劃，但我知道他的興趣廣泛，知識淵博，他寫過《歐洲文藝復興史》，[2] 是梁啟超的好朋友。梁啟超在很多事情上請教他，因為他對日本也有深入的瞭解。

蔣將軍補充說，如果蔣先生還是覺得除了他的黃埔學生就沒有軍人，只提拔他自己的學生，他就是自取滅亡。軍事知識是科學，現代戰爭需要科學精神，諸葛亮是不夠的！事事都需要規劃：步槍、機槍、大砲的數量和位置。今天的敵人是看不見的，我們需要科學判斷來定奪是戰勝敵人還是應該撤退。黃埔畢業生怎麼會全部了解這些呢！

我解釋道，這是蔣先生第三次邀請我。問他，我是不是應該接受邀請？他說沒有理由不接受邀請。問我，曾琦怎麼看？曾琦是蔣百里的仰慕者。我告訴他我跟曾琦提出的三點態度，他認為我的觀點完全正確。

我會見蔣百里之後，又接受邀請，去莫干山看望黃郛，邀請是由黃郛的小舅子、我的好朋友沈君怡[3] 轉來的。黃郛從華北返回南方的時侯，在火車上讀到我談《塘沽協定》的文章，納悶誰是「仲平」？他在朋友中打聽，

---

2 梁啟超為蔣百里的《歐洲文藝復興史》寫序時，篇幅長得近乎蔣著，這就是梁啟超《清代學術概論》的由來。
3 即沈怡。

最後沈君怡告訴他,「仲平」是我。

黃郛想讓沈君怡陪我上莫干山,也邀請我們共同的朋友黃仲蘇,黃郛做上海市市長的時候,黃仲蘇是他的秘書,精通英文、法文和中文,我們是老朋友。他同情中國青年黨,雖然不是黨員,但可以稱為同路人。共產黨接管大陸的時候,他留了下來,後來他想離開,但只走到了廣州,以後就沒有消息了。他的弟弟黃伯度現在是臺北總統府的副秘書長。

沈君怡告知邀請的時候,我說,能見到黃先生,我會很高興,再說,我沒去過莫干山,暑假可以去。君怡建議我找個週末去,不必等到夏天,我同意了。

君怡當時在上海吳鐵城市長手下擔任工務局局長,臨行前他說因為公務無法成行。所以我就和黃仲蘇去了,應該是5、6月間,山上開滿紅色的杜鵑花。

我對莫干山的景色印象不深,多霧、寒冷,我沒有帶夠暖和的衣服。黃郛的寓所寬敞、簡單,很不錯,反映了他的個性。我們的談話從他在日本的學生時代,一直說到返回北平。可惜我沒有帶錄音機。

他告訴我一件最重要的事情,是在日本留學時,他和其他革命者意識到軍事力量在革命中的重要性,包括黃郛和閻錫山在內的同盟會會員學習過軍事科學。他們另組了一個小組,叫「丈夫團」,名字來自於孟子的一段話,大意是說,大丈夫貧賤不能移,威武不能屈。丈夫團是同盟會中的一個軍事小組,目的是奪取地方軍隊,在軍隊裡開

展活動。他還講述其他經歷，譬如上海辛亥革命。

我想進一步瞭解蔣先生。黃郛比蔣百里更瞭解他。我告訴他，蔣先生邀請我去廬山會晤，問他，我應不應該接受邀請。他說，我應該去，和這個掌握國家政權的人談談。我說，我很想知道他對蔣先生的看法。我問他，蔣先生是不是一個有可能合作的人？他說，蔣先生的理解力很強，跟他談話的人還沒說完，他就已經抓住要點了。他的話符合事實，蔣先生那時能夠快速地理解各種事物。蔣百里將軍說得也對，他評論過蔣先生當機立斷，特別是涉及自己利益的時候，譬如處理商團事件（1924年10月），劉（震寰）楊（希閔）事件（1925年6月）、中山艦事件（1926年3月），那時他還不到四十歲。

我們的談話轉向日本問題。黃郛闡明了他對蔣先生的態度：「我可以幫他，但要他來找我。我不會在南京久待，不會接受任何官職，我想住在莫干山念佛。如果蔣先生想讓我幫他做什麼，我可以做，特別是我有辦法做到的事情，但我不會去找他。」

他問我是不是喜歡搞政治，他說他很瞭解曾琦，他們見面談過，他勸我不要做黨的組織工作，那是很複雜的事。他向我透露，他自己的黨譴責他組建政學系，沒有這樣的事，只是幾個朋友經常見見面，交換意見罷了。他說到他在上海與黃伯樵[4]以及其他人士一起組織「新中國

4　黃伯樵（1890-1948），江蘇太倉人，上海同濟醫工專門學校電工機械科第一屆優等畢業生。留學柏林工科大學，回國後任京滬杭甬

建設學會」中起的作用。

因為這是我們第一次見面,他沒有說得太多。我們和他共進午、晚餐。他的夫人想要我們參觀她的學校,在那裡等我們,但我們抽不出時間,我為此真心抱歉。那是周日,我還得趕回去,第二天要上課。

我終於在1934年7月見到蔣先生,是何魯之陪我上廬山,但他沒有參與我們的談話,沈曼若也和我們一起去。我被美麗的風景打動,確實令人愉快。

我們到了之後幾天,都沒見著蔣先生,據說是生病了,我便決定告辭,反正我又不是來求助的。我告訴黃郛,我要告辭,他很真誠地解釋說,蔣先生真是病了,不是故意拖延。他又一次勸我不要做政黨的組織工作。

黃郛一定是把我的話傳給了蔣先生,兩三天後,我就被引見。我發現黃郛說的是真的,蔣先生夏天還蓋著兩床毯子。他給我的印象非常好,雖然在病中,眼睛還是炯炯有神,令人驚歎,他有餓虎的氣勢。

我們的談話親切友好,蔣先生建議我們設法促進兩黨的合作。我們談話的時候,陳布雷過來,蔣先生請他加入我們。這是我們第一次見面,蔣先生沒有提到具體的問題。

鐵路管理局局長,發起「中國經濟建設協會」、「中國國家鐵路公司」等,堪稱民國鐵路建設與管理的先驅之一。抗戰勝利後,曾任軍事委員會委員長駐滬代表公署秘書長、行政院長宋子文駐滬辦事處主任。

我告訴蔣先生，我打算回上海，他問我能不能在廬山留久一點，我說我得回去上課。我把上課看得很重要，可以說我有職業的自豪感。蔣先生要我如果我有新想法，就寫信給他。

和蔣先生的談話結束後，我見到蔣夫人（宋美齡）坐著轎子回家，我不認識她，但看過許多她的照片。我注意到蔣府的官方文件記錄她的活動，但她沒有給我留下絲毫印象，我覺得她很普通，沒有許多人認為的那樣出色。譬如，張君勱讚美她，說她比她的丈夫聰明。後來，我有許多機會見到蔣夫人，譬如在蔣先生的晚餐會上。

宋家三姊妹中，大姐靄齡（孔祥熙夫人）最精明。我對慶齡（孫中山夫人）印象很好，她是個有原則的女士，始終如一，她的信念並不自相矛盾。

孫中山起初愛上了靄齡，關於此事我知道很多故事。有一次，有個重要的國民黨政客曾經告訴我一件事情。那是二次革命（1913年）失敗之後，孫中山在日本，他很窮，住在一棟房子的三樓，那層樓只有秘書靄齡能上去，三樓以下用來接待訪客。春節前後，孫先生突然收到海外華人寄來一張兩萬美元的支票，大家大喜過望，因為這意味著終於可以慶祝春節了。但孫中山和靄齡到銀行把支票兌現，買了一件毛皮新大衣給靄齡。

精明的靄齡把一個妹妹嫁給孫中山，把另一個嫁給蔣先生，而她大權在握。如果沒有她的幫助，蔣先生娶不到美齡。因為宋子文不贊成這樁婚事，母親也堅決反對，她

看不起蔣先生,認為他不道德。

我只能說,是孫中山對待婦女的態度影響到了蔣先生,對最近的歷史有直接影響。如果我要寫三姐妹的歷史,我會把中心的位置留給靄齡,把次要一點的角色留給慶齡和美齡。

我在廬山的時候,汪精衛帶著七、八個隨從匆匆來訪一天,他們是坐轎子來的。我後來聽說,汪精衛是來談日本問題。日本問題高度緊張,雖然他是行政院院長,在採取任何行動之前,都要蔣先生批准。

我一回到上海,曾琦就問我,蔣先生是不是有高人襄助,我說他有兩個「半個能人」。黃郛能思想,楊永泰能行動,兩個算作一個。

我沒有把蔣先生叫我寫信的事放在心上,我沒有話跟他說。再說,我們畢竟只有這一次簡短的談話,我不覺得彼此已經足夠互信到能夠討論重要的事情。

大約是 1935 年年初,蔣先生指示中央政治學校聘請我為教員,他當時是校長,教務主任羅家倫負責學校管理工作。羅家倫和傅斯年主持過《新潮》。羅家倫是我的校友,[5] 跟我的許多朋友都有聯繫。雖然沒有見過面,但互相知道已有很長一段時間。

羅家倫沒有執行蔣先生的指示,他覺得我不適合在國民黨的黨校任教,因為我是黨外人士,他擔心重演 1920

---

5 羅家倫於 1917 年考入北京大學文科之前,曾有就讀於上海復旦公學之經歷。而左舜生稱羅家倫為校友,是基於左舜生乃復旦教授。

年代國共合作期間黃埔軍校發生的事情,那時周恩來、肖楚女和其他共產黨教員吸收相當多的學生加入共產黨。我怎麼知道羅家倫的態度?我猜的,基於校方在我入職後對我的態度。

1935年,蔣先生四處遷徙,不知道他的指示被忽視了。1935年3、4月間,他在重慶會見李璜。李璜代表四川軍閥向蔣先生索取軍火,以此換取協助剿共,這是軍閥自保的最佳方式。

蔣先生向李璜問起我,說他曾經邀請我去中央政治學校任教。李璜說我沒有提起過這件事,他認為如果我收到這樣的邀請,多半會寫信告訴他。蔣先生給校方發電報,詢問為什麼沒有照他的願望辦,責備了羅家倫。學校有關負責人才請我到南京面談。說實話,孫傳芳時期之後,也就是說,自從國民黨建都南京,我就沒去過那個城市。同時,李璜把他和蔣先生的談話和後來電報的事情告訴了我,因此,我知道為什麼被邀請去南京。作為教師,我沒有理由反對擔任學校的教職。

我和校方相談甚歡,他們邀我共進晚餐,開車帶我遊覽南京,請我加入教員行列。這是1935年4月,校方的關鍵人物是陳立夫、丁惟汾和管總務的吳挹峰。陳果夫接替了羅家倫的職務,但他總是生病,陳立夫便擔起責任。因為學期快結束了,我建議夏季以後再開始上課。他們則催促我馬上到任,因為這是蔣先生的意思,我同意了。由於與日本的緊張關係,我建議講授中日關係史。我說,我

每週可以承擔十六至二十小時的工作量。他們似乎很滿意地接受我的建議。我的講座覆蓋哪個時期？從同治時期（1862-1875）到當前兩國之間的問題。

記得在回旅館的路上，我和丁惟汾談話。他問我對南京的印象，我提到南京的變化——新建築和通向中山陵的中山路使人印象深刻。我記得孫傳芳時期連路燈都沒有。1932年到1935年是國民黨最好的時期。丁先生回答說：「這一切只是表面現象，你還不知道內情。」這段談話在我腦中留下深刻的印象，覺得國民黨的老一代比年輕一代更誠實。我對包括丁先生在內的「老先生」的印象相對好些。

我回到上海備課。兩三天之後，我再回到南京，在大禮堂裡講課。來聽講的學生大約四、五百人。我完全沒想到會那麼受歡迎。他們記筆記，看上去很感興趣，也向我提問。

我怎麼看《何梅協定》（1935年6月10日）？我贊成。我的觀點是，至少可以這麼說，我們不可捲入對日作戰。我對這個問題的立場是一貫的，你們可以看到我在漢口的態度就是如此（1938年）。

我被選為黨的主席（1935年7月在上海召開的黨八大，擔任此職務直到1938年8月漢口召開的黨九大）。這期間，曾琦經常在華北，他與軍閥的關係使他不得不小心。

暑假後，我收到了中央政治學校加入教員陣容的正式邀請。我在復旦大學教了四年書，學校不願看到我離開，

建議我減少上課時數,而不是切斷關係。於是,我往返於南京和上海兩地,每週在復旦授課五小時,在中央政治學校授課八小時。

中央政治學校坐落在紅紙廊。我對學校的期望不高,因為是黨派人物辦的黨校,我對黨派人物經營的任何事情都沒有信心。但幾個月以後,我發現學校當局確實做了努力,效果很不錯。發現吳挹峰[6]是優秀的管理者,校園清潔有序,很好。比起大多數大學生,學生整體上一點都不差,甚至更好!這是最出乎意料的。我覺得在這個學校教書挺好,也許我可以找到幾個好學生,如果我能在一個五十人的班上找到五個好學生,我就滿足了。我教中國現代史和政治思想。歷史課的講義出版過,但現在找不到了。

我住在教師宿舍。教師中我來往最多的是孟憲承、[7]

---

6 吳挹峰(1892-1971),杭州人。中央政治學校的前身中央黨務學校籌備之初,由蔣介石領銜組成籌備委員會,由蔣介石擔任校長,戴季陶為教務主任,丁惟汾先生為訓育主任,陳果夫先生為總務主任,但實際校務以副教務主任羅家倫、副訓育主任谷正綱與副總務主任吳挹峰為主。吳挹峰還擔任過第六屆國民黨中執委。

7 孟憲承(1894-1967),江蘇武進人,早年畢業於南陽公學與聖約翰大學,美國華盛頓大學教育學碩士,曾轉英國倫敦大學教育學研究所研讀,回國後,曾任聖約翰大學校長,先後在該校與東南大學、光華大學、清華大學、中央大學、國立師範學院(湖南)、浙江大學等校任教。1949年之後出任華東軍政委員會教育部部長、華東行政委員會教育局局長,華東師範大學首任校長。

汪典存、[8]俞銓、崔書琴，[9]他們也住在教師宿舍，我們天天見面，這些人都是國民黨員。孟憲承是美國留學回國，教教育學，他現在在大陸教育領域工作，我懷疑他身居要職。汪典存屬於反對用白話的學衡派，他跟劉伯明、梅光迪、吳雨僧關係好，常給《學衡》投稿，是個不錯的學者，中國文學領域的知名人物，已經去世。我覺得崔書琴是個有天賦的國民黨人，儘管有些人對他不滿意，他在孫中山思想方面做的工作超出其他人，他的中英文都不錯，也去世了。四個人相比，俞銓顯得無所作為，當時是如此，現在還是如此。他是法國留學回國的，專長是經濟。他現在在香港做生意。

我們可以暢所欲言，這證明說南京當時是有自由的。有一天，孟憲承跟我談起陳布雷。陳布雷和我是多年好友，從他在《商報》工作、我為《時事新報》寫稿時開始。那時他還沒有加入國民黨。我說，陳布雷的國民黨立

---

[8] 汪典存（1891-1949），名懋祖，字典存，以字行，蘇州人，兩度進入上海廣方言館學習，先後就讀於江蘇省高等學堂與北洋大學，1919年畢業於哥倫比亞大學教育學院，1919年夏得碩士學位，哈佛大學西洋教育史肄業。先後任教於北京師範大學、東南大學、中央政治學校教授兼教育系主任。抗戰期間創辦大理師範學校，轉而任教西南聯大。抗戰勝利後回到蘇州故里，任教於社會教育學院，直到病逝。

[9] 崔書琴（1906-1957），河北故城人。1930年南開大學於畢業，1934年獲哈佛大學政治學博士學位。歷任中央政治學校、北京大學與西南聯大教授。曾與張佛泉創辦獨立時論社。第一屆立法委員。1949參與創辦亞洲文商專科夜校，任臺灣大學與政治大學教授。先後奉派為國民黨中央改造委員兼設計委員會主任委員，以及中央委員會設計考核委員會主任委員。著有《國際法》、《條約論》、《三民主義新論》、《孫中山與共產主義》等。

場並不根深蒂固,對黨外人士的態度還好。孟憲承說:「你哪裡知道!陳布雷的黨派立場比誰都強!」我查了一下,發現孟憲承的看法不無道理。陳布雷的態度好,是因為我們是老關係,他的黨派立場還是很強的。

學校的生活很平靜。我知道有些軍事教官是監視學生的特務。我怎麼知道的?我當然不會讀到他們的報告,也不知道他們是不是有效率,只是我的猜測而已,沒有證據。我推測他們和軍統有聯繫。我不管,想說什麼就說什麼。我們可以批評蔣先生,這對我來說很重要,因為我教現代史,我感覺不到精神上的束縛。

那時的氣氛和目前(臺灣)的氣氛不同。我們授課的時候,那些軍事教官坐在教室的後排,我沒有覺得他們的唯一目的就是監視,他們看起來對講授的內容真的感興趣。

我是受歡迎的教師之一,我跟學生的個人關係挺好。我告訴他們,既然他們已經加入了國民黨,至少是預備黨員,就應該忠於國民黨的信條,我不反對孫中山的任何原則,我實際上是把現實置於意識形態之上,我勸他們不要受其他政黨的影響,不論是共產黨還是青年黨。我絲毫沒有動念要吸收幾個學生加入我自己的黨。就像我告訴過你的,我從來沒有介紹過任何人入黨,我不贊成共產黨在黃埔軍校採用的老一套策略。

在每個學期開始的時候,蔣先生會為政校和軍校兩校的教師舉行聚餐,以展示文職和軍職人員之間的團結。通

常有一百來位賓客，出於某種原因被蔣先生關注到的人，名字會被叫到，被叫到的人會站起來讓人看到。我記得有一次，蔣先生要求見梅思平、薩孟武和我。蔣先生給我們的印象不錯，他顯得認真，他要求見積極的人、他想見的人、他有事情吩咐的人。

在西安事變前的一年半內，我有很多機會見到蔣先生。日本的侵略使局勢日益緊張，日本在華北的活動造成了嚴重的威脅，日本人在南京的高壓手段，也就是日本與外交部部長張羣之間的談判，引起了全國的不安。大家越來越意識到，各個黨團在繼續壓制共產黨的同時，需要合作。

我有沒有參與青年黨在這個時期的反共活動？沒有，我不關心黨在這方面的工作。政府的政策是先安內後攘外，不像現在的蔣先生。蔣先生當時誠心希望合作，他想在大會上和私底下跟各界人士見面。他知道我人脈廣，除了我自己的黨的成員，我跟後來成為救國會領袖的一些人也是朋友。

1935年下半的某一天，蔣先生問我，他應該跟誰見面，我建議他會見那些呼籲馬上抗日的人，抗日的問題已經很緊迫，我覺得，聽聽不同的意見，召集所有團體的會議討論一下這個問題，是一個明智的做法。他要我草擬與會者的名單，我有些猶豫。他說：「不要緊，你給我一個名單作為個人參考意見好了。」我說讓我想想。

我回到宿舍後考慮了一兩天，列出三十九人名單，一

半是國民黨人,另外一半包括我黨的成員和愛國團體、社會名流。我還記不記得這個名單?記不全了。國民黨員包括陳布雷、陳立夫、梅思平和薩孟武。我列在名單裡的我黨成員是蔣先生已經知道的:曾琦、李璜、余家菊、陳啟天、楊叔明、魏嗣鑾。其他人包括張君勱、王雲五、黃炎培、沈鈞儒和王造時,一些對國事有想法的人。我覺得蔣先生認識名單上的國民黨員,所以我把其他人的背景、經歷和工作寫了簡短的履歷介紹。我透過陳布雷把名單交給了蔣先生。

我建議稱這個代表大會為「國民參政會」,我是建議用這個名稱的第一人。國民黨的中央執行委員會是不是在 1932 年 12 月就已經決定在 1933 年底以前召開「國民參政會」?是不是又花了幾年時間討論這個名稱?[10] 也許吧,我不知道國民黨曾經通過了這樣的決議,我自己覺得這是個合適的名稱。當然也有一些意見,呼籲召開包括非國民黨人士的代表大會。1938 年國民參政會終於召開了,我自己從未宣稱國民參政會的名稱是基於我給蔣先生的建議。中國學者有這樣的態度:即使是我的主意,我不邀功。我認可蔣先生是抗日領袖。我是不是討論過參政會的許可權?沒有,首要任務是決定邀請誰來談日本問題。

我遞交名單大約十天後,陳布雷來電話說蔣先生想在勵志社見我。選擇勵志社,是讓我相信這不是嚴肅的談

---

10 〔原註〕See Ch'ien Tuan-sheng, *The Government and Politics of China* (Cambridge: Havard University Press, 1961, 2nd printing), pp. 279, 281, 422.

話，只是閒談。當我在預定的時間見到蔣先生的時候，他告訴我，我的名單很好，但召開代表大會會有困難，「因為展堂（胡漢民）對憲法有意見。」我無法確定這句話的真實性，但我很清楚胡漢民的態度。他也許沒有創造這個口號：「黨外無黨，黨內無派」，他用這個口號最多，是個黨性很強的人。蔣先生說胡漢民計劃去南京，我認為可能性微乎其微。他漫不經心地談論每件事情，補充說憲法的問題需要研究。

我不知道蔣先生是不是僅僅想把責任推給胡漢民，這有可能，但我沒有證據。總之，我是有成見的，因為我知道胡漢民的態度。我告訴蔣先生，既然胡漢民對憲法有意見，這事就難辦了。我建議他把名單還給我。蔣先生說：「不要拿回去。即使我不開會，我還是想個別會見這些人。」

最開始他要求見三個人：曾琦、余家菊、王造時。我說跟他們單獨談談是個好主意，但曾琦在華北，可能一時回不了南方。我知道曾琦在做軍事方面的工作，跟宋哲元、韓復榘、閻錫山和張學良等人取得聯繫。我也知道，他對蔣先生有偏見。因此，我告訴蔣先生，曾琦健康狀況不好，行動不方便。至於余家菊，我向蔣先生保證，他會去南京。

我告訴蔣先生，王造時是我在上海的鄰居，我會親自向他轉達蔣先生的邀請。蔣先生覺得王造時也許可以跟我一起去南京，我因此被委託一個小任務。王造時和他的妻

子是受過美國教育的,他是一個好作家,在光華大學教書。他的長處是堅守原則,要他改變觀點比較困難。

我告訴王造時,蔣先生要我邀請他去南京,他說要蔣先生發電報給他,他才會去。我說,他這樣是不給我面子,我作為私人朋友傳達蔣先生的邀請,這應該夠了。我說,蔣先生想抗日,但他認為要先安內,所以暫時反對抗日。因此,去陳述自己的觀點,說服蔣先生改變暫時不抗日的政策,轉為抗日,就很重要。王造時搖擺不定,他的弱點是他的領袖慾,他覺得由朋友傳達的邀請太隨便。我沒有把他的回覆告訴蔣先生,只告訴蔣先生,他不會去南京。

(1936年6月)王造時連同沈鈞儒、鄒韜奮、陶行知、史良、沙千里、章乃器成立全國救國聯合會。聯合會的領導人都沒有見過蔣先生。王造時繼續疾呼抗日,(1936年11月)他是被逮捕的七君子之一,如果他跟蔣先生見過面,他也許會免掉九個月的牢獄之災。當面說明自己的觀點總比在背後說要好。

蔣先生採納我的建議,邀請余家菊,我不清楚他們談了什麼,在他們見面後,我沒有見過余家菊。蔣先生有沒有見過我的名單上的其他人?他只要我安排他見三個人。我不認為他會見了名單上的國民黨人士,因為那些人他總會有聯繫。至於其他人,我就不知道了,也許有跟他們談過。

1935年11月刺殺汪精衛的企圖發生時,我是不是在

南京?沒有,我當時在上海。我從報上得知槍擊事件,覺得很奇怪,這麼多關於國民黨的謎團!有許多未解之謎。譬如,朱執信、程璧光和廖仲愷死亡的情形。直到某些人去世,中國最近歷史中的大部分才能有解吧。蔣先生去世的時候,不少資料會公諸於眾。雷嘯岑的《三十年動亂中國》第二卷不能面世,因為沒有一個出版社敢出版,雷嘯岑自己也去不了臺灣。

關於謀殺汪精衛的資料也很少。這類資料很容易丟失,我們懂政治的人心中有數,沒有把資料保存下來。我想知道國民黨黨員合影的時候,為什麼蔣先生會缺席!

我記不記得案子怎麼了結的?槍擊之後,蔣夫人和蔣先生跪在汪精衛身邊表達他們的悲傷,張學良和張繼一把抓住刺客。張繼說,當汪精衛後來變成〔日本的〕合作者時,他後悔當時這麼做。羅家倫則嚇得往廁所裡跑。

中國青年黨與政學系有聯繫嗎?政學系強調個人而不是組織的重要性。黃郛相信個人的影響,幾個人可以比一群無能的人有更大的作為。政學系試圖在蔣先生周圍建立勢力,他們的領袖是黃郛,楊永泰作為他的代表,安排在蔣先生身邊。楊永泰是老練的政客,他在江西剿共中贏得了蔣先生的信任。

我對楊永泰的印象不錯。我在 1934 年見蔣先生的時候,只瞥見他一眼。當然我知道他的活動、職位和工作,我從黃郛那裡聽過很多他的事,知道他擔任要職。

不久以後,我跟楊永泰在他居住的勵志社第一次面

談，李璜也在場。當時因為蔣先生的新生活運動，禁止抽煙，李璜和我忍住沒抽。但楊永泰說，我們可以不管禁煙規定。我們談了什麼？我不記得我們具體討論了什麼，可能是國民黨和青年黨之間的合作。

後來我去過楊永泰家裡，可以說他幫了青年黨的忙，政學系想要我黨的幾個重要成員跟他們合作，派人去湖北省政府工作。我們派了兩位湖北籍的同志，當然不是正式派遣的，當地知道他們黨派身分的人把他們推薦給了湖北省政府。楊永泰（1935年12月到1936年11月擔任湖北省政府主席）認為他們不夠重要，對他們不是太滿意。我們後來派去深思熟慮的余家菊，楊永泰很高興，想知道為什麼我們早先不派他。

我是不是和沈曼若保持聯繫？沈和蔣先生漸漸疏遠了。沈曼若和楊永泰之間有衝突，楊永泰是個實幹家，不喜歡半吊子的人。沈和蔣的關係親密，楊永泰對他的空談不感興趣。沈曼若自然地去接近陳果夫、陳立夫和陳布雷。他的浮誇和空談也漸漸使蔣先生惱火，陳家兄弟覺察到蔣先生的態度，也對沈曼若冷淡起來。

這讓我想起我和蔣先生的一段對話。我看到蔣先生書桌上一本厚厚的書，我問是不是沈曼若的著作，蔣先生說是，並補充說，書裡很多字他不認識，我說我也不認識，那些是沈曼若的發明。我的印象是，蔣先生不覺得那是個好主意。

（1936年6月1日，李宗仁、白崇禧聯合陳濟棠發動

抗日運動之後）廣西問題變得更嚴重，蔣先生調軍南下，準備擊潰桂系。我察覺到形勢危急，就寫信給蔣先生，勸他不要動武。我提醒不要把廣西的情況跟福建的叛亂相比，反對把李宗仁和白崇禧比作蔡廷鍇和蔣光鼐，希望和平解決，保存廣西的力量為國家所用。我在信的結尾說，此刻我只想談廣西的情況，但我會再寫信談關於政黨合作和宣傳的看法。

蔣先生回了信，說我的看法是對的，要我給他寫信談其他兩個問題。可我沒有寫。我的信措辭激烈。廣西的問題得到和平解決，當然，不是我勸告的結果，因為我和蔣先生的關係不密切，不過蔣先生喜歡聽贊同他的人的意見。

不久以後，我去香港，蔣先生在廣州。我有兩個好朋友在香港，張子柱是西南中學的校長，關楚璞是殖民地的名記者。我很喜歡關，他是個很聰明的傢伙。他們要我陪同去見蔣先生，說是李璜和我都已經跟蔣先生面談過。我覺得沒有必要，但由於他們是我的好朋友，在香港對我照顧周到，就不好拒絕。我問他們有什麼想法，最終我同意跟他們去廣州。

蔣先生看我走了那麼遠去見他，非常客氣，也熱情地歡迎我的朋友。我們談了些什麼？沒什麼重要的，華南總的局勢而已。蔣先生向我保證只尋求和平解決的方案，我很滿意。後來，蔣先生聘請張子柱和關楚璞做軍事顧問，他知道我不會接受頭銜。關楚璞死於暗殺。

1936年7月,我和崔萬秋去了一趟日本,我不是帶著任務去的。政府確實為我的旅程提供川資,因此蔣先生要我提供心得。他當然知道,像我這樣的教師沒有錢,但他沒有指示我關注特定方面,他知道我認識很多日本人。旅行的主意不是出自他,是我告訴他,我有興趣訪問日本,而他同意了。我是不是就這次訪問日本諮詢過曾琦?是的,他批准了我的行程。我離開之前,在上海跟他談過。

我們是從華北走的,因為我想見見日本在華北的駐屯軍司令田代皖一郎,他在上海做武官的時候就和我認識。我們先去濟南,透過上海的日本朋友介紹,我會見在濟南的日本武官,濟南是重要的日本活動中心。日本人認為他很有才華,我承認他也許有才,但很粗俗。他在寓所接待了我和崔萬秋,請我們在餐館觀賞三味線音樂和舞蹈,他很坦率,喝了很多酒,什麼都說給我聽,甚至給我畫地圖,說明日本在內蒙古的計畫。我覺得有些奇怪,他似乎完全忘了我是個中國人,一個愛國的中國人。他證實了我的印象,日本人在加緊部署,用各種人來執行計畫。

我們從濟南去北平,到達田代皖一郎司令部時,他正在洗澡。等待的時候,我有機會觀察了司令部的優雅建築,有六、七個富麗堂皇的會客室,鋪著地毯。我的印象是漢奸已經在和日本人串通,為他們效勞。田代皖一郎出來招呼我們,看起來完全不像我在上海認識的那個人。那時他是上校,現在他是將軍。日本人和中國人不一樣,非常有等級意識,不同等級的軍官生活方式大不一樣,上校

的生活簡樸，但一旦晉升將軍，生活的標準馬上就變了。田代皖一郎的職位在長城以南的日本人裡是最高的，當然，他沒有（東北）關東軍司令的權力大。

過去，田代皖一郎和我在六三花園[11]常常吃飯、喝酒和聊天，他那時挺隨和，無憂無慮，現在則很謹慎。第一個問題就問我是不是反日，我說我的態度基於事情的發展。他知道我對日本的印象不錯，但那並不意味著我就不反日。我告訴他，如果日本不過長城，我們仍然可以談判，但如果日本用武力擴展到長城以南，我們就會抵抗。他理解我的態度，他說，聽說我計劃去日本。我告訴他那是真的，問他是不是同意我的行程，他說他贊成我去，還主動提出把我介紹給日本朋友認識。我問他我在日本應該見些什麼人，他寫了一封信給磯谷廉介，我後來有跟他見面，還有一個人，名字我忘了。

喜多誠一（日本武官）也在北平，但我沒有見他，我跟他不熟，只在上海見過一面。在這段時間裡，日本人密切觀察我的行動，認為我負有某種使命。

我們從北平到天津，啟程去日本。到門司的時候，遭到十多個日本人的盤問，兩個便衣警探對我們密集審訊。

---

[11] 六三花園（Rokusan Garden）在今上海西江灣路240號處，初建於20世紀初，是日本長崎人白石六三郎經營的日式花園。白石六三郎先是在長崎同鄉聚集之地塘沽路開了一家麵館，始稱「六三庵」，後改名「六三亭」。生意興隆後，在江灣路購地另建六三花園，漸次成為日本駐滬總領事設宴與中日名士文人餐敘之所。據說孫中山每到上海，六三花園也是常去之地。

我為我的出行縝密準備，包括日本總領事館、日本駐上海武官及田代皖一郎的介紹信，警察看到這些信件，沒有理由拒絕我們上岸。我告訴他們，沒有任何任務，只是來日本玩，這是我第一次訪問他們的國家。他們想知道我們為什麼要取道華北，我提到田代皖一郎的名字，他們就對我能不能上岸的事沒有任何疑問了。

我們採取這個路線還有另一個理由，我想去馬關看看1895年李鴻章同伊藤博文公爵、陸奧宗光子爵談判時下榻的寺廟，我還想看看刺殺李鴻章未遂的地點，以及李鴻章贈送給護理他的日本天皇御醫詩句。

我看到李鴻章、伍廷芳、伊藤博文和陸奧宗光的照片。暗殺的企圖失敗了，真是萬幸。事情發生在李鴻章下榻的寺廟附近，街道不超過五米寬，當李鴻章坐的轎子經過時，站在附近的刺客直接瞄準他，如果他胸部中彈的話就斃命了。這家寺廟像大多數日本的寺廟一樣很精巧，非常乾淨。

在我看來，1895年馬關的條件相當簡陋，馬關條約的談判地點在春帆樓，這麼重要的地方連電燈都沒有，（照片只顯示了使用的）煤油燈。場地基本上保持原狀，但正在修理，我們不能進去看。

當然，1936年的情形很不一樣。簡而言之，我造訪馬關使我能夠更好地理解歷史。我們乘「燕子」特急列車去東京，給我印象最深的還是日本人的清潔程度，座椅套一塵不染。我感覺到某種恐懼感，日本人顯得這麼有序、自

律，跟中國人完全不同，乘客靜靜地坐著，讀報和讀書。這表明他們即使在放鬆的時候也很嚴肅。

我認識中國駐日大使許世英和他的私人秘書黃伯度。黃伯度去車站接我們，汽車後面有一塊中華民國大使館的牌子。我告訴許大使，我的目的是盡可能多看看，用大使館的汽車來接我，讓我覺得自由行動有困難。大使勸我不要太活躍。他透露說，他的廚師、門房和鄰居都是間諜。他站起來，走向窗子，拉開窗簾，看向外面，以確保沒有人監視。當時，日本人已經公開對大使館施壓，對面就有警察駐守，表面上是為了保護我們，實際上是在監視使館裡的一舉一動。

崔萬秋和我住在東京一個舒適、價格合理的二等酒店。我們發現房間裡遍布電線，因為日本人懷疑我們帶著某種任務。我跟蔣先生來往已一年有餘，我在南京定期授課，日本人對這些瞭若指掌，認為我跟蔣先生的關係密切。他們監視我和為我擔任翻譯的崔萬秋。

我建議我們假裝整天自娛自樂，以此來減少被監視的情形。我們去看歌劇，去音樂廳，看卡巴萊歌舞表演等等，我們的房間散落著入場券，讓人覺得我們完全不嚴謹。

我們到東京後的第三天，影佐禎昭打電話給我。他的官階還不到上校。儘管對我們疑心很重，影佐仍像往常一樣招待我。我提到田代皖一郎給我寫的引見信，他主動提出陪我去見磯谷廉介，很有權力的軍務局局長。

磯谷廉介似乎還是老樣子，話不多，但透過和磯谷廉

介、影佐禎昭的談話，我察覺到日本會對我們採取行動。雙方都沒有正式地提起中日關係問題，不過，影佐禎昭私下與我討論關於是不是還有可能避免公開破裂。

影佐禎昭帶我參觀了軍務局。這個關鍵機構的簡陋使我印象深刻。桌布顯得破舊，許多官員進進出出，看上去很有精神，但空氣中彌漫著緊張的氣氛。

我參觀了文部省、外務省和國會，還去了熱海。我在日本十天，我認為要了解一個國家，一定要身臨其境。

我一回到南京就去見了蔣先生，他問到我的印象，見誰等等，我一一彙報我和田代皖一郎、磯谷廉介、影佐禎昭的會晤。蔣先生信任我，我確實也忠於他。我建議他趕快準備，因為我覺得對日戰爭已經不可避免。我告訴他，從北平到東京，日本對我們發動戰爭的意圖一清二楚，在各個方面加速備戰。

去日本之前，我不同意王造時、沈鈞儒和救國會那些叫嚷要抵抗的領袖人物，我認為，我比他們更瞭解日本的情況，我知道中國缺乏參戰的資源，與日本開戰會是一場災難，除非透過不可預測的國際局勢進展來獲得救助。

我們這些持謹慎態度的人意識到共產黨跟救國會裡的人有聯繫。曾琦和其他中國青年黨的領導人也這麼看嗎？是的，但他們覺得沒有危險。他們相信，一旦團結抗日，共產黨的影響就會減弱。

救國會反對任何形式的協商，導致了七位領導人的被捕：沈鈞儒、王造時、李公僕、史良、沙千里、鄒韜奮和

章乃器。他們的被捕強化了大眾對抗日的要求及對政府和蔣先生的不滿,也強化了一些軍人對七君子的同情。我當然也同情這七位,深切地感受到對他們的不公。

在這七個人裡,鄒韜奮最積極,是我最喜歡的一位。他很有責任心、頭腦清醒,能幹又認真。他和黃炎培關係好,為《生活》雜誌寫稿,是一個好作家,我是透過中國青年黨的允誠認識他的,第一次見面就跟他談了兩個多小時,我很了解他。

七君子中有個女士叫史良,我不太清楚她的背景,只知道她是沈鈞儒的學生,她畢業於上海的一所法科學校,沈鈞儒是校長。我覺得她沒有常識,對她不了解。我見過沈鈞儒,但沒有機會與他說話,他給我的印象是喜歡發表自己的見解,喜歡主持會議。我從來沒見過沙千里。

楊永泰 1936 年 11 月被暗殺的情況是怎樣的?我認為,如果蔣先生不點頭贊同,即使有人想除掉楊永泰,他們也不敢採取行動。用中國人的說法,楊永泰是個才子,他身居要職,湖北又是個重要的省份。我認為他的死,根本原因跟蔣先生有關。為什麼?楊永泰跟四川、廣東、廣西的軍閥有來往,儘管我說不好他們之間的關係發展到什麼程度。總之,蔣先生也不會在意關係的深淺問題,他強調軍力和財力的極端重要性,知道楊永泰跟軍閥關係好,拒絕容忍任何人跟軍閥來往。

我對劉廬隱因刺殺楊永泰而被定罪有什麼看法?劉廬隱是被誣告的,他雖然對楊永泰有敵意,但跟暗殺沒有任

何關係。他簽字批准了一小筆付款，那跟暗殺毫無關係，但當時我沒有證據。

CC 系想除掉楊永泰。那時我不太了解陳果夫和陳立夫，但我很瞭解陳布雷。我記得他跟我說：「我們終於除掉了楊永泰！」

1934 年跟蔣先生會晤後，我對國民黨的了解和聯繫，以及我與黃郛、楊永泰、陳布雷的談話，從這些來判斷，我知道楊永泰和國民黨沒有共存的餘地，不管是哪個派系，胡漢民系、汪精衛系，尤其是 CC 系。

蔣先生尊敬黃郛，幾次向他求助，但他不是真正信任黃郛，國民黨也不會讓他信任黃郛。黨包圍著蔣先生，在危急時刻，蔣先生接受黨的意見。儘管黃郛為蔣先生工作，黨仍詆毀他的名聲，製造謠言。譬如，說他在塘沽停戰期間和日本人串通的謠言。CC 系製造謠言，讓蔣先生反對黃郛。我不懷疑黃郛是一個愛國者。

當 1936 年 12 月 12 日發生西安事變時，我的態度和黨的態度是什麼？（1936 年 12 月 4 日以前）曾琦和李璜都在北平，曾琦要李璜去洛陽見蔣先生。曾琦熟悉北方的局勢，因為他跟很多軍閥有來往，了解他們的心理。他想讓李璜勸告蔣先生在西安要當心，城裡的氣氛不好。張學良（東北軍司令）和楊虎城（西北軍司令) 駐守西安。眾所周知，張學良的「不抵抗」是蔣先生強加給他的。張學良對王造時和我都說過同樣的話。他其實不應該在我們第一次見面時說這麼多，畢竟是軍事機密，他是軍事委員會

的成員。我見過楊虎城沒有？沒有，從我聽說的情況來看，他似乎是一個怪人，一個粗俗的傢伙。

我從來沒有聽曾琦說過，張學良是不是真的想為收復東北而戰，不過，很顯然，東北軍的中下層軍官都決心返鄉，華北民眾也有抗日的要求，曾琦對此很了解。

那個時候，人們捐獻飛機來紀念蔣先生五十歲生日。曾琦是個舊派紳士，他請李璜帶給蔣先生的禮物是歌頌的刺繡對聯，一位著名書法家的作品。李璜不在乎這種東西，覺得毫無意義。他去洛陽，但拒絕帶這個禮物。

南京得知西安事變後非常緊張。國民黨政治委員會和國民黨中央執行委員會常務委員會召開了會議。馮玉祥是政治委員會成員，但不是常委。

12月14日下午2點左右，陳布雷來青雲里見我。那時已經收到更多的消息。他神色緊張，告訴我開會的情形。他說，戴季陶和馮玉祥是討伐叛賊最堅決的倡導者，沒有人懷疑戴季陶的動機。戴季陶後來避免表態，因為他堅持討伐引起疑心。我對此怎麼看？我認為，戴季陶在西安事變中的作用無可置疑，他的態度是正確的。張學良和楊虎城犯了劫持和殺戮罪，從法律上講，他們理當受罰。戴季陶學過中國歷史，讀過明代英宗皇帝被劫持的故事。他要求討伐沒有錯。如果有錯，錯在中國學者的傳統觀念。戴季陶沒有想著傷害蔣先生，他跟蔣先生的關係是前所未有的緊密，已經身居高位。那時他用的名字是戴傳賢，住在孝園，信佛。

戴季陶的態度和馮玉祥不一樣，馮玉祥引起懷疑。他也許認為，討伐會導致蔣先生被殺。何應欽呢？除了蔣先生，他是最有權勢的軍人。他可能贊成，也可能反對討伐。從軍人的立場出發，如果政府決定討伐，採取行動是完全正確的。但何應欽也得考慮對蔣先生造成的後果。蔣先生從西安寫信給他，要他不要使局勢惡化。至於蔣先生有沒有可能不信任何應欽？我認為原因不是西安事變，而是跟孫傳芳的戰爭（1927年夏天）。那時何應欽與李宗仁、白崇禧結盟，要求蔣先生退位。

陳布雷為未來擔憂，覺得蔣先生有生命危險。我不贊同陳布雷，我說了以下幾點：第一，蔣先生本來當場就可以被殺，既然沒有發生這樣的事，我不認為他會受到任何傷害，我不認為張學良有膽子傷害他。第二，張學良和楊虎城並不親近，我不認為他們會合作到底，一旦意見不一致，蔣先生就安全了。第三，陳布雷甚至也不清楚這一點，但我知道張學良和宋子文在財務和私人關係上走得很近。我聽說張學良轉了三千萬個人資產給宋子文打理。第四，閻錫山在北方很強大，雖然他對蔣先生不滿，但這不意味著他對張學良和楊虎城就滿意。他傾向於中央當局，傾向於蔣先生。我用這幾點來安慰陳布雷。讓我很欣慰的是，這些後來被證實是正確的。

第二天，中央政治學校的學生把我圍起來，要我解釋這些奇怪的事件。那時，中央政府已經決定派遣遠征軍，

桂永清[12]已經帶部隊離開南京，何應欽想轟炸潙水南岸。學生們很滿意，他們對蔣先生的態度很好。全國上下團結一致，支持蔣先生，大家都擔心他的安全，他的地位在1932年到1936年期間確實非常高，民眾出於正義感，對張學良和楊虎城很憤怒。

我向學生們重複了我對陳布雷講的幾點看法，還告訴他們，我們要等端納[13]從西安回來，帶來可能解決危機的消息。端納以前跟張學良很親密，現在跟蔣先生走得近。在我看來，他不過是個國際難民。

我們聽說宋子文和蔣夫人將前往西安，我認為這是好消息。宋子文的訪問，證實了我對他和張學良關係的看法是正確的。陳布雷把事情都跟我說了，他告訴我，他努力勸阻蔣夫人不要去，他和其他人甚至跪在她面前，求她不要去。

我聽說周恩來訪問西安時，就感到危險過去了。我們

---

12 桂永清（1900-1954），字率真，江西貴溪人。黃浦軍校第一期出身，在東征陳炯明與北伐戰爭中，由連長升至旅長。自赴德國步兵學校學習回國後，任復興社中央幹事會幹事兼訓練處長等，引進德式軍事教育，灌輸法西斯主義，頗受蔣介石賞識。1936年西安事變發生，任討逆軍第五路第一縱隊指揮官。抗戰爆發後，先後任第七十八師師長、第二十七軍軍長等職。

13 端納（W. H. Donald, 1875-1946），民國時期中國政壇最為活躍的西方人之一。生於澳大利亞新南威爾斯州，1903年赴遠東採訪，在香港受《德臣報》之聘為副主編，結識革命黨人胡漢民等。1911年以《紐約先驅報》駐華記者抵滬，任孫中山的政治顧問，參與起草《共和政府宣言》等。曾將袁世凱簽訂的《二十一條》發表在《泰晤士報》，引起轟動。西安事變爆發後，作為調停人，數次往返於南京與西安之間，參與談判。

讀到上海兩個莫斯科報紙《消息報》（1936年12月14日）和《真理報》（1936年12月15日）的社論。我知道共產黨去西安是聽從莫斯科的命令，相信他們想讓蔣先生領導抗日侵略，毛澤東計劃在聯合抵抗的掩護下發展共產黨。

關於國共在西安事變之前的談判，我是不是知道些什麼？不知道，我沒有聽說過這樣的談話。如果他們舉行會談，兩邊都不太可能告訴我們。後來在戰爭期間，他們也沒告訴我們發生了什麼。國民黨遮遮掩掩，和共產黨討論具體問題，我們這些學者的意見被認為是沒必要的，譬如，（1945年8月28日至10月11日）毛澤東訪問重慶期間，跟政府進行會談，我們就沒有被告知進展情形。

蔣先生在12月25日被釋放。我們仍然不清楚談判的內容。我是不是聽說過張學良收錢釋放蔣先生？沒有，我認為張學良不可能採取這種方式來斂財，他已經很富有，我從來沒有聽過這種傳言。

已經出版的當事人的敘述是不是可靠？有待商榷，但孔祥熙發給不同軍閥電報的重要性不容置疑，這些電報最近發表在《春秋》雜誌（《觀察》半月刊）。

總之，1927年到1937年期間，我們黨和國民黨的關係很糟，那也是我收到蔣先生三次邀請之後才去見他的原因之一。1934年我們見面以後，蔣先生的態度有所改善。李璜、余家菊和我見了蔣先生以後，儘管我們沒有跟國民黨合作，絲毫沒有傷害政府的意圖，但要達到真正的

合作還有很多障礙。

雖然蔣先生的態度有所改善,但我認為國民黨沒有。你需要蔣先生與國民黨的態度差異的例子嗎?好吧,譬如說,蔣先生邀請我去中央政治學校教書的指示就被忽略過,直到他自己過問這事。這不是羅家倫的主意,是國民黨的主意,中央政治學校是陳家兄弟的機構。

國民黨什麼時候才改變對我們的態度?直到抗戰爆發。在危急時刻,當國民黨感到緊張不安,才更願意跟外人交談。當情況相對穩定的時候,它就覺得外人討厭。

第七章　戰時回憶

田代皖一郎在蘆溝橋事件（1937年7月7日中日軍隊在北平附近發生衝突）前後逝世。直到今天，我也不知道他是不是被日軍殺掉的。他在日軍將領中被認為是比較謹慎的。

我乘船去九江出席廬山談話會的時候，沈曼若碰巧同船。其他乘客包括鄭毓秀[1]和林宰平，[2]後者是梁啟超全集[3]的編輯。沈曼若告訴林宰平，他創造了二百多個漢字來傳達心理學和其他學科西方學術用語的意思。他說

1　鄭毓秀（1891-1959），別名蘇梅，廣東新安人。其父乃晚清戶部官員鄭文治。自幼熟讀四書五經，轉讀於天津教會學校。1905年在日本加入同盟會，實施暗殺良弼之謀。1917年獲巴黎大學法學碩士學位，1919年以巴黎和會中國代表團隨員身份，組織留學生數百人，包圍首席代表陸徵祥養病的醫院，要求中國代表拒絕簽字。1925年獲巴黎大學法學博士學位。回國後，與魏道明（未來的丈夫）在上海公共租界合開律所，成為中國歷史上第一位女性律師，為在滬被捕的楊杏佛出庭辯護，使其獲釋。隨後被委以上海臨時法院院長（未就任）、江蘇地方檢察廳廳長、上海法政大學校長、國民政府駐歐特使等。抗戰爆發後，曾任教育部次長。1942年，其夫魏道明出任駐美國大使，隨行赴美，任各國援華會名譽主席。

2　即林志鈞（1878-1961），字宰平，號北雲，福建閩縣人，《飲冰室合集》之編者。與沈鈞儒同為癸卯科舉人，留學日本。曾任北洋政府司法行政部部長，後來任教於清華、北大，1949年後留居北京，任國務院參事。

3　當指梁啟超的《飲冰室合集》，分「文集」、「專集」兩部分，1936年中華書局初版。

服了林宰平後來在寫作中使用那些新詞彙。我不會批評這個主意的好壞。

蔣先生親自召集了廬山談話會。他在會議上前後一致，講得很好。每當他即席講話時，他就會口若懸河。當然，在多數情況下，他的講稿是秘書準備的，沒有什麼價值。會議主席汪精衛請他講話，我很清楚地記得他講了什麼（1937年7月7日），他坐在汪先生旁邊。蔣先生說，如果要抵抗也行，但必須抵抗到底，不能中途妥協。我很感動。他的言辭很有分量，聽起來是針對汪精衛說的。這表明了蔣先生有先見之明。

我見到中共7月15日派去廬山談話會的代表了嗎？周恩來和秦邦憲[4]在廬山，但他們沒有出席談話會。這是會後我在上海見到周恩來的時候，他告訴我的。我們見面是透過諸青來，[5]國社黨人，後來加入了汪精衛的傀儡政府。我們在湧泉路伯靈頓酒店[6]會面的時候，李璜和秦邦憲也在場。中國人很少去這個酒店，那是個方便我們見面的地方。我們空泛地討論抗戰中的合作。那就是我

4　即博古。

5　諸翔（1880-?），字青來，室名求是齋，上海縣人，曾留學日本東京高等工業學校，宣統二年授工科進士，次年授翰林院檢討。民國初年任職於工商部與農商部，改任上海神州大學、大夏大學、持志大學、中國公學等校教授。1933年參與中國國家社會黨的創立。1940年被南京汪精衛政權聘為中央政治委員會委員、交通部部長、立法院副院長等。戰後審判時逃匿無蹤，拘傳未果。

6　左舜生在已發表的〈抗戰的第一階段〉裡，稱與周恩來、秦邦憲見面的地點是上海滄洲飯店。參見左舜生，《近三十年見聞雜記》，頁56。因此會面地點仍待考。

和周恩來、秦邦憲的第一次見面。當然，李璜從前在巴黎就很了解他們。

我至今都不理解國民黨為什麼要跟共產黨進行單獨談話，也許是共產黨要求這樣安排，他們總是以為自己是控制軍隊和領土的真正力量，在這一點上始終如此。譬如，（在1945年春季）他們反對在出席舊金山會議的中國代表團中只能有一個成員。1946年10月，在我們最後一次調停努力中，他們堅持乘坐另一架飛機到南京。

在淞滬會戰（8月13日爆發）最激烈的時候，我離開上海去南京，出席剛成立的國防參議會。我不清楚這個委員會的組建是不是出自國共廬山會談的要求。

國防參議會由二十四個成員組成，成員的選擇是依據黨派。青年黨的代表除了我，還有比我先到南京的曾琦和李璜。共產黨有三個代表：毛澤東、董必武、林祖涵。[7] 國社黨的代表是張君勱、江庸和胡石青。胡石青是熟悉蘇俄事務的聰明的老先生。張東蓀到南京出席過一次會議。國民黨的代表是周佛海、陶希聖、陳布雷（和其他人）。傅斯年的發言通常支持國民黨。

我認為，國防參議會是個好組織。因為人少，我們真

---

[7] 即林伯渠（1886-1960），原名林祖涵，字邃園，號伯渠，湖南安福人。早年在日本加入同盟會，1921年加入中國共產黨，曾參加南昌起義，延安時期出任陝甘寧邊區政府主席。1949年10月1日以中華人民共和國中央人民政府秘書長之身份，主持新政權的成立大典，任全國人大常務委員會第一、二屆副委員長，與董必武、徐特立、謝覺哉、吳玉章並稱「中共五老」。

正可以談話。另外，有些人不出席會議。毛澤東從來不出席，胡適不久就離開了，到美國做大使。主席汪精衛的態度很好。他給我們充分的自由，詳細地表達看法。

國防參議會的權利有哪些？政府不能完全無視國防參議會和後來國民參政會的決議。國防參議會尤其如此，因為它的成員都是有能力討論實際問題的人，有責任心。另外，國防參議會的運作發生在精神上團結對抗敵人的戰爭初期，氣氛非常好。除了表達意見，參議會還有別的權力嗎？沒有，它只是一個諮詢機構。但中國的政治很奇怪，重要的不是規定誰有哪些權力或者誰負責執行參議會的決議，一切都取決於個人。如果誰說的在理，大家就會接受，不管他表達的是自己的意見，還是他組織的意見，沒有關於權力的具體定義或限制。這個參議會運作到國民參政會在漢口召開為止。

政府宣布遷都重慶，蔣先生則到武漢指揮軍事行動。當然，國家的中心跟著他走。儘管林森主席在重慶，但他只是掛名的首腦，裝飾品而已。

我（在1937年11月）離開南京去漢口。黃郛夫人同船，船上還有黃伯樵夫婦。你們應該問問黃郛夫人有關國民黨和政學系之間的仇恨，她說起過去來就很痛苦。她告訴過我，國民黨是怎樣對待他的丈夫。我們沒有討論楊永泰的暗殺案，我了解情況，沒有必要問她。如果我問，她也不會回答。她是個非常能幹的女性，中文很好，她經常翻閱丈夫的文章。

武漢的政治有一種神秘的氣氛。我告訴你一件事,就能說明蔣先生的立場。當時德國駐中國大使陶德曼試圖在中日之間安排和平協商,部分民眾搖擺不定,輿論全是關於他活動的報導。

有一天,我去張嘉璈在漢口的寓所。雖然我不記得是不是張先生邀我去的,但我知道,我去那裡是有原因的,並不是隨意拜訪。張先生不在家,但(他的哥哥)張君勱和張羣在。過了一會張嘉璈回家了。他一坐下來就問我,如果蔣先生同日本談判達成和平的話,民眾會不會繼續支持他。

我立刻就知道他的問題跟陶德曼調停有關係。據我所知,中方有要員在跟陶德曼聯繫,但我不知道陶德曼傳達的內幕,以及他跟中方代表討論的細節。我個人認為,抗戰沒有前途,我不是失敗主義者,但我覺得,如果英、美不採取行動的話,我們就沒有希望。

我跟胡適談過,他也覺得抗戰沒什麼前途。基本上,謹慎的人都這麼認為,其中困難重重。我們不可能預見到日本軍隊會在太平洋同英、美開戰,我們不可能無限期地堅持下去。

我回答說‥我們要等著看看蔣先生採取什麼態度。我們在抗戰中支持他,在和平談判的情況下也會支持他。長話短說,我們會支持蔣先生到底。事實上,我傾向於談判解決。

我知道中國共產黨會反對談判達成和平。蔣先生原來

不想抗日，這場戰爭是強加給他的。毛澤東的政策是在戰爭進程中擴大和壯大共產黨，共產黨沒有其他辦法生存下去，CC 派明白共產黨的目的是什麼。這是一個兩害相權取其輕的問題：是讓共產黨在抗戰中壯大，還是談判達成和平來阻止共產黨發展。我知道共產黨的詭計，所以不由得被陶德曼調停所動搖。我知道，如果這場戰爭打下去，共產黨會發展到難以控制的局面，也許談判達成和平更好。

別人可能說我在逃避責任，把一切推給蔣先生，但我不是狡猾。非國民黨人士不了解陶德曼跟中方代表之間交換的看法，也不了解整個軍事局勢。在這種情況下，我們沒什麼可以多說的。我們為什麼要反對談判達成和平？這不是逃避責任，因為歸根究底，我們沒有資訊來作出判斷。我跟陶德曼見過面嗎？沒有。他跟國民黨以外的人沒有接觸，我們只是在武漢得知他的努力。你知道，國民黨從來沒有在國民參政會上報告過他的活動。

第二天，陳布雷讚揚我的答覆。很明顯，有人把我們的談話告訴他。我的態度意味著，不管是戰爭還是和平，我們都會達成共識。

我認為，拒絕日本的條件，這個最後的決定是蔣先生做出的。他享有廣泛的支持，覺得他不能透過談判達成和平來損害這種支持。他知道，如果他這麼做的話，共產黨會組織大規模運動，喚起民眾來反對他。蔣先生沒有勇氣——西安事變讓他身處巨大的危險中。是日方在 1938 年

1月中旬中斷談判的嗎？[8] 就我所知，是蔣先生決定拒絕陶德曼傳達的日方條件。

回顧過去，我覺得武漢時期非常好。在戰爭的最初階段，共產黨還沒有條件在抵抗名目的掩護下擴張。我沒有注意到共產黨的態度有何不可接受的地方。不過，共產黨在一次會議中給我留下不好的印象，那是他們為來訪的左派國際學生團安排的會議。他們邀請了羅隆基和我參加，但他們獨攬大權，我沒有看到任何一個國民黨員。陳紹禹[9]主持。主要發言人周恩來講完後，幾個共產黨人和來訪的學生發言。然後，周恩來介紹了羅隆基和我，說他們希望聽聽我們的意見，是來「換換口味」，[10]很不禮貌。我站起來說，我沒有什麼好講的。我想知道他們最初

---

8 〔原註〕See David J. Lu, *From the Marco Polo Bridge to Pearl Harbor, A Study of Japan's Entry Into World War II* (Washington D.C.: Public Affairs Press, 1961), p. 27.〔譯校注〕：David J. Lu 即盧焜熙（1928-2022），生於臺灣，在日語學校完成中學學業。1950年留學美國威斯敏斯特（Westminster）神學院與哥倫比亞大學，1960年獲政治學博士學位。長期在美國賓夕法尼亞州的美國頂級文科院校之一巴克內爾大學（Bucknell University）教授歷史學和日本學。該書追溯了從盧溝橋事變到珍珠港事件的日本戰爭政策的變化過程，曾被田島周子譯為日文《太平洋戰爭への道程：蘆溝橋より真珠湾へ》（東京：原書房，1967）。盧焜熙還用日文出版過小說與關於美國的政治歷史的論著。

9 即王明。

10 左舜生在〈抗戰的第一階段〉一文中，也提到這個會議，「最後周恩來發現我和羅隆基也在場，乃提名請我們兩個說話，說是為的『換換口味』。從此以後，與抗戰相始終，我和他們在一塊混了八、九年，無論他們批評我也罷，或者送幾項不要錢的高帽子給我也罷，我總一切以『換換口味』視之，絲毫無動於中〔衷〕了。」左舜生，《近三十年見聞雜記》，頁62。

為什麼要邀請我們。共產黨總是想控制大眾。

有一天，我和張君勱跟蘇聯大使鮑格莫洛夫聚談，他先前表示想見我們。隨同鮑格莫洛夫來的還有兩位俄共代表。陳紹禹為我們翻譯，因為張君勱不會說俄文，鮑格莫洛夫的英文有限。我記得張君勱欣賞陳紹禹的翻譯。我們討論了什麼？沒有什麼重要的事情。那是我們的第一次會見。我們自然談到中國的抗日和蘇聯的援助。他問到戰爭現況。

我在漢口法租界待了很長時間。日本人對我們狂轟濫炸。雖然我不記得有沒有看見周佛海和其他汪精衛身邊的人參加活動，推動和平，我猜想他們的和平運動是在那個時候打下基礎的。我見到周佛海，但我們沒有長談過。站在今天的角度看過去，就很難不對汪精衛的立場表示同情。

有一天（1938年3月底到4月初國民黨召開的緊急會議[11]之前），蔣先生找我。他想把所有現存的政黨合併成一個大黨，想知道我對這個方案的想法。我不贊同，認為這是個奇怪的主意，我懷疑蔣先生想當納粹式的最高元首，這個想法起源於他。我問他，共產黨是不是同意這個想法，並且告訴他，我認為共產黨不會加入他準備討論的這個政黨。這樣我們就談不下去了。

我知道這個方案已經送交共產黨了。我從來沒有問過

---

11 「緊急會議」，指中國國民黨臨時全國代表大會。

共產黨是不是這樣。那麼我是怎麼知道的？國民黨明明知道共產黨不會加入這個準備討論的政黨，只想吸收我們黨和國社黨，從來就沒有任何可能讓共產黨同意這樣的主張。國民黨要不就是已經跟共產黨討論過，要不就是知道共產黨會拒絕。無論如何，這是我對這件事情的看法，也是我對蔣先生的回答。他再也沒有提過這件事。

我如何評論「青年黨表示接受這個主張」的說法？[12] 我的回答可以這樣解釋，既然我沒有說「不」。我黨別的成員是不是被問到這個問題了？這些問題都是蔣先生與我討論的，那時我是黨主席。

陳布雷是不是跟我談過組織三民主義青年團的事情？是的。那時我住在武昌妹妹家。有天晚上，我去以前巴黎「同學」開的一個漢口咖啡店。陳布雷到我妹妹家時，得知我在外面，他留下一張名片，請我妹妹告訴我，一回來就去見他。他說有要緊的事情跟我商量。

我到陳布雷那裡時，已經很晚了，早就過了10點，他還在工作。他抽鴉片，喜歡在夜裡工作。他對我去看他表示感謝，告訴我：蔣先生決定組織「三民主義青年團」。他打開抽屜，取出兩個文件遞給我，叫我翻閱，補充說，這是頭等機密，不能讓任何人知道。

兩個文件是準備議定的三青團的組織計畫和政治平臺。我感到奇怪的是三青團有自己的政治平臺。照理說，

12　〔原註〕見張其昀。《中華民國史綱》，四（臺北：中華文化出版實業委員會，1954），頁78。

國民黨的政治平臺足以充當黨和三青團兩者的平臺。

陳布雷告訴我，蔣先生想讓我在準備議定的三青團裡發揮主導作用，認為我可以為三青團開展有效的工作，因為中央政治學校的學生對我的印象很好，我可以獲得他們的信任。我坦率地告訴陳布雷，他清楚地知道我屬於中國青年黨。我又怎麼能為三民主義青年團擔負起責任呢？

他告訴我，為準備議定的三青團招募學生和教師的籌備工作已經在進行，計畫是從每個大學至少招募兩個關鍵成員。想法是，如果校長或關鍵的教師加入三青團，該校的學生就會大量加入。譬如，金陵女子大學的校長吳貽芳，武漢大學校長胡庶華，後來都加入了三青團。布雷希望我接受一個要職，積極為三青團工作。我跟他說，我要徵求我們黨的意見。

我的主要反應是，對三青團政治平臺的實際性質感到迷惑不解。我能得出的唯一結論是三青團將成為獨立於黨的組織。很明顯，將有兩個單獨的組織：國民黨和三青團。我認為，蔣先生想發展三青團來取代國民黨，在他看來，國民黨已經變得一無是處、頹廢、腐敗。另外，指導國民黨也很不容易。

我起草了一封信（日期是 1938 年 4 月 21 日，收件人是國民黨總裁蔣介石和副總裁汪精衛），表明中國青年黨在抗日戰爭中支持國民政府的決心。大意是，儘管國民黨以前打壓我們，我們願意忘記過去，與國民黨並肩面對災難。我們申明沒有想過利用戰爭來攫取權力。蔣先生對那

封信很滿意，但汪精衛似乎對我代替曾琦簽名感到驚訝，但那時我是黨的主席。

我的信和蔣、汪的回覆影響了青年黨的合法地位嗎？信件往來讓我們感到放心，我們覺得取得了合法的地位。在此以前，國民黨沒有承認我們黨。我們黨是不是討論過獲取正式合法地位的手段？沒有。我個人覺得，信件的往來已經足夠。鑑於我們的新立場，國民黨不能再把我們的活動視為非法。

我們對蔣先生有幫助。怎麼說？我認識很多日本人，特別是陸軍和海軍軍官，他們大多數在外國受過訓練，尤其是英國。可以看出陸軍與海軍軍人的明顯區別，甚至抽的煙都不同！日本的軍隊是分裂的，一些軍官支持更具侵略性的政策，譬如贊成占領南京，另一些則反對占領南京，因為他們知道中國人失去國都會繼續抵抗。事實證明，中國的政策是以空間換取時間。我相信影佐禎昭屬於反對對中國發動全面戰爭的一派。1936年之後我見過影佐禎昭嗎？沒有。

蔣先生意識到一個事實，就是曾琦必須和軍閥建立聯繫，因為我們黨沒有其他的發展途徑。蔣先生也想讓曾琦幫他和劉湘、閻錫山以及其他軍閥搭上關係。

蔣先生託付曾琦獲取四川人的支持。戰爭爆發後，曾琦去了四川。我們是「國家主義派」，我們抗日，我們和四川軍閥關係很好，有更多的黨員來自四川，比其他省份都多。蔣先生不得不請我們幫他鞏固與四川人的關係。

曾琦為確保劉湘的合作，做了最多的工作。當然是因為曾琦和李璜，劉湘才出動四十萬人的軍隊參戰。這就是為什麼曾琦和李璜對蔣先生仍然抱有敵意，他太不講究禮節了，他畢竟應當記得他們的幫助！李璜一說起這個就生氣。

我是不是知道劉湘1938年初在武漢去世的情況？劉湘病得很厲害，我不覺得有什麼值得懷疑的。很多人認為他的老妻給他吃錯食物，跟他的死亡有些關係。他霸道的老妻控制他的財務。附帶說一句，跟其他軍閥的財富比起來，他的錢還不是很多。老妻完全不懂現代醫藥和衛生，劉湘不聽醫生吳天民，但聽她的話。吳醫生是長年的青年黨人，曾經擔任過上海一家療養院的院長，可以佐證他生病的事實。你知道的，我們黨員身分比較複雜。

曾琦成功地完成爭取四川軍閥合作的任務，劉湘的態度毫無置疑。蔣先生到漢口時對他非常滿意。劉湘是四川的「頭號」軍閥，他的合作很好地引導其他人的態度。我們黨已經做得很好了。

我在漢口陷落（1938年10月25日）前離開這個城市。我在重慶的住地，是青年黨的朋友們開會、部分黨員討論國民參政會進展情況和聚餐的場所。我繼續教書，在中央政治學校上了一年課，後來因為時間不夠，只好放棄。我在重慶住了七年。

1938年冬天，我第二次結婚。我的第二任妻子是我在上海復旦大學的學生。她是第一個來重慶的文學系學生。

如果不是戰爭，我們的婚姻可能永遠不會發生。我們關係很密切，經常通信。但如果她不設法到重慶來，我們可能永遠不會再見面。我們一起經歷隨後幾年日本的狂轟濫炸，我們的房子曾經差點被燒毀。

　　康澤[13]是三民主義青年團（1938年7月9日成立）的重要領導人，他常跟他的四川老鄉李璜與我在重慶聚談。他敦促我們加入三青團。康澤給我的印象是個「小蔣介石」。他的一舉一動都模仿蔣先生，不過沒有陳誠學得像。

　　蔣先生想吸收幾個像我這樣的青年黨重要領導人加入三青團。從理論上說，一旦發生這樣的情況，青年黨就會自動解散。

　　我認識七、八個藍衣社[14]的主要領導人，隨口就能說

---

13 康澤（1904-1967），字代賓，號兆民，四川安嶽縣人，黃埔三期，曾留學莫斯科中山大學，向蔣介石建議採用蘇聯的政治保衛局制度。1931年南昌行營別動總隊成立，任少將總隊長，在江西剿共時為蔣所重用。中華復興社與三民主義青年團的創始人之一，官至復興社中央黨務幹事會書記長，三青團中央幹事會幹事兼組織處長、南京《中國日報》社長、國民黨中央執行委員、常務委員、第十五綏靖區司令官、陸軍中將等。1948年在襄樊之戰中被俘，1963年被特赦，任全國政協文史專員，撰有《復興社的緣起》、《三民主義青年團成立的經過》等。

14 即由蔣介石直接控制的中華民族復興社，以黃埔系骨幹為主，於1932年4月借「復興民族」之名，在國民黨內成立的帶有特務性質的幫派組織，含內、中、外三層。內層為「力行社」，下設特務處，由戴笠主持；中層為「革命同志會」，吸收機關科、局以上官員及一般知識分子參加；外層為「忠義救國會」。以綁架、審訊、暗殺等手段，迫害異己與進步力量。1938年4月，該社併入三民主義青年團，其內層的特務處輒擴充為軍事委員會的調查統計局，即「軍統」。

出名字。除了康澤,還有鄧文儀、賀衷寒、胡宗南、桂永清、劉建羣。黃宇人最瞭解藍衣社,他是蔣先生的得意門生之一,既不屬於藍衣社,又不屬於 CC 派。

　　蔣經國後來被任命為三青團的領袖。當然,我當時甚至沒有聽說過他。他剛從蘇俄回國不久。

　　汪精衛在離開重慶(1938 年 12 月 18 日)的三天前邀我聚餐。有七、八個客人,包括曾琦、羅文榦、許孝炎和汪精衛的密友范予遂。我們對汪精衛的計畫一無所知。後來,我們覺得這頓晚餐是為了告別。

　　汪精衛離開時,覺得自己還能做點什麼。據張君勱說,汪精衛沒有說動羅文榦跟他一起離開。他意識到英、美的重要作用,覺得需要有人能夠處理同英、美的外交關係。

　　我們黨密切關注吳佩孚。我提醒蔣先生密切關注他,因為他有一大幫同情者。我不覺得他會投靠日本,因為他愛國。他在北平遭到日本人圍困的時候,也沒有動搖過。我們不認為吳佩孚要錢,但他的部下可能會製造麻煩。如果吳佩孚屈從於日本的利誘,那就太遺憾了。儘管他沒有太多的常識,觀念又過時,但是個廉潔的軍閥,在中國這是個稀有的現象。他是這個國家唯一貧窮的軍閥。

　　我們說服了劉泗英同志,[15] 當時叫劉正江,去和孔祥

---

15 劉泗英(1895-1995),原名正江,字泗英,號懷園,生於重慶南川錢莊之家。1917 年求學於日本法政大學政經系,結識曾琦,加入少年中國學會,1920 年學成歸國,創辦《新蜀報》,兼任巴縣

熙談。我們告訴劉泗英,他應該去見吳佩孚。既然他們關係密切,吳佩孚就會聽他的勸告。劉泗英去見孔祥熙的時候,孔祥熙馬上給他十萬,那時是不少的錢,還有一封給吳佩孚的信。吳佩孚寫了一首八個字的詩作答:「雪中送炭,謹防煥章」,表達他對雪中送炭的感激,並提醒防範煥章(馮玉祥)[16]。

中國青年黨也派了中央執行委員會的成員趙毓松[17]去見吳佩孚。但在他從上海到北平的路上,汪精衛的人把他抓住了。趙毓松很早就加入了我們黨。他年輕時曾經作為貴州袁祖銘的代表,與吳佩孚建立了很好的關係。他有口才,很活躍,中文好,在詩詞書法方面有天賦,是曾琦喜歡的那種學者。我認識他以後也覺得他確實不錯。

(1939年12月5日)吳佩孚死在日本牙醫手裡。雖然我們找不到謀殺行為的證據,對他來說,死於拔牙好

中學、聯合中學、重慶第二女子師範等校教職。創辦成都西南公學後,轉建東材煤礦公司,任董事長兼總經理,另兼南川金佛山墾區常務理事、四川省銀行經理處長等,對青年黨多有資助。抗戰勝利後,任青年黨中央常委兼秘書長,為該黨赴臺不遺餘力,被總統府聘為國策顧問後,漸次退出青年黨之黨務。擅長吟詩,編印《懷園詩稿》二集。

16 即馮玉祥(1882-1948),字煥章。
17 趙毓松(1899-1971)號鐵肩,化名邵松,貴州黎平人。早年投靠貴州軍閥袁祖銘,1926年11月加入青年黨。袁卒後,由川入津,一度靠近天津衛戍司令于學忠。歷任南京中央政治行動委員會委員長、中央檢審委員會委員長、《新中國日報》總主筆、討賊聯軍總司令總參贊等,後來加入汪精衛政權,先後出任農礦部部長、日本軍管理工廠委員會副委員長、司法行政部長等。汪政權倒臺後,自濟南逃往香港,再逃日本,曾以自殺抗議美國總統尼克森(Richard M. Nixon)的訪華計畫,同年病故。

像不正常。我們這些瞭解政治局勢的人都知道重慶在爭取他。

（1940年1月21日）汪精衛信任的朋友陶希聖和高君武，曾經促使汪精衛走上現在的路，離開了他（帶走了日本調節中日關係的條件草案）。汪精衛對他們的叛變深感不安。

趙毓松加入了（於1940年3月30日成立的）汪精衛政府，擔任農礦部部長。國民黨為他的叛變取笑過我們，我們就拿他們的副總裁來反擊。

有一天，日本飛機在重慶附近的巴縣投下趙毓松簽名的傳單，要李璜和我加入汪精衛的南京政府。縣政府給我看了傳單。大概是影佐禎昭向汪精衛提到我，使日本人誤解我。儘管我個人同情汪精衛，我絕不（考慮加入他的政府）。

汪精衛成立傀儡政府，不完全是他的錯，蔣先生對於國民黨舊部的打壓確實過分。孫中山從來不會這樣對待自己的同志，總是以禮待人。汪精衛是個很敏感的人，容易被惹怒。有一天，在國民參政會駐會委員會的會議上，有電話找他。因為電話在會議室的進門處，我們聽得到他的對話。他說了幾次「是」以後，就突然掛掉了電話。當他回來的時候，我們看到他滿臉通紅，好像快要哭了。後來我聽說電話是孔祥熙打來的，告訴他蔣先生想馬上見他。

我至少見過兩個男人哭：周恩來和汪精衛。當然，蔣先生把很多國民黨人搞哭過，我們只是沒有看到他們哭罷

了。汪精衛很憂鬱，對蔣先生很不滿，隱忍一切。胡漢民不同，他當場發飆，當面遣責蔣先生。

　　我一直認為汪精衛受他的夫人（陳璧君）的影響，她推動他尋求權力。她不能接受這個現實：蔣夫人是中國第一夫人，而不是她。

　　汪精衛解除了姑娘的婚約來娶她，她看上去比他老。有一天，他們在巴黎購物，有人稱他為她的「garçon」，以為他是她的兒子！他怕她，同時也對她感恩。他在有名的刺殺計畫（1910年暗殺攝政王）後入獄，她竭盡全力幫助他。他在獄中寫給她的詩讓我感動得掉眼淚。這些詩對她來說該是多麼令她感動啊！她出身富家，籌款來幫助他，他在獄中的時間並沒有完全浪費，獄中的食物也沒有傷害他的健康。他有閱讀書報的自由，可以寫詩。我相信他們是真愛，因為她不可能預料到他會在革命後被釋放。她無條件地愛他，我為之感動。但後來當我見到她時，她給我的印象很不好。

　　我認為，在汪精衛政府成立的時候，日本還沒有計劃攻擊英國和美國。影佐禎昭是一個非常聰明的人，他和他那一派認為，不打英、美，光是對付中國就夠困難的了。他們反對太平洋戰爭。汪精衛對太平洋戰爭的爆發苦惱至極，他當時就意識到這是沒有希望的。

　　我對老朋友周佛海滿懷同情。儘管他參加汪精衛政府，和戴笠的人關係緊密。不可否認他頹廢，但也確實很有能力。

我們黨的成員中,有人加入王克敏政府或者其他戰時傀儡政權嗎?沒有。當有人想暗殺王克敏時,他正和山本榮治坐在一輛車裡。刺客是從南方派來的,可能是蔣先生,也可能是戴笠派去的,我不確定。山本榮治用自己的身體保護了王克敏,為此而喪生,王克敏安全脫身。山本榮治實踐了他的武士道精神。

像他那樣的人為了事業而置自己的生命於不顧,拿山本榮治和我們革命歷史上有名的浪人做比較的話,我覺得他為王克敏做出的犧牲值得欽佩。他推動王克敏政府的組成,在危急時刻犧牲自己的生命,這表明他是我個人的好朋友,我沒有看錯他。山本榮治的遺孀回到日本後,寫信給崔萬秋,要他告訴我,如果我訪問日本,她會很高興見到我。她想表達對我關心的感激之情。

總的來說,我們同國民黨的戰時關係怎麼樣?還可以。當然在我們心裡的是另一回事。說還可以,是因為國民黨方面負責和我們聯絡的是陳布雷、張羣、陳立夫,還有其他人,他們都很有禮貌。禮貌對於人際關係很重要,雙方從來沒有不禮貌的言行。我不能代表其他人,但我個人的感受確實是如此。

國民黨有沒有給中國青年黨錢?給了,戰爭爆發後,國民黨給我們錢,是因為我們在一起打日本人。國民黨是不是還要求我們在政府和軍隊裡任職的同志退黨?我不記得具體案例,雖然偶然有打壓發生,但總體來說,國民黨的態度還好。

戰時我們的黨員在政府和軍隊裡擔任的最高職位是什麼？國民參政會的席位很重要。政府方面呢？我們有黨員在省政府。很多黨員在劉文輝和其他軍閥的地方政府擔任秘書和專員，透過私人和地方的關係取得政府的職位。國民黨沒有能力，也不能干涉。

　　中央政府的職位呢？沒有重要的。我們有些黨員被給予顧問之類的虛職。軍隊方面呢？有個姓謝的黨員在鄧錫侯手下擔任師長。他現在在大陸是個小商販。

　　戰爭初期，我第二次創辦黨報，就是《新中國日報》，在漢口發行。二十三天之後，我把報紙移交給宋漣波。報紙後來遷到成都繼續發行。有個同志讓我們免費使用他的印刷廠，工作就容易管理一些。

　　審查方面的情況怎樣？我們得把初稿送給國民黨檢查和批准。共產黨的喉舌《新華日報》被密切監視。國民黨在重慶時期很嚴厲，但對我們相對禮貌，因為我們更合作。國民黨審查我們的稿件，確認我們沒有說違反規定的話。

　　國民黨的審查制度沒有效率，審查人員的能力差。我告訴他們，他們是白費力氣，建議他們採用日本在臨時戒嚴令下採用的制度。日本人不阻止發表一整篇文章或者一本書，只是劃掉討厭的詞，用同樣數量的×來取代那些詞，很認真地檢查不能發表的內容。我告訴中國的審查人員，我懷疑他們沒有認真讀。他們懶，經常因為馬虎而錯過敏感的言論，反正有才能的人就不會去做這種工作。

總的來說，我們（比目前在臺灣）享有更多的言論自由，更多的禮遇。我們的政治見解遠不如現在深刻，政府也不那麼害怕。現在他們不能忍受我們在文章中反抗國民黨的壓迫，這是一個重要的區別。不論是過去還是現在，如果不提具體的問題和人物，國民黨的態度就寬容一些。

　　國民黨的報紙批評我們黨嗎？沒有，唯一的例外是丁默邨，[18] 他攻擊過我和我們黨，他跟 CC 派走得很近，後來加入了汪精衛政府。他在重慶的報紙上譴責我們。他為什麼譴責我們？我不記得了。他從國民黨的立場來批評我們，寫得很有趣。

　　我對戰時文學怎麼看？大多數人的精力和才能都用在迫在眉睫的問題，他們的努力不在文學上。戰爭期間生產的文學都是為了宣傳，不過，還是有成功的作品。一個例子是曹禺的戲劇《蛻變》，講的是戰爭期間的一個護士。蔣先生沒看懂這個戲劇，他先是讚賞，後來禁演，說這個戲劇是受共產主義的啟發。而該劇的主題是發動群眾同不正義鬥爭，不一定是共產主義的。

18　丁默邨（1901-1947），又名默村，原名勒生，湖南常德人。1920年就讀於湖南省立第二師範學校，次年加入中共，兩年後脫黨，赴滬改入國民黨，在國民黨中央組織部調查科（中統的前身）任職，開啟職業特工之生涯。1934年，由陳立夫舉薦，任軍統第三處（郵檢處）處長，負責郵電檢查。抗戰爆發後，軍統裁撤第三處，僅保留其少將參議之空銜，被日方收買，投拜日本大本營特務部長土肥原賢二，在上海極司非爾路76號組建特工總部，有「丁屠夫」之稱。歷任汪精衛南京政權的社會部、交通部、浙江省主席等要職。1941年起，充當重慶國民政府在汪精衛陣營的內應，但在1947年7月被處決。

蔣先生邀請我參加在他寓所隔周舉辦的午餐會議。一般有二十個人。由於某種原因，蔣夫人從來不加入我們。我們聽取國外的新聞和觀點，聽取王芃生[19]和陳博生[20]兩位日本專家的報告。餐會是非正式的，從上午11點到下午1點30分或2點左右。大多數人不習慣寧波的烹調，魚腥味太重。我們常常餓著肚子回家，幸虧後來的菜單有些改變。

蔣先生在午餐後詢問我們的意見。我注意到戴季陶從不表明任何觀點，當他被問到時，還拒絕表態。我受不了這個，他怎麼不說出來？

有一天，蔣先生點名常去午餐會的吳貽芳發言。吳貽芳批評了徵兵制，悲歎新兵挨餓受虐。她說，新兵被繩索綁在一起，非常瘦弱，風都吹得倒，怎麼能跟日本人作

---

[19] 王芃生（1893-1946），原名大楨、培楷，字芃生，後以字行，湖南醴陵人。幼時家貧，先入瓷業學堂藝徒班，再投湖南陸軍小學堂，1912年加入新改組的國民黨。1916年留日，四年後負笈日本東京帝國大學經濟學部，對日本朝野書刊搜集甚力。曾任蔣介石總司令部參議、駐日本大使館參事等。1937年5月，準確地推斷日軍將於7月上旬發動華北事變，甚受蔣介石之器重，專司對日情報，被任命為交通部次長，次年改任軍事委員會國際問題研究所主任，對國內外的許多重大事件或作出準確的判斷，或提供可靠的資訊。抗戰勝利不久，即遭蔣介石冷落，因高血壓與心臟病發作而棄世。著有《中日關係之科學研究》、《臺灣交涉真相秘錄》等。

[20] 陳博生（1891-1957），原名溥賢，字明溥，號博生，筆名淵泉，福建閩侯人，早年畢業於早稻田大學經濟系，遊學歐美，1916年前後歸國，任《晨鐘報》編輯、《晨報》主筆，兩度以《晨報》特派員赴日本，觀察巴黎和會前後日本朝野的社會思潮，介紹日本的社會主義思潮與馬克思主義。任《晨報》駐英國特派員，《晨報》社社長、中央通訊社總編輯、《中央日報》（重慶版）社長兼主筆、國民參政會參政員等。抗戰勝利後，代表中央通訊社出席東京灣密蘇里號軍艦上舉行的受降儀式。1949年隨中央通訊社赴臺。

戰,這是常識。徵兵制是我們從南京撤退到漢口時開始實行的,三個兒子必須有一個當兵,後來是三個出兩個,但犧牲的只有窮人,富人可以出錢讓別人代服兵役。我們以為蔣先生對這些情況瞭若指掌,他是軍隊的最高權威,怎麼會不知情?

吳貽芳說完,蔣先生問她,她講的是親眼所見,還是道聽塗說。她回答說,是她聽說的情況。蔣先生指責她作為一個大學校長,不應該隨意談論沒有親眼見到的事情,特別是事關軍紀。吳貽芳臉紅了,她再也沒有出現在蔣先生的午餐會上。

不久之後,蔣先生的小兒子蔣緯國也向他報告了同樣的情況。有個姓程的,[21] 在重慶負責新兵工作,確實囚禁新兵,幾乎每天都有人死於疾病和營養不良。在姓程的那種位置上的人賺了很多錢,政府遷到重慶後,他幾乎每天都舉辦晚宴。起初,我們以為不過是四川人好客,我去了一回,就謝絕後來的邀請。畢竟他哪來那麼多錢!他是怕事情敗露,想討好國民參政會參政員。

蔣先生要他的兒子陪著視察軍營。碰巧一個新兵剛死,屍體還沒有運走。蔣先生對他的所見感到震驚,才意識到吳貽芳說的是實情。正在氣頭上的蔣先生抽了姓程的耳光,命令何應欽處以死刑。你看,蔣先生只信自己的兒子。他真是對這事一無所知。

---

21 指程澤潤(1894-1945),四川隆昌人,何應欽信任的「四大金剛」之一,1937 年始,出任軍政部兵役署署長。

這個事件發生在戰時，大約在我們搬去重慶兩年之後。難怪那麼多人對抗戰的未來持悲觀態度，汪精衛不是例外。我們沒有力量抵抗日本人。日本軍隊強大、紀律嚴明、組織嚴密。就算我們以十當一，都贏不了。

　　我們黨和國社黨的關係如何？我們的關係很好，因為張君勱和我是好朋友。另一個原因是，國社黨在重慶沒有幾個成員。張先生不在重慶的時候，他們的消息就沒有我靈通。在重要問題上，政府往往會忽略他們。因此，我是一個消息來源。當然，張君勱自己和政府關係緊密，政府官員甚至跟他討論機密。

　　有一天，張君勱要啟程赴美，他告訴蔣先生，在國社黨的事務上，可以把我當作他的代表。我不同意，我不知道我如何能代表國社黨。張君勱說沒關係。他說過這是因為國社黨在重慶沒有幾個黨員嗎？不是，原因是他信任我，他對我很好。事實是，國社黨沒有很多人有能力處理跟政府的聯絡事務。

　　因此，有一段時間，我代表兩個黨。我出席了國社黨的會議嗎？沒有。當張君勱告訴蔣先生我是他的代表時，他只是在進行「浪漫」的交談而已。他是在吃飯的時候說的，還沒有得到他黨的批准。當有實際問題出現，又需要我說明的時候，我幫助國社黨。

　　我們的親密關係是因為兩黨的政策相近嗎？是的，我們團結一致，特別是對於國共兩黨的政策方面，我們之間從未有過衝突。但我們未能合併。他們的人要張君勱做領

袖,我們要曾琦。很多人認為張君勱資歷深、學問好,應該做領袖。但曾琦做領袖的意願很強,無法退而求其次。因此,雖然討論過多次,我們都沒有能合併。不過,個人的角度雖然重要,但只是眾多問題中的一個。

我們討論合併是正式還是非正式的?兩者都有。譬如,當我和張君勱討論這個問題的時候,算是正式的。我們向各自的黨彙報過。兩個代表各自組織的人,討論是正式的。張君勱被認為是國社黨的代表,曾琦和我被認為是青年黨的代表,這是很自然的。

也許不應該強調正式還是非正式討論的區別。合併的問題在任何時候都可能被討論。兩黨都有財務困難,保持兩個獨立的黨顯然是不划算的。在出版期刊、確定國民參政會會上的謀略時,合作的需求也是顯而易見。關於合併問題的討論在什麼時候最頻繁?在重慶,特別是在中國民主政團同盟建立之後。合併的問題在臺灣也被討論過,但毫無進展。

一個很大的弱點是我們沒有把合併作為目標。如果我們當時達到暫時的合作與聯合,那好像沒有問題。再說,當我負責青年黨的時候,兩黨不存在衝突。我們有不同意見嗎?有關兩個黨的問題限於幾個大議題,我們的態度一致。這些問題,譬如聯合抗日、透過建立代表機構加強民主、對共產黨聯合行動,都不會有不同的意見。大的國家議題很少會引起衝突。我不討論,也不想聽那些無關緊要的事情,譬如在國民參政會或者國民大會給我們黨多爭幾

個席位。這就是為什麼我負責黨務的時候，沒有什麼衝突。張君勱跟我的態度一樣。據說陳獨秀（1942年）去世時，用誇讚的口吻談到張君勱和我，他說我們本來應該多發聲。

曾琦的態度如何？他的黨派觀念很強，他比較容易引起誤解。他從來不會讓自己偏離黨的立場。對我來說，時不時做點小的讓步沒有關係。我的印象是共產黨不喜歡跟曾琦談話，因為他拒絕討論或者辯論任何事情。國民黨的態度怎樣？國民黨發現他很難說話。他不太靈活，只談具體的條件。譬如，他制定了我們黨（在戰後）參加政府的條件。

我在重慶是不是跟蘇聯大使館有過聯繫？我在重慶多次見過蘇聯大使館的一秘費德林。他現在是蘇聯駐日本大使，他的中文講得不錯。

蘇聯大使館經常邀請我們吃飯、看電影和參加其他宣傳活動。客人的背景各不相同，包括我們黨和國社黨的成員，跟黃炎培、梁漱溟、宋慶齡關係密切的人，以及無黨派人士。我們被分成談話小組，每個小組都有一個大使館的工作人員參加。所有俄國人的國語都說得好。顯然，他們是有大計畫的，他們的外交官員訓練有素。娛樂活動的規模很大，配備從蘇俄進口的伏特加。大使館在中國花了很多錢，俄國人也知道怎樣用共產黨來執行他們的計畫。

蘇聯大使館和武官處的工作人員比美國大使館的工作人員要多，俄國人盡了很大的努力。美國人對中國的事務

不太關心。我跟美國大使館有聯繫嗎？起初沒有來往。美國大使館的態度冷淡，直到戰爭快要結束時，才有所行動。美國人動得太晚。

自從赫爾利（1944年9月）到達中國之後，我們跟美國人聯繫很多。那時他們變得很積極，一直到馬歇爾的任務結束。不過，他們的方法是不是對的，值得懷疑。

我跟英國人有聯繫嗎？五個英國國會議員在珍珠港事件之後訪問了重慶。我們在英國大使館人員的陪同下和他們見面，就共產黨的問題談了很久。周恩來在場，說著不流利的英文。我和其他大使館有聯繫嗎？沒有。

我在戰時重慶跟很多人熟悉起來，譬如，陳銘樞和我們關係密切。他與政府合作，但蔣先生不重視他。他喜歡書法、寫詩，擺出一幅文人的派頭。他自視甚高，實際上很普通，他的軍事能力確實有限。他當然不如蔡廷鍇、蔣光鼐和翁照垣。

沈曼若住在重慶的一間廟裡，無所事事。我感覺他透過陳家兄弟，從黨那裡拿了些錢，但比起他以前從蔣先生那裡得到的不值一提。我偶爾見見他，因為我喜歡聰明人，我們終究漸行漸遠。他現在在大陸，我猜想他肯定想愚弄毛澤東，但我知道毛澤東不太可能信任他那樣的人。但老實說，他曾經在政治上有人脈，在促成我和蔣先生見面，以及中國青年黨與國民黨的合作方面，起了重要的作用。

第八章　第一屆國民參政會（1938-1941）

國民參政會（1938年7月7日在漢口）召開。參政員們精神飽滿，士氣高漲。蔣先生沒有偏見，對其他黨派也沒有戒備心。

汪精衛是國民參政會的發言人。我們有很多接觸他的機會。他敏捷能幹，善於應付國民黨外的人士。雖然他可能會攻擊別人，但他本人總是很親切，可以讓麻雀在他的手上吃東西。

我用一個故事來說。汪精衛的一個追隨者找他求職，汪沒有理他。朋友告訴汪，那人要見他，而且要大鬧一場。汪知道他可能會遇到麻煩，就做了準備，找到那個人以前的電話號碼。當他到達時，汪熱情地打招呼，問他是不是還用那個電話號碼，這讓那人相信汪精衛沒有忘記他。汪精衛很照顧自己人，當然不是每個人都滿意。

國民參政會由二百位成員組成。中國青年黨有七名代表（曾琦、李璜、陳啟天、余家菊、常乃悳、喻維華[1]

1　《鄧穎超文集》也提到來自青年黨的女性國民參政員有喻維華。

和我自己）。同樣地，國社黨和中國共產黨也有七名代表。所以大約二十名代表來自三個非國民黨的（主要）黨派。第三黨的領導人章伯鈞也是參政員。

我們是以黨派代表而不是以個人名義被邀請的嗎？是的，確實如此。政府在多大程度上諮詢過我們關於參政員的身分問題？政府問我們，如果召集會議的話，誰願意參加，但並沒有正式問我們，很有禮貌，說我們可以選派七名黨員。對共產黨和國社黨也是以同樣的方式接觸的。但參政員需要國民黨批准──這是國民黨的選舉理念。

在促成國民參政會成立的討論中，誰代表國民黨？陳布雷、張羣，後來是吳鐵城，我們對他們的印象挺好。他們好像對整個局勢都很關心，對我們的感受很在意，好像急於避免挑起我們的負面反應。陳布雷和吳鐵城樂意承擔責任，可張羣不是。汪精衛在討論中扮演了重要角色嗎？沒有。籌備階段的很多討論是在蔣先生和我之間進行的。不過，汪精衛贊成參政會的成立。

國民參政會中有一部分非黨派成員，這部分人被稱為「社會賢達」（傑出的社會領袖），這個詞是張羣創造的。作為四川人，張羣的口才很好。至於這些人是不是真的有德行（賢）和智慧（達），那就是另一回事了！他們構成了非國民黨參政員中最大的群體。

國民黨是不是並不指望國民參政會中某些社會賢達的支持？戰爭的早期，在我看來，沒有人支持或者阻撓國民黨。我們團結一致，把抗戰放在首要位置。注意力集中在

問題上，而不是在個人上。當然，孔祥熙和宋子文受到嚴厲的批評，但重點在議題上。我們對蔣先生的態度很好。

　　非國民黨的黨派成員有些也屬於參政會的社會賢達。譬如，江庸是國社黨的成員，但在國民黨眼裡，他是社會賢達。這是由於國民黨不清楚（其他）政黨的成員身分。我不知道共產黨的情況，但我知道這發生在我們黨和國社黨身上。你要更多的例子？有個四川人以教育家的身分加入國民參政會，其實他是我們的同志。楊叔明是個例子，因為國民黨不知道他屬於哪個黨派。我們這個黨團的會議有九個人參加，除了六名已知的本黨成員外，還有三個人。

　　我說六個而不是七個黨員，是因為喻維華被殺害了。這是個影響深遠的悲劇。因為她是黨員，中國青年黨很自然受到影響。但國民黨牽涉其中。因為參政會剛剛召開，這個悲劇就變得更加嚴重。這是中國婦女第一次正式參政。

　　喻維華（喻德權）是我黨來自四川三姊妹中的老二。喻孝權是老大，喻忠權是最小的。三人都能幹，尤其是喻維華，她勇敢地為黨工作，但在私人生活中，她太漫不經心，經常與丈夫有矛盾。她丈夫是廣東人，名叫陳經國，是曾琦的學生。他們的問題曾被通報到青年黨領導人那裡，但仍徒勞無功。

　　喻維華與兩位重要的國民黨員關係密切，一位是立法院成員，另一位是市長。我說過，做參政員需要國民黨通過，喻維華的朋友大概幫了她。作為參政員，她的社交生

活很活躍。女參政員很新奇，使她的丈夫不無理由地懷疑她不忠。有一天，他帶回一個像殺手一樣的人，大概是這個傢伙殺死她。不久，我就看到了她——可怕的一幕。

陳經國被逮捕，但他的同謀跑了。在進行審判之前，我們必須撤離武漢。當這個案子的報告被提交給國民參政會時，發言人汪精衛制止了，因為案件涉及兩位國民黨的高官，但他們的涉案是公開的秘密。

我們認為這個事件是雙重悲劇，因為喻維華和她丈夫都很能幹。戴笠後來讓陳經國加入軍統來換取他的自由。陳經國為軍統工作，但從來沒有給我們黨帶來危害。後來他終止了與特務的聯繫，還是我黨的成員。他改名換姓，在香港聯合書院教書。

我們黨在每次參政會會議之後開會嗎？是的。共產黨也一樣。分組會議是如何主持的？曾琦是主持人。形式簡單：我們幾個人在他家吃飯。曾琦出席了漢口的會議，但缺席了大多數的重慶會議。我定期參加兩個城市的會議。

黨團會議上的決定是不是獲得一致的遵守？當然是。在國民參政會的會議上，黨的紀律被違反過嗎？從來沒有。有兩個原因：一、我們是國家主義的政黨。我們的國家正在戰爭中，我們強調精神上的團結來對抗敵人。二、我們提出的決議從來都不是極端的。我們從來沒有試圖挑釁國民黨，或跟它爭奪政治權力。因此，沒有機會製造激烈的衝突。在我的印象裡，我黨從來沒有在任何議題或決議上有分歧。我不知道國社黨內的情況。中共當然維持絕

對一致。

我們的參政員都是黨的常委嗎？是的。在重要議題上，我們和國社黨的參政員召開聯席會議。聯席會議經常召開嗎？不。每當看上去有必要討論事關兩黨的問題時，我們才開會。譬如，我們交換對共產黨的看法。那時我們不覺得國民黨是個需要聯合做出決定的問題。張君勱經常缺席國民參政會的會議。

國民參政會在開始時沒有多少權力。它被授權通過有關政府政策的決議，提出建議供政府參考。更重要的是，它被授權質詢政府的部長有關國民參政會決議的執行情形。部長們必須作出書面或者口頭答覆，他們最怕參政會的這個權力。宋子文和孔祥熙就是這樣的。

民眾不滿意蔣先生任用這兩位官員。公平地說，得承認他們並不比臺灣的現任官員群體壞。我的好友黃宇人，最激烈地批評他們，他的綽號是「黃大砲」。黃宇人在戰爭早期身居要職，任四川省黨部主任委員，[2] 蔣先生支持他擔任國民黨中執委。

---

2 此處屬於英文稿之誤，應為貴州省。黃宇人乃黔籍，出任過國民黨貴州省黨部主任委員，但不可能擔任四川省黨部主任委員。黃宇人（1905-1996），原名敬、俊，貴州黔西人。中學期間投奔廣州黃埔軍校，1926年10月畢業，在團長陳誠麾下任連指導員，轉入陳果夫主持的國民黨中央組織部，任普通組織科指導股任幹事與總幹事。1933年公派倫敦大學經濟政治學院深造，七七事變後回國，任軍委會第六部下屬留日學生訓育組副組長、第一至四屆國民參政員、國民黨貴州省黨部主任委員，國民黨第六屆中常委、立法委員。1949年留港，加入顧孟餘、童冠賢領銜的自由民主大同盟，為獨立論壇督印人，化名黃如延，反共抗俄聯合陣線二十五人核心之一。1958年與左舜生等合作，任《聯合評論》督印人。

作為國民參政會的重要成員,黃宇人每次說話都能引起密切關注。他在前面攻擊,傅斯年則在後面。他們是宋子文和孔祥熙最嚴厲的批評者,尤其是黃宇人。傅斯年作為社會賢達參加國民參政會。不知道蔣先生為什麼跟他保持好的關係,後來讓他出任國立臺灣大學校長,我覺得事出有因。傅斯年雖然直言不諱,但對蔣先生個人很忠誠。我想知道他是不是真國民黨員,我還想知道他和黃宇人攻擊宋子文和孔祥熙,如果不是蔣先生秘密指令的話,是不是得到了蔣先生的默許。

比起我在1935年向蔣先生建議召開會議時設想的組織,國民參政會如何?我的目標沒有那麼高,我當時只是想讓人們為政府貢獻他們的想法,為政府研究問題。我意識到,要建立一個真正代表人民的機構是不可能的,但是這個觀念後來成型了。

陳啟天和我是國民參政會駐會委員。曾琦不在重慶,李璜大部分時間都在成都,這就是為什麼他們不是駐會委員的原因。二十五名駐會委員,在數量上是不是代表了參政會的各個黨團?駐會委員由參政員選舉產生,沒有考慮是不是代表了與會的各個黨團。但(有黨派的參政員)遵照黨總部的指示,他們不能選自己想選的人。

國社黨也有兩個駐會委員,張君勱和江庸。共產黨的代表是董必武和秦邦憲。國民黨的委員中有許孝炎和李中襄,被認為是國民黨在國民參政會的發言人,他們很愛講話。

王世杰,國民參政會秘書長,同時也是駐會委員會秘書長。汪精衛則領導駐會委員會,他定期出席會議,認真而熱情。

駐會委員會跟國防參議會相比如何?駐會委員沒有國防參議員重要。譬如,國民黨的許孝炎和李中襄就遠不如陶希聖和周佛海重要。國民黨沒有意識到駐會委員會的重要性。國民參政會不常開會,駐會委員會定期開會。

儘管駐會委員會可以建言,但不能說它就真的重要。它有一定的責任,譬如檢查參政會決議的執行情況,有權利隨時質詢政府。政府部長由我們邀請還是他們有時自願來作報告?都有可能。關於軍事事務的報告是最常的,關於外交事務和金融的報告也不少。程序是固定的:每次駐會委員會的會議,至少有一名部長來作報告,我們希望聽到報紙上沒有發布的資訊,與會者一般不超過二十人。

我們暢所欲言,尤其是在汪精衛擔任發言人的時候。我們聽取過很多奇怪的事情,譬如女參政員被殺。說起汪精衛,我想起一件事,可以讓我們了解他的心態。

日本人逼近長沙時,湖南省政府主席張治中(1938年11月14日)下令放火燒城。其實,日本人還在兩三百里之外的城陵磯,在岳州〔今岳陽〕附近。我作為湖南人,聽到這事非常憤怒,提議發電報給蔣先生,要求懲罰張治中。我的提議得到其他參政員的支持。張治中怎麼會被委任為一個省的主席呢!他是個惡棍!聽說蔣先生收到我們的電報很不開心。

我的立場得到了汪精衛的全力支持,他狠批焦土政策。我相信這件事反映了他對抗戰前景的心態,同他後來的叛變有關。

這個插曲使得張治中丟了省政府主席的位置,也導致酆悌和其他兩人被處死。[3] 酆悌是蔣先生的愛徒之一,藍衣社的重要人物。蔣先生對他的死極為傷心。

我們湖南人特別喜歡寫對聯,這是我們的特點之一。我們寫了一副對聯來表達對張治中的憎恨,一夜之間流行起來。橫批是「倉皇失措」。上聯第一個字用治,下聯第一個字中,這樣就知道是張治中了。對聯嘲弄他的施政紀錄,寫道:

治績何存,五大政策一把火;
中心安忍,三顆人頭萬古冤。

駐會委員會的會議至少開兩小時,如果有詳細報告,就會開三個小時。孔祥熙和宋子文很少來,經常派次長來作報告。但他們無法躲掉全體會議。

陳誠經常參加駐會委員會的會議。他模仿蔣先生的言談舉止,給我們不好的印象。他喜歡軍事儀式,總是朝發言人鞠躬,說他是聽命於發言人的指示來作報告。

定期來參加參政會的共產黨人是董必武、鄧穎超、林

3　1938 年 11 月 20 日被處決的除了長沙警備司令酆悌,還有警備第二團團長徐昆與長沙市公安局局長文重孚。

祖涵。林雖然大多數時間在延安,但還是來參加會議,還有陳紹禹、秦邦憲和吳玉章,一個留法學生。毛澤東不來開會。我們打趣說,他太重要了,不可能現身。

奇怪的是,周恩來不在裡面。他的夫人鄧穎超愛說話,周恩來怕她,她能言善辯,但虛有其表。吳玉章則從不吭聲。

董必武也不作聲,我從來就看不透那個老頭,他原來是個秀才,和林祖涵、吳玉章一樣,最初是國民黨員。我沒有覺得董必武是個學者或者他黨的鬥士。不過,他從未在共產黨通過的任何立場上退縮過。

早在 1922 年前後,我不知道林祖涵是共產黨員。我以為他很有學問,也很會讀書,專業是經濟和金融。我的總體印象是,他是個學者。在國民參政會的會議上,我才發現他是共產黨的重要鬥士。

我個人認為,陳紹禹是武漢時期最活躍的共產黨人,不過沒有什麼證據。他的位置高過周恩來。他是國民參政會共產黨代表團的領導者,周恩來忍受不了這個。陳紹禹作為黨的發言人能言善辯,很有效率。他的俄語很好。周恩來不會講俄語,英語水準有限,法語更差。儘管陳紹禹的言辭有共產主義色彩,他的舉止和表情讓我想起汪精衛。有時他說話很堅決,讓人不舒服。

陳紹禹的賣弄也許跟他與毛澤東之間的緊張有關。他被調回延安後的活動蒙著神秘的面紗,甚至失去自由。我們在重慶只聽說他病了。國民黨駐延安的軍事聯絡員告訴

我們，毛對他有敵意。

我應該如何解釋我所認為的，陳紹禹在武漢的重要地位和他的倒臺呢？這是個有意思的問題。雖然蘇俄沒有能力幫我們多少，特別是當她自己在戰爭中陷入困境以後，但蘇聯大使館從未減少對中國事務的關注，它繼續在一定程度上指導著中國共產黨。我覺得陳紹禹倒臺的原因在於中國共產黨領導人之間的關係。

我記得共產黨給國民參政會提交的議案很少。他們讓相對同情他們的人為他們提交議案，譬如羅隆基、章伯鈞、沈鈞儒、張申府和史良，然後他們會表示支持。如果我們相信決議有利於抗戰，也會支持。我們支持所有合理的、必要的決議，不管是不是有共產黨的支持。參政會給共產黨表達他們態度的機會，來減輕國共之間的摩擦。但國民黨堅信共產黨無意於抗日，一心只想擴大自己的地位。

即便是在討論共產黨本身的時候，共產黨的參政員也很少說話。董必武和秦邦憲不出聲，很奇怪。我想原因是重慶有一個由周恩來領導的共產黨辦事處，跟國民黨就重大問題直接接觸，這些問題沒有提到參政會上。共產黨認為參政會上的問題太普通，對他們的黨無關緊要。

儘管共產黨辦事處離中國青年黨集會的地點很遠，我們中間還是有很多聯繫。共產黨辦事處在曾家岩五十號，離蔣先生的寓所不遠。那是個殘破的建築。我不能理解國民黨為什麼給他們這麼糟糕的地方。戴笠的特務駐守在狹

窄的巷口。有時我們在他們的辦事處見面。有時他們來我們這邊。

周恩來、董必武、秦邦憲定居重慶，其他共產黨員則搬來搬去。我們和誰聯繫最多？周恩來，他很靈活。但因為他很忙，董必武有時就代表中共，但他從來沒跟我們單獨會面，沈鈞儒總是陪著他來見我。

有一次我問周恩來，四川有多少共產黨員。他不告訴我確切的數字，也許他自己也不知道。但他告訴我，有些人已經被「掩藏」了。我問到他們在龍雲的雲南省政治活動時，他告訴我，他們在雲南一直有代表。周恩來是唯一叫毛澤東為「老毛」而不是毛主席的共產黨人，董必武、秦邦憲和林祖涵都叫毛主席。他似乎看不起毛澤東，覺得他是個鄉下人。

別的黨團成員，譬如國社黨，加入了我們與共產黨的聯繫了嗎？張君勱很少加入這種聯繫。實際上，他的黨在重慶成員很少。

沈鈞儒代表救國會，這是一個團體，而不是黨派，重要成員被提名參加第一屆參政會，包括史良、沙千里、王造時和陶行知。

沈鈞儒原來是進士，他是被抓的七位救國會領導人之一。他喜歡主持參政會的會議，就像他早期喜歡主持上海的中社。[4]我們在參政會會議上對他的印象倒是不壞。儘

4　沈譜、沈人驊編著的《沈鈞儒年譜》云：1932年「2月中旬，與褚輔成、李時蕊、殷汝驪、俞寰承、李文杰、俞鐘駱等發起組織『上

管我們現在反對他,他仍是可敬的老紳士。他熱情洋溢,從早到晚總是在奔波,參加會議,與人見面,從不疲倦。他彬彬有禮、和藹可親。在重慶,我幾乎每週都和他見面。他住在一個山頂上,雖然七十多歲,身體很好,天天打太極拳。他是個好人,青年黨請他幫忙的時候,他總是很樂意盡己所能。雖然他叫自己是國民黨,他也為共產黨做了許多事。這就是為什麼國民黨不喜歡他。因為國民黨過分打壓他,共產黨就把他拉到自己這邊來了。

國民參政會上的另一個團體是職業教育社,由黃炎培領導,一位大約七十歲的老紳士。他很注意衛生,他的妻子把他照顧得很好。我仍然可以浮現那個情景:她在重慶郊外的家門口等他,扶他下車。我在重慶經常和他在一起。

我太了解他了。我在上海待的二十年,他也在,當然他是我的前輩。他原來是個舉人,江蘇浦東人,年輕的時候很活躍。譬如,1898年,他在電報上簽名,抗議慈禧太后廢黜光緒皇帝。有一千多人在電報上簽了名,其中有蔡元培和經元善。

江蘇在清末和民國初年出了很多有才幹的人。黃炎培是其中一個。他比張謇和趙鳳昌在事業上開始得稍晚,認

海各團體救國聯合會』。經常在張謇如所屬產業靜安別墅內『中社』俱樂部集會。主要活動為募款支持抗戰,建議上海市房地產主各捐贈一個月租金移充抗日軍費。惜最後未能成功。」(北京:群言出版社,2013,頁113)

為自己的地位首先得益於與老一代的親密關係，譬如張謇和趙鳳昌，其次是他和軍閥的關係。在民國時期，他和所有的軍閥都有關係——李純、馮國璋、齊燮元、孫傳芳。黃炎培利用這些關係，軍閥也聽他的。那個年代裡的軍閥比現在優越。現在的軍閥是指誰？蔣先生，他打倒了所有的軍閥，自己成了一個大軍閥。老軍閥願意捐資辦學。特別是齊燮元和孫傳芳。黃炎培跟他們保持密切的關係，目的是為推動他的職業教育社，他的「司令部」。後來他在南京政府高等師範扮演重要角色。毫無疑問，他是個有才能、有效率的人。

黃炎培同杜月笙、史量才的關係密切。杜月笙在上海市政府臨時參議會做議長時，史量才是副議長。後來，史量才做議長，黃炎培是秘書長，實際負責的職位。黃炎培和杜月笙有財務和工作上的關係。史量才、杜月笙和錢新之[5]給了黃炎培最大的資助。

史量才很能幹。他是上海市政府臨時參議會議長，身居要職。上海是一個重要的城市，是國家的經濟和金融中心，政府不會完全不顧上海公共組織的看法。除此之外，

---

5 錢永銘（1885-1958），字新之，以字行，晚號北監老人，浙江吳興人。曾以官費就讀日本神戶高等商業學校，學習財經與銀行學。歷任交通銀行上海分行副經理、經理，上海銀行公會會長，鹽業、金城、中南、大陸四行儲蓄會副主任、四行聯合準備庫主任，國民政府財政部次長、交通銀行常務董事、中興煤礦公司總經理，中興輪船公司董事長、交通銀行董事長兼總經理、金城銀行董事長、美金公債勸募委員會主任委員、復興航業公司董事長。1949 年赴港，後定居臺灣。

史量才還掌握著有力的《申報》（他是經理和老闆），這份上海具有政治色彩的主流報紙。另一份主流報紙《新聞報》則完全沒有政治色彩。史量才有許多有影響力的朋友。

黃炎培從日本、美國和中國各地為《申報》寫遊記。雖然他的文章沒有很高的文學性，但條理分明且有趣。

他和陳光甫關係密切，陳信任他。中國旅行社發行旅行支票時，第一張支票是黃炎培以旅行通訊員的身分簽的名，由陳光甫（中國旅行社和上海商業儲蓄銀行的創始人）把支票遞進銀行的窗口。我是上海商業儲蓄銀行的仰慕者，我近三十位朋友出國留學時，銀行替他們做安排，管理得很好。

簡而言之，黃炎培處世有方。社會需要像他這樣的人。他曾說「一路通」（一通百通），這是他的人生哲學。他的主要弱點是有毫無徵兆就完全改變的傾向，在關鍵時刻放棄，害怕給工作帶來損害。可以舉個例子來說明他缺乏勇氣，我想告訴你他對史量才（在 1934 年）被暗殺的反應，他整個晚上都睡不著。他的一個朋友告訴我，他整夜在房間裡踱步，害怕國民黨會進一步打壓與史量才有關係的人。我們都知道他和史量才的關係密切，是《申報》的重要人物。毫無疑問，暗殺對他的打擊很大。

問題是《申報》怎麼辦？黃炎培想到一個主意，邀請杜月笙來當《申報》的總經理，杜月笙先前是個水果商人，可以辦報嗎？動機很明顯。黃炎培想保護《申報》不

受國民黨的打壓。國民黨可以對史量才採取行動，但他們不會動杜月笙。

這就是黃炎培其人。他有三個主要的副手：冷禦秋、[6] 江問漁[7]和楊衛玉。[8] 冷禦秋在日本學軍事科學，是三人中最好的。黃炎培四處旅行時，他們就管理職業教育社。三個人都是國民參政員。黃炎培在參政會裡很積極，他們都是很有才能的人。現在沒有多少人像他們那樣，生活簡樸，拿到的錢都用在工作上。黃炎培跟他的少妻結婚後，穿得吃得好一點，也請客。但其他人還是很節儉。我覺得這是個重要的品性。

社會賢達中的張一麐（張仲仁）[9]使我印象深刻。他

6　即冷遹（1882-1959），字禦秋。江蘇鎮江人。參加過辛亥革命、護國運動與護法戰爭，1916年與黃炎培等創辦中華職業教育社，任理事，漸次從文辦學。曾任山東省民政廳長、國民參政會參政員，中國民主政團同盟常委。與黃炎培等創建民主建國會，任常務理事與常務監事。1949年後，任江蘇省人民政府副主席、江蘇省政協副主席等。

7　江問漁（1885-1961），名恒源，字問漁，號蘊愚，以字行，江蘇灌雲人。十六歲考中秀才，十九歲入省立師範學堂，留校任教。後來考入北京大學，在京任教，兼《申報》記者。曾任蘇、豫兩省教育廳長。受黃炎培電約，任上海中華職業教育社辦事主任，在中央大學主講職業教育主題。1949年後，任中華職業學校校長，兼全國政協第一、二屆委員。著有《倫理學概論》與《中國先哲人性論》。

8　楊衛玉（1888-1956），字鄂聯，上海嘉定人，畢業於上海理科專修學校與上海尚賢堂書院。心態樂觀，擅長周旋。曾任江蘇省第二女子師範學校附屬小學主事、蘇州女子職業學校主事等。1921年應黃炎培之邀，參加中華職業教育社，先後任辦事部副主任、總幹事與副理事長，《國訊》主編，《展望》編輯部主任，兼任上海大夏大學等校教授，與黃炎培等組織民主建國會。1949年後，任第二屆全國政協委員、輕工業部副部長。

9　張一麐（1867-1943），字仲仁，號公紱，蘇州吳縣人。清末舉人，曾入袁世凱幕府。武昌起義後，在蘇州勸說蘇撫程德全宣佈獨立。

是江蘇人，袁世凱手下的重要人物。他的職位很重要，是機要局的頭子。他的正義感很強，後來反對袁世凱稱帝的密謀。我們很高興國民參政會裡有他，當時他快七十歲了。

還有一個有名的湖南教育家胡子靖。他是黃興的朋友，為革命做出過重要且有價值的貢獻。他是明德中學的校長，廣為人知，備受推崇。我作為一個湖南人，年輕時就崇拜他。我們很高興他也在國民參政會。這些先生是我們的長者。我們非常敬重他們，他們提議和附議時，我們都非常關注。

我應該提到另外兩個老先生，羅文榦和馬君武。羅文榦是國社黨員，但他不是一個「黨人」。他是張君勱的好朋友，他在西南聯大教羅馬法，是很難的課目。他是大學者，值得欽佩。他原來是北京政府王克敏的同事。他告訴我，王是他認識，有能力謀財卻唯一不謀財的中國官員。這證實我對王克敏的印象，山本榮治曾告訴過我關於王克敏的事。羅文榦畢竟沒有理由去維護傀儡政權的頭子。

馬君武是國民黨員，但他也不是一個「黨人」。他是科學作家，在知識分子圈子的地位很高，後來去德國，繼續研究火藥。他翻譯二十多本科學書籍，大多在商務印書

袁世凱為大總統時，歷任總統府秘書長、機要局長、教育總長等職。袁死後，南北分裂，返蘇隱退。抗戰爆發後，除了開設醫院，救護傷兵，收容難民，還與李根源倡設「老子軍」，事雖未成，鼓舞神州。淞滬之戰結束，曾與李根源聯手，將抗日烈士遺骸厚葬於蘇州善人橋，披麻戴孝，隆祭英魂。著有《心太平室詩文鈔》等。

館出版。雖然在黃紹竑第一次主政時，他曾是廣西大學校長，但完全沒有官僚作風，看起來總是像個窮學者。這位老先生是早期的回國學生，但完全沒有外國做風。他說話時，整個禮堂都全神貫注。

我還想提一下褚輔成。他是浙江人，不會說官話，我們很難聽懂他講話。他喜歡和馬君武在參政會上爭論，讓人聯想起他們在民初國會裡的辯論。雖然他是國民黨黨員，但看法很客觀，專長議事程序，因為他有國會議員和浙江省參議會議長的經驗，馬上可以察覺到程序的錯誤。他是浙江老鄉沈鈞儒的密友，但褚輔成的位子坐得很穩，國民黨知道他的態度好，不像沈鈞儒總是被國民黨懷疑。國民黨在對待救國會的人時不夠聰明，它認為救國會的人不忠誠，還會通共。今天的國民黨甚至不信任雷震，國民參政會的副秘書長。他做的會議紀錄特別詳盡。

除了我們黨的喻維華和共產黨的鄧穎超，（非國民黨的）女性參政員有國社黨的張肖梅[10]和救國會的史良。黃炎培和梁漱溟的團體裡則沒有女性成員。

譚慕愚是參政會最能幹的女參議員。她有常識，有口才，中文好。她以前是我們黨中央執行委員會的成員，後來離開我們，加入國民黨，她是內政部一個部門的頭頭。

---

10 張肖梅（1906-2000），字如冰，生於浙江鎮海富人之家，先後就讀於南京金陵女子大學、美國芝加哥大學，獲倫敦政治經濟學院博士。回國後，中央銀行副總裁張嘉璈聘為研究部主任，且出面做媒，介紹時任對外貿易局代理局長的胞弟嘉鑄與之相識，乃至成婚。張氏夫婦輾轉於上海、日本、巴西聖保羅，定居舊金山以終老。

國民黨要求相對高階的政府官員都是國民黨員。

譚慕愚之後,來了吳貽芳,她是參政會七人主席團之一,開會時令人印象深刻,非常公正,給每個人說話的機會。她邏輯性強,負責任,是位能幹的女士。

史良是位胖女人,我們常稱她史大姐,我常在重慶看到她。她當時嫁給一位年輕男士,沒有真正的政治信念,只是跟隨沈鈞儒。她和蔣夫人關係密切,活躍在婦女協會中,給我的印象不壞。

我認識劉清揚的時候,她是北京國民大學的學生。張國燾那時曾追求她。她和張申府在法國一起念書。我們叫她劉大姐,是個壞脾氣的女人,經常和丈夫吵架。但她能言善辯,遠遠超過史良。這些是參政會有名的女性參政員。

參政會裡共有大約二十位女士。這是民國建國以來,婦女第一次正式參與政治。以前,婦女加入政黨,但她們不正式地參與政治。我們比日本人開明,日本的國會裡是最近才有女性。我認為就婦女參政而言,共產黨比國民黨要保守。

我們黨在第一屆國民參政會提過重要的決議嗎?我們黨提出過關於組織省、縣、市參政會的決議(1938年7月第一次會議、1939年2月第二次會議)。我們強調地方機關,因為我們相信在全國範圍內建立代議制政府為時過早。這些決議是曾琦提出的,獲得大多數通過。它們代表了不止一個政黨的觀點。我相信它們是我們黨的重要貢

獻。甚至在今天,臺灣所謂民意機關也是以我們的決議而不是憲法為藍本。它們的權利和特權沒有超過我們的決議的綱領,權力很少,未能發揮應有的作用。

國民參政會起初幾年有良好的成果,權威漸漸擴展,(第二屆國民參政會在1941年3月1日召開),獲得調查權。參政會現在可以指派視察組來調查政府機構,檢查他們的文件,調查實際情況。譬如,參政會的軍風紀巡查團關於人民對軍隊表現的反應,在前線做了實地調查。巡查團成員梁上棟在敵人的轟炸中失去一隻手臂。

在地人民可以比政府的調查工作做得更好。參政會組織了收糧小組,由李璜領頭,成員包括像張瀾這樣的四川老先生。四川人能夠更有效率地做這個任務。

不幸的是,政府把一些聲望很高而且勇於闡述政治觀點的人從第二屆和第三屆國民參政會中清除出去,這就降低了國民參政會在人民心目中的地位。如果政府沒有改變政策,讓國民參政會像它初期那樣發展的話,民主在中國也許會有希望。

第九章　中國民主政團同盟（1941-1944）／中國民主同盟（1945-）[1]

　　總體來說，第一屆國民參政會令人滿意，但不知道是什麼原因，國民黨決定減少來自救國會的參政員，包括章伯鈞、張申府，我想還有史良。國民黨事先沒有告訴我們這個決定。國民參政會畢竟是一個正式的機構，但驅逐這些人，基本上牽涉到國民黨與共產黨的關係問題，因為大多數救國會成員親共。這件事情實際上是對共產黨的警告，標誌著國共分裂的第一階段。國民黨這樣做很不明智，應該把這些人爭取過來，而不是讓他們投靠共產黨，至少應該誘導他們保持中立。

　　黃炎培、張君勱、梁漱溟和我在張君勱暫住的張嘉璈

1　英文稿標示的時間為「中國民主同盟（1941-1945）」，當屬筆誤。「中國民主政團同盟」與「中國民主同盟」是兩個既有聯繫又有區別的概念，「中國民主同盟」屬於另一個新階段，故此處將「中國民主同盟」的時間起點標為「1945」。

家裡談了談,張嘉璈沒有加入我們。我想是黃炎培安排我們見的面。我們都認為,國民黨的作法非常令人遺憾,因此討論在國民黨之外組織一個黨團協會的必要性。在1941年成立的這個組織叫「中國民主政團同盟」。

中國民主政團同盟是一個象徵,就是抗議把救國會成員驅逐出國民參政會。我們希望同盟作為國共之間的緩衝存在,但我們不知道願望會不會實現。實際上,在那個階段,並沒有辦法真正地討論緩衝作用。我們知道救國會的人可以接近我們,因此,我們可以更好地瞭解關於共產黨的資訊。但我們也意識到,共產黨也有可能會利用這些人來達到他們的目的。

梁漱溟說,1941年1月的新四軍事件之後,同盟在1939年秋成立的統一建國同志會基礎上重建,上面提到過的四位領導人會議發生在1940年12月24日,決定重組統一建國同志會。1941年2月,在新四軍事件之後調解國共關係的努力進程中,同盟應運而生。我怎麼評論這個被普遍接受的觀點?[2]

我對統一建國同志會沒有什麼印象,我沒有參與其中,中國青年黨也沒有。我與梁漱溟的密切聯繫可以追溯到中國民主政團同盟形成的時候。新四軍事件使得同盟更加必要。直到現在,我都不知道內情。我仍然不明白國民黨為什麼要解散新四軍。這個事件是兩個政黨之間的戲劇

---

2 〔原註〕黃承勳編,《梁漱溟先生近年言論集》(成都:龍山書局,1949),頁1、37、70-71。

性事例，表明國民黨堅信武力可以解決問題。國民黨還認為是自己成功地處理了新四軍，對此沾沾自喜。

新四軍事件證明，國共團結貫徹到底是不可能的，分裂不可避免。我覺得這兩個黨應該對最終的分裂各負一半責任。我看到周恩來聽到新四軍事件時就哭了。蔣先生當時的態度確實可以讓人哭一場。

在這個事件以後，國民參政會駐會委員會經常聽取軍事報告，特別是強烈反共的軍政部部長何應欽報告。他歷數共產黨在前線和後方製造動亂以及攻擊政府軍的事例，彙報大小事件，我們很難判斷這些資訊是不是真的。我們有沒有要求出示證據？他當然說他的資訊是根據軍方特務的報告，我們無法判斷可信度，他認為是可信的。

同盟的創建者是黃炎培、張君勱、梁漱溟、章伯鈞、羅隆基和我。章伯鈞和羅隆基雖然沒有參加第一次會議，也被認為是創建人。他們對同盟最為熱心。

黃炎培是我們的第一任主席，我是秘書長，這個組織其實還不是真正意義上的組織，也就是一群人經常見面交換意見而已。黃炎培是同盟的最熱心的成員，總是能巧妙地籌錢，幾個月就募了一千塊。這些錢用來付電報、交通、娛樂的費用。其他人也捐了款。但同盟不需要很多錢。

我起草了同盟宣言，解釋我們的目的。同盟章程的起草由黃炎培和梁漱溟負責，黃是這類事情的專家。兩三天後，章程和宣言付諸審閱。黃炎培還拍著我的背說：「我沒有什麼要加的了，你是一個『成熟的年輕人』！」我

們沒有想過要把同盟做成政治鬥爭的機構，只想建立聯盟來勸阻國民黨走上反民主的道路。

梁漱溟把宣言和章程給蔣先生和陳立夫看了。我們想讓國民黨特別是蔣先生明白，我們沒有在抗戰進行中破壞國家團結的意圖。我想讓蔣先生知道，沒有必要害怕同盟，同盟對國民黨沒有害處，我們對蔣先生沒有任何惡意。事實上，我們可以為抗戰服務。我們特別想讓蔣先生知道，將來同盟擴展是符合國民黨的利益。我們想阻止國共之間的直接衝突。我們的根本目標就是維持團結，直到抗戰勝利。

梁漱溟直接跟蔣先生談話，他也常常和陳立夫談話。他們不能接受我們的觀點，陳家兄弟有優越感，他們覺得，如果要在抗戰中支持政府，就要和國民黨合作，至少支持領袖，不需要在手裡另外舉起一面旗子。他們對其他黨派參與政治事務採取頑固的態度。我跟陳立夫談到這些問題的時候，他則漠不關心。

兩兄弟中，哪個的態度比較強烈？我看不出來。陳果夫不出面，他掌控著（軍事委員會委員長侍從室的）人事科，[3] 非常能幹，把中央政治學校管理得很好。他還組建了中央國醫館，我去參觀過，工作值得稱道。中國的老學者們，譬如章太炎，對兩件事情感興趣：《易經》和中醫。

---

3 實為負責人事的第三處。

陳立夫是個理想主義者。他管黨務，操縱大權，無疑比陳果夫更有權。如果他做得好，應該得到更多的表揚。反過來，如果他做得不好，應該承擔更大的責任。實際上，陳家兄弟不應該肩負那麼多責任，因為他們的態度代表大多數國民黨人的意見。他們住我隔壁，很親近。在這一點上，我喜歡他們。

我們都知道實情。藍衣社不太關注政治，執行者頭腦簡單，對政治衝突特別是黨內的衝突很容易迷惑不解。CC派很關注這些問題，但陳家兄弟無法理解同盟的功能。梁漱溟和我意識到同盟的存在，來源於我們對發展中國共衝突的恐懼。我們擔心在戰爭中就可能發生分裂，抗戰就會結束。張君勱對此沒有清楚的認識，他是個好人，但很糊塗。

（1941年）夏季的某一天，蔣先生要見我。他派了車來接我，要雷震陪我去見他。我們談了一個多小時，算是長談，面談一般是十到二十分鐘。蔣先生是個留意時間的忙人。

蔣先生看起來有點不安，問起同盟的領導人。我問他有沒有人選。他提到黃炎培。我說，黃是個能幹的管理者。他問起張君勱。我說，張是個中西合璧的學者，是研讀過西方著作的中國學者，儘管他的頭腦中充滿了中國傳統的道德觀念，但他是個熱衷於西方哲學的學生。蔣先生問到曾琦。我說，曾琦是一個舊學的保守學者。最後蔣先生問到梁漱溟。我說，梁漱溟是個熱情、認真、負責任

的人。

　　蔣先生對我的回答不滿意,想讓我談談每個人的長處。我告訴他,黃炎培的長處是執行力。曾琦善於組織,他在巴黎是個窮學生,就已經組織政黨。張君勱的長處是拒絕犧牲原則。我認為,我的觀察到今天還是正確的。當一個人和張君勱認真討論的時候,會覺得他常常不合邏輯,讓他做事,他常常做不成,但他堅持他的原則。最後,談到梁漱溟,我告訴蔣先生,他有行動的勇氣。

　　蔣先生不是很機靈。他說:「所以他們是想組黨啊!」他的態度是,他們沒有資格這樣做。其實,同盟不是一個政黨,只是不同群體的聯合。我特意說出這些話,意在向蔣先生表達我的看法,四個領導人各有長處,可以是一個強有力的組合,當然不可輕視。這說明我確實忠實於蔣先生。我談論我朋友的優缺點時是客觀的,但蔣先生沒有聽懂我的意思。

　　我們從重慶的各個團體中招人。民主政團同盟是由以下組織成員構成的:中國青年黨、國社黨、第三黨、職業教育社、鄉村建設派。同盟中的每個團體由多少人代表?很均衡。約二十位同盟成員中,每個團體由四到五人,最多六人來代表。鄉村建設派是個例外,梁漱溟是唯一的代表。職業教育社的「三位將軍」冷禦秋、楊衛玉和江問漁都是同盟的成員。

　　我應該解釋一下我們的決定——使政團而不是個人成為同盟的組成單位。我們考慮後者的可能性,但決定不採

用,因為我們擔心同盟容易被滲透,共產黨很容易派人以個人身分來參加同盟。我們認為,如果成員為他們各自的組織負責,又為同盟負責的話,同盟就會得到更好的保護。我們認為,這樣做會保持同盟的純潔。

張瀾起初不是以個人身分參加同盟的嗎?[4] 沒錯。我們覺得他代表四川,因為他的人脈廣,原來是個舉人,是曾琦的老朋友。他們都是四川本地人。像沈鈞儒和褚輔成一樣,張瀾喜歡主持會議。我們很喜歡這些老先生。

我們接受個人成員嗎? 張瀾是個例外。他幫我們募款。其他人做同樣事情的可能性有限。張瀾參加同盟後,他介紹一些朋友成為會員。因此,儘管他不屬於組織,我也把這些人看作他的同志。

當會員人數達到一定數量,我們進一步發展了同盟的組織。我們選出幾個成員,四、五個,來負責秘書、聯絡和宣傳工作。只要同盟的成員代表既定的組織,就不需要很多人。

同盟成員是由參與組織挑選的嗎?是的,但難說嚴格遵守規則。青年黨指定幾個人作為代表,他們都是國民參政員。是的,也可以說,青年黨挑選幾個成員,非正式地被確認為同盟內的黨代表。我不清楚國社黨是不是也這麼做了。

為什麼救國會起初不在同盟裡呢?我們對沈鈞儒沒有

---

4 〔原註〕See Ch'ien Tuan-sheng, p. 360.

成見,但我們對張申府和劉清揚這對夫妻印象不佳,他們不能保守秘密。另外,他們喜歡跟共產黨人交往,儘管不見得與共產黨有關係,他們只是想顯得重要、消息靈通。雖然我們的個人關係很好,但我們對他們有戒心。

沈鈞儒和其他人有表示想加入同盟嗎?是的,沈鈞儒、張申府、史良和其他人在同盟剛剛成立時,就想加入。在這件事上,有兩種不同的看法。我贊成他們加入,別人則懷疑他們,因為他們是共產黨同路人,和共產黨的關係太密切了。這件事討論了多久?最多半年,我們最後決定讓他們加入。

我為什麼贊同他們加入?我信任救國會的朋友,他們的原則跟我們區別不大。我不認為他們是共產黨同路人。還有誰贊同他們加入?你知道張君勱是沒有偏見的,他沒有說不。黃炎培相對來講更關心。章伯鈞批評他們,但不反對他們加入。梁漱溟的態度呢?我相信他不是絕對反對他們加入,但覺得有些問題要講清楚。是的,可以說我最熱心地贊同他們加入,沒有理由拒絕他們。

李璜呢?他對這件事沒有意見,他接受我的看法。很多人都那樣。李璜是黨的領袖,不是在思想上,而是因為他工作努力,喜歡接近青年。這很容易理解,任何喜歡接近青年的人,都容易被他們接受為領袖。在我們黨內,他對青年的幫助特別大。那就是為什麼我們黨的青年不論男女,都跟他特別親近。

發生過一件奇怪的事情。張申府和劉清揚加入同盟

後,周恩來對我說,「哎呀!你讓那對夫妻加入你們啊!」聽起來好像他在試圖警告我防著他們。我覺得奇怪的是,共產黨也對他們不滿意。今天還是這樣。張申府只是北京大學圖書館的職員,毛澤東以前的工作!劉清揚做地方婦女運動的工作。據我所知,她從來沒有擔任過重要職務。共產黨不信任不謹慎的人。我記得這對夫妻曾經把共產黨的計畫告訴過我們,共產黨也很快就聽到我們的計畫。他們的政治目的是什麼?沒什麼可說的。他們就是愛說罷了。

考慮過共產黨加入同盟的可能性嗎?共產黨沒有必要加入同盟。不像國民黨,共產黨理解我們的功能是站在兩黨之間。共產黨僅僅在偽裝下加入,後來加入的人數增加。我發現張友漁是共產黨員。我通常看臉就能看出年輕的共產黨員。怎樣看?年輕的共產黨員努力完成他們被交付的任務,展現成果。他很少說話,說話的時候,經常會用辯證的語句來表達。共產黨訓練年輕人很成功,國民黨遠遠落在後面,不能不輸。

1941年10月10日,同盟在中國和海外宣告成立,梁漱溟聲稱當天發表在香港《光明報》上的同盟宣言是他寫的,我怎麼評論?[5] 我們派梁漱溟去香港工作,我起草的宣言沒有發表。

我想解釋黃炎培是如何放棄同盟的主席職務的。國民

---

5 〔原註〕見《梁漱溟先生近年言論集》,頁1、71。

黨對同盟一直不滿意，懷疑同盟追求自己的目標，試圖危害國民黨。救國會的成員加入同盟後，國民黨擔心他們利用同盟，便採用分化的策略。

國民黨透過杜月笙，勸誘黃炎培改變態度。在黃訪問香港時，杜把他勸服了。黃炎培回到重慶的時候，他的態度完全改變。事實上，他在香港的時候態度就變了，在職業教育社的喉舌《國訊》的一篇文章裡，黃宣布脫離同盟。我們的結論是，這是國民黨操縱的結果。黃炎培是同盟主席——他怎麼可以發這樣的聲明！我們極為失望。

我們是不是收到杜月笙在香港會見黃炎培的報告？這是我們得出的結論。他們的關係太近了，無疑會在香港見面。黃一回到重慶，就在同盟的會議上發言。他說：「你們先走，我在後頭賣油條！」他的意思是他的油條跟我們一樣，他還是支持同盟的原則。儘管他把對同盟的責任和參與減到最少，他仍然願意做那種別人可能不太了解的工作。他的三個同伴呢？他們追隨他的領導。

黃炎培覺得我們是小孩。我都四十歲了，他還叫我「成熟的年輕人」。我不反對他跟杜月笙或江蘇軍閥有交往，我知道這是工作需要。但在危急時刻跑掉了，那是另外一回事。他最怕的是他的職業教育社被叫停。

張瀾在黃炎培之後成為同盟主席，同盟的負責人在重慶，我處理張君勱批准的內外活動，再也找不到比他更好、更容易合作的人了。只要別人不打擾他，他就很滿足，重要的是贏得他的信任。但作為一個組織者，他沒有

效率。我是他的助手,我和他在一起的時候,效率就高一些。他不太關心計畫的組織或執行,他善於遵守原則。我非常願意幫助他,因為他是一個好人,我很喜歡他。他總是樂意接受別人的勸告,只要合乎邏輯,又不違背他的原則。

我們有事情討論的時候就見面,一個月至少見一次,有時二或三次。我負責宣傳。我覺得我做得不好,不成功。為什麼?寫文章的人太少了。我編輯同盟的半月刊《民憲》,做了一年。張君勱則承擔撰稿和邀稿的最大責任,他和妻子,從前的王小姐,[6] 比任何人貢獻的文章都多。她以前是福建一所學校的校長,對於一位婦女來說,這是罕見的成就。她是個好女人,聰明,相當不錯的作者。章伯鈞也供稿,他負責組織。

國民參政會開會時,青年黨的成員除了在會前參加本黨會議的討論事項,還參加同盟的會議嗎?是的。我們向黨部報告同盟會議情況。大多數情況下,黨支持同盟的決定。小議題不要緊,至於大議題,我們知道黨會贊成什麼樣的態度和決定。如果我們覺得黨會不同意,我們就暫不同意。總體來說,同盟的決定不大可能引起黨的反對,精神層面沒有衝突。從來就沒有過衝突嗎?我記不起有過衝突。要知道,我們是同盟的重要組成部分,我們知道黨的

---

[6] 即王世瑛(1899-1945),福州人,先後就讀於福建師範學校與北京女子高等師範學校國文專修科。1925年與張君勱完婚,1945年因難產而逝世。

態度。我們在同盟會議發言的時候,會與黨的政策保持一致,衝突的可能性很小,因為我們共同的目標是團結,所有政策都是根據我們的期望來確認,就是避免國共兩黨的分裂和直接衝突,至少要在它們之間調解,減少它們的衝突。

(1941年11月)與民主政團同盟有關係的組織和一些傑出的社會賢達提出決議,反對國民黨的一黨專政(結束訓政、實施憲政、安撫民心,為了抗戰擴大人民力量的決議)。羅隆基是提案人之一。事實上,他是第一個為此發言的。蔣先生恨他。他口才很好,蔣先生絕對不行。

我們獲得了大約八十位參政員的簽名。參政會的總人數只是二百多一點,這就意味著差不多所有非國民黨的成員都贊成這個決議,似乎很有可能通過。國民黨代表向蔣先生彙報之後,他馬上關注這件事,覺得這種情況不能容忍,把我們看成煽動者。他認為,我們不應該在他領導的抗戰中,在全國團結起來的時候採取這樣的行動。他下定決心,要用壓迫手段來扼殺這個決議。事態發展讓每個人都感覺不舒服,分裂迫在眉睫。

蔣先生計劃親自出席參政會。作為國民黨的總裁,他肯定會說些導致事情惡化的話。我知道情況很糟,不願意看到參政會面臨分裂的可能,我與李璜、陳啟天討論了我們黨要採取的態度。考慮到蔣先生不會讓步,這是一個難題。參政會的國民黨員,肯定會聯合起來反對我們的決議,他們依然是大多數。如果蔣先生親自出席參政會,可

能會導致直接的衝突,這就會對戰爭時期各黨合作造成不利的影響。

我決定試著跟蔣先生談談。國民參政會的秘書長王世杰意識到事情變得棘手,也想讓我跟蔣先生談談。在討論這個問題的時候,蔣先生的臉變得通紅。他大聲指責我們在攪局。我建議他重新考慮親自出席參政會的打算,並且自願想辦法修改決議。我說,我們會讓步一點。我認為,他親自出席會導致直接的衝突。蔣先生理解並且接受了我的建議。

儘管我們承認他是我們的領袖,他也不應該輕率地以這種方式,用他的地位來挑起衝突。以我學到的經驗,勸他不要做一件事,比勸他做一件事要容易。他的自身利益永遠是最重要的考量。

我們撤銷了決議,提出了另一個更溫和的決議,要求更多的言論自由,加快組織省一級的代表機構等等。這個關於促進民主的決議是不是由王世杰根據最初決議的整體思路起草,並且透過協商被同盟成員接受的?[7]是的。我們這樣做,顯示我們對蔣先生的忠誠,我們不希望傷到他的領袖地位。其次,我們想避免分裂。再說,我們也意識到最初的決議沒有通過的可能。

國民黨仍然對同盟不滿意。它缺乏智慧,看不到同盟為了它好。像陳立夫那樣的人太愚蠢,意識不到這點。他

7　〔原註〕見《梁漱溟先生近年言論集》,頁38。

們有沒有問我們對國共關係的看法？跟國民黨討論的時候，我們總是談及共產黨。蔣先生缺乏理解力，國民黨太缺乏理解力了，我們想讓國民黨更加理解我們。從一開始，我們就想說服國民黨，我們對它不存在惡意。為了消除國民黨的顧慮，我們說，在國共之間，我們更接近於國民黨，但國民黨不接受。如果你問陳立夫，為什麼會這樣，他回答不了你！這大概是他承認政府不明智的原因之一（東京《聯合報》特約記者專訪，1961 年 5 月 5 日《聯合評論》週刊報導）。[8]

在陳立夫看來，張君勱和我，以及其他像我們這樣的人，難道看上去不是對黨的組織工作既不感興趣，也不適合做嗎？我說，他們不懂怎麼組織。他們認為只要有錢，就能成功。他們拿著國家的錢來經營特務機關、沒人想讀的出版物、沒有培養出人才的培訓班。還有人拿著錢什麼都不幹。以前是這樣，現在還是這樣。

看待共產黨人的問題，我有我自己的觀點，我感覺到

8　該夾註中提到的 陳立夫「與東京聯合報特別記者的訪談」，可從《聯合評論》週刊 1961 年 5 月 5 日第 4 版找到，作者獨清，題為〈陳立夫在東京的談話〉。文曰：「聯合報特派員問他：『何以偌大的一個政府竟如此一任與人民脫節的政策繼續下去？是不是政治上有問題？或者政治領導上不行？』他沒有直接答覆；但卻很嚴肅的說道：『說來真慚愧，一切由於我們當時的無知，我們無知！』陳先生在這裡所說的『我們』，顯然指的是黨政當局，今日臺灣的袞袞諸公，可以說都在其列。然而十餘年來，他們卻一直把大陸的失敗歸咎於大家對領袖不忠貞，歸咎於有人主張民主。因而不僅以忠貞為政府用人和施政的唯一準則，而且視民主為唯一的大敵。如今陳先生一語道破，坦率承認過去的失敗在於黨政當局的無知，政權和人民利益脫了節，才被人民拋棄。」

衝突不可避免。我什麼時候開始這樣想的呢？在戰爭的第一個階段，我還是充滿希望。但當我們搬到重慶後，國共衝突不斷，我們頻繁地聽到國民黨通報共產黨在華北的游擊隊活動。當然，這些報告可能不能盡信。但在我看來，共產黨很明顯別有用心。

我的觀點和梁漱溟的觀點不同。他是個很友善的人，真的是一個很好的人，想的和說的一樣，所有人都尊重他。他有學問，但質樸，他認為每個人都友善，相信每個人。我沒有那麼好，我不會接受共產黨的承諾。梁漱溟動腦子，但完全不懂策略。我也不太懂策略，但不會輕信人言。梁漱溟相信周恩來說的話。

有一天，我差點在張申府家裡跟梁漱溟發生衝突。我表達了我的意見，兩黨合作來治理國家是不可能的。我的證據是兩黨過去的關係，互相的憎恨。對兩個領導人的性格，我比梁漱溟更清楚。蔣先生和毛澤東都相信使用武力，而不是協商。蔣先生尤其如此，那時候毛澤東相對弱一點。我對梁漱溟說，我們不應該害怕打內戰。我們越怕，內戰越不可避免。不是我喜歡內戰，我相信害怕沒有用。我們是學者，別人有步槍，我們能做什麼！

蔣先生或者其他有關政黨或政府官員問過我關於使用武力的看法沒有？沒有。當然，我經常聽到國民黨和國民參政會個別成員之間非正式的談話，有太多的人仇恨共產黨，希望用武力解決問題，他們是不負責任的人。我們每次在參政會駐會委員會聽軍事報告的時候，我們都認識到

沒有妥協的空間，每個報告列數共產黨的罪行：與國民黨衝突的次數、共產黨殺死的人數、共產黨犯下的搶劫罪等等。

國民黨的軍人，包括蔣先生自己，都認為有必要使用武力解決共產黨的問題。這樣的軍事報告什麼時候最多？在重慶的第一個時期比較多。後來，特別是珍珠港事件（1941 年 12 月 8 日）以後，對武力必要性的信念變得越來越明顯。英國和美國參戰了，勝利似乎是一定的。

蔣先生和 CC 派繼續對同盟持冷淡的態度，輕視我們的努力，這就給了共產黨好機會。共產黨抓住救國會的人，派人加入同盟。親近共產黨的人和像張友漁那樣的共產黨地下成員越來越多，紛紛加入同盟。不過，同盟的大多數成員還是保持第三勢力的立場。

然而，同盟漸漸地接近共產黨。我什麼時候開始懷疑共產黨想利用同盟？我已經告訴過你，我們接受張申府和劉清揚加入同盟時周恩來說的那番話，共產黨認為他們是搗亂分子。周恩來的用意是好的，說明那時他們還沒有計劃要利用同盟。

周恩來在重慶的使命一直是接近我們，同盟成立以後更是這樣。共產黨意識到我們可以扮演政治角色，對他們有用，在這方面他們比國民黨聰明多了。他們意識到，在這種情況下和同盟領導人結盟，在國民參政會、在一般政治場合、在公共輿論方面都會成為一股力量。共產黨比國民黨弱得多。他們那時處於交朋友的階段。這就是為什麼

他們跟我們走得近，不拘言談。現在，他們當然誰也不需要了。

中國共產黨給同盟提供資助嗎？沒有，一分錢也沒有。我做同盟秘書長的時候，沒有拿過他們一分錢。如果我們拿了錢，我會承認的，因為那也沒有什麼不對。在政治領域這種事情經常發生。共產黨說要給同盟錢嗎？沒有。我離開之後就不知道了。

我們也從來沒有從別人那裡拿過錢。我們意在表明中立。本來我們也不需要很多錢，自己就可以募到我們需要的錢。張瀾主要負責找錢，我們的錢用完了就找他，他以個人的名義募捐，錢不是很多，我們也不需要很多。同盟的花費有多少？《民憲》一個月花三千至五千，很少有其他開銷。我們自己支付晚餐錢和其他不在預算中的費用。

我們連開會的地方都不需要找，是在朋友家開會。我們把他們的家稱作「民主之家」。譬如，我們用過「特園」，鮮特生的家，他是重慶的富裕地主，像張瀾那樣的老紳士。他是同盟的熱心成員，為我們提供所有必要的設施。

同盟作為國共兩黨之間的緩衝帶，是成功的嗎？共產黨很難把他們的要求或者希望告訴國民黨，但會輕鬆地跟我們說，我們再把話傳給國民黨。同樣地，國民黨跟我們說話也比跟共產黨說時更加自由、更清楚。我們的中間立場沒有壞處，在我看來，我們在增加兩黨的互相理解上起了正面作用。你想要例子？共產黨在重慶出版了一份報

紙，並開了幾家書店。同盟認為國民黨不應該過分打壓共產黨的刊物。坦白說，只要一本書不主張推翻政府，不詆毀個人，就沒有理由打壓。我們把這個意見告訴國民黨，這就起了作用。我們也勸告國民黨做更大的努力。我經常去書店，發現共產黨的書店擠滿了年輕人，但國民黨的書店無人光顧，這是危險的局面，國民黨不能不相信我們，因為這是事實。

中國青年黨和同盟之間沒有衝突。當同盟的昆明分部建議，接受個人而不是同盟中的黨團成員加入同盟的時候，麻煩就開始了。昆明分部想從組織的名字裡去掉「政治團體」這幾個字，是羅隆基在一封信裡提出的建議。

羅隆基喜歡搗亂，是個怪人。在美國當學生時，他是國家主義團體「大江會」的主席，吳貽芳是副主席。他和我們有聯繫，因為我們也贊成國家主義的原則。他和另一個參政員王造時都是江西安福縣人，威斯康辛大學同學，政治學博士。我們開玩笑，稱他們為安福系。

他們的脾氣正好相反。王造時總是想當領袖，羅隆基不一樣，只要他自己佔據控制的位置，他願意接受別人是領導者。他們剛回國時，我們想讓他們入黨，但不知道這兩個江西朋友都想當領袖。他們互相攻擊，因為不可能有兩個領袖。

兩人相比羅隆基更強勢，決不讓任何人占上風，甚至在他玩麻將的技巧上都很明顯。分析這兩個人，我會說王造時是個好朋友，與人相處融洽，比較開放、好說話，不

像羅隆基喜歡賣弄口才。

羅隆基與梁實秋[9]一道加入我黨，他想做我們的秘書長。但個人不可以要求做秘書長，秘書長是需要通過選舉產生的。另外，他是新黨員，不熟悉黨的背景。如果他等一段時間，我們也許就沒有理由拒絕。曾琦喜歡有才幹的人，他覺得羅隆基能幹，口才好。

羅隆基發現我們黨很窮，秘書長一個月只能拿到不到一百塊錢來支付交通和娛樂費。他很失望，不再要求做秘書長，最後退黨。他加入了國社黨，和張君勱建立更密切的關係。但他不太聽君勱的，一心想當領袖。他的態度可以總結為「我來啦！我來做領袖！」他能幹，但能幹沒用，因為他不能跟人合作。

羅隆基是國民參政會中的顯赫人物，是最有口才的參政員，比汪精衛還能說，引起大家密切的關注。他說話時，掉一根針都聽得見。他筆頭也好。他並不用功，非常聰明。他是于斌[10]的天津《益世報》主編，這份報紙發

9　英文稿中的 Wang Shih-chiu，係 Liang Shih-chiu（梁實秋）之誤。誠謝劉維開先生的提醒。

10　于斌（1901-1978），字冠五，號希嶽，後改為野聲，洗名保祿、保羅，祖籍山東昌邑，出生於黑龍江蘭西，十一歲隨祖父遷居海倫，十四歲受洗，就讀於省立第一師範與吉林神羅修道院期間，走上海震旦學院預科專習法文一年。1925 年至 1933 年，在義大利三所大學先後獲得哲學、神學、政治學博士學位。是年回國，任中華全國公教進行會總監督，兼任教廷駐華全權代表公署秘書、天主教《益世報》總發行人。抗戰期間，八次前往歐美演講，爭取國際援助，1946 年升為南京總主教，1949 年赴美。曾任輔仁大學校長、中華文化復興運動推行委員會副會長、國民大會主席團成員等。1969 年 4 月，被教宗任命為樞機主教。

行量的增加,就是他的功勞。他也是胡適新月派成員之一,新月派的成員還包括梁實秋和徐志摩。

我想解釋一下羅隆基的性格,因為他是昆明改組同盟行動的推手。他的支持者是聞一多、李公樸和曾昭掄,曾昭掄是曾國藩的後人,在北大教化學。[11] 他們害怕青年黨控制同盟,理念比較激進,有群眾支持,也和屬於政治團體的人有聯繫。他們成功地製造了一種局面,就是讓同盟的大多數人支持重組。他們使用分化的策略來對付國社黨、中國青年黨和職業教育社等。

中國青年黨覺得重組將改變同盟的特性,有利於共產黨滲透,特別是共產黨同路人會發現已沒有辦法限制他們,而很容易加入。只要有兩三個成員介紹,就可以了。我們已經知道有些人就是共產黨,還懷疑其他人,儘管他們沒有帶著表明自己是共產黨的標誌,我們也可以辨別出那些人就是共產黨。

張瀾左右搖擺。我們讓他做主席,是因為他在四川的地位。他一隻手抓著中國青年黨,一隻手抓著共產黨,兩個都不放棄。他的政治影響源自於他和軍閥的關係,但那並不光彩。他容易接受奉承,我們擔心共產黨已經包圍了張瀾。

在這種情況下,中國青年黨做了準備,指示在成都的三百個黨員全體加入同盟,以獲得多數的控制權。他們為

---

11 英文稿為「數學」,實誤。

什麼沒有早一點加入呢？在同盟的成都支部和昆明支部建立以前，沒有必要這麼做。看到昆明支部的擴展，我們決定，還得在成都做點什麼。我們黨在昆明有多強大？我們在昆明的黨員數量遠沒有成都多，成都是總部所在。我們黨在同盟裡的人數最多，讓三百人加入同盟，對我們來說算不了什麼，我們可以叫一千人加入同盟。

人數第二多的是哪個團體？國社黨，但那個團體不大。這就是另一個困難，是我們無法承受重組運動的另一個重要原因。

黃炎培的團體、章伯鈞的第三黨和救國會，在同盟裡人數都不多。這些團體不怕重組。另外，他們跟那些想以個人身分加入同盟的人關係友好，只對我們有利益衝突。

大批中國青年黨黨員加入同盟，強化了他們主張重組同盟的決心。他們不能阻止我們同志加入，因為這些人作為我黨成員完全有資格加入同盟。同盟的規則是，同盟中任何團體的成員只要獲得幾個同盟成員的贊成，就可以加入。同盟仍然需要批准個人的加入嗎？是的，由主席、秘書長和幾個負責人組成的委員會轉達他們的加入，但批准是自動的。

主張改組的人認為，中國青年黨利用了「政團」這個條款，進一步要求廢除。雖然他們身後沒有政治組織，但有西南聯大許多教師和學生支持。實際上，我們在成都成員的加入，並沒有增強我們在重組問題上的立場，因為同盟的組成團體有同等的票數，不論它們在同盟中有多少

成員。

（1944年10月）大約四十位從昆明、成都和重慶來的代表出席同盟代表大會，討論昆明支部的要求。昆明代表強烈要求重組，討論很激烈。我們本來可以不妥協，沒有後退，沒有害怕，但我們看到，共產黨已經在第三黨和救國會的偽裝下加入了同盟，有些外地的代表是共產黨。共產黨有沒有滲透重慶的同盟？重慶的共產黨員相對少一點。

重組運動成功了。主要原因有兩個。第一、如果那些沒有黨團關係的人可以作為個人加入同盟的話，他們就可以在各個團體交朋友——黃炎培的團體、救國會、昆明的教授們。第二、在原來的格局下，一些成員很少的政治團體不可能增加在同盟裡的成員人數來跟中國青年黨競爭。

還有一個原因。儘管我們的組織叫做「同盟」，一些成員其實不屬於任何組織。譬如張瀾代表軍閥。鮮特生和張瀾的關係密切，這是同盟的弱點。

在這些情況下，只有青年黨反對重組。整體氣氛是傾向於廢除「政團」這個條款。國社黨持什麼立場？它雖然不贊成重組，但也沒有像我們那樣堅決反對。你得記住國社黨沒有多少黨員——在重慶不超過一百人。

在中國民主政團同盟改組成中國民主同盟後，成員的數量大大增加了，青年黨發現自己處於孤立的位置。我們黨在1945年10月的民主同盟特別代表大會上失去了對同盟秘書處的控制了嗎？我從來沒有想過要控制秘書處。青

年黨有這樣的想法嗎？是的，但黨沒有命令我保住控制權，如果黨這麼要求，我也會拒絕。不過，我們黨內肯定有人這樣想。也許有些人對青年黨人擔任秘書長有疑慮，但不是針對我個人的。

中國青年黨決定退出民主同盟，我對這個決定起了重要的作用，因為我最熟悉同盟的事情。昆明來的信件由我這個秘書長經手，我能看到他們的態度。除了採取堅決的反共立場，沒有別的選擇，我竭力要求退出。黨的領導者一致贊成退出嗎？是的。

我向張瀾主席請求辭去秘書長的職務後，梁漱溟被派來見我。我們在鮮特生家裡談了兩個多鐘頭。梁漱溟試圖勸說我不要退出，說我們黨的其他成員可以退，但我不能退，因為我是創建人之一等等。他們想利用我，因為相對來說，我能和所有團體融洽相處，民主同盟畢竟是各種團體的結合，他們需要像我這樣的人做秘書長。我解釋說，我不會重新考慮，因為我必須遵守黨的決定。我離開後，張東蓀來到重慶接替我，擔任秘書長。

中國青年黨黨員在成都、重慶和昆明退出了民主同盟。這當然與分裂沒有差別，但沒有辦法，我們別無選擇。我們能看到共產黨在後頭推動，他們想透過個人管道加入的成員來控制民主同盟。他們的計畫不止是控制民主同盟，還想控制國社黨和青年黨——真是個可怕的計畫！

國民黨有沒有承諾在 1946 年 1 月的政治協商會議上給青年黨超過比例的席位，以此來換取青年黨脫離民主同

盟?[12] 也許國民黨認為退出對我們有利,但我從來沒有聽到國民黨這麼說,或者勸我們這麼做。我們是自願退出來的,不是回應任何團體的願望或勸告。我們看到共產黨在民主同盟裡煽動和成員數量增加,意識到情況的無望,已經不能區分共產黨和非共產黨。在政治協商會議召開的時候,我們已經退出了民主同盟。

---

12 〔原註〕See Ch'ien Tuan-sheng, p. 359.

第十章　第三勢力（1945-1946）

　　第三勢力的作用在於澄清國共兩黨的立場，減少他們之間的誤解，這個作用體現在遴選代表參加 1945 年 4 月 25 日在舊金山召開的聯合國憲章大會討論中。中國代表團需要從青年黨、民社黨和共產黨各派一名代表。

　　在討論的時候，被指定代表我黨的李璜在成都。青年黨怎麼會選擇李璜做代表呢？因為李璜會講法語，曾琦不會講法語。余家菊對國際政治缺乏清晰的理解，陳啟天讀英文沒問題，但講得不流利。黨給了李璜政策上的指示嗎？沒有任何官方的指示。最重要的是同舊金山的民社黨領袖張君勱取得聯繫，也已經跟重慶的共產黨建立聯繫。我們想呈現海外統一戰線，但很難見到宋子文。

　　張君勱從美國發電報給我，說政府邀請他參加代表團。他不清楚情況，想知道誰代表青年黨和共產黨。

　　收到張君勱的電報幾天後，我被叫去見熊式輝，他是國民黨中央設計局的秘書長，對蔣先生惟命是從。熊長得端正，穿著言談得體，我以前很少與他接觸。熊表示國民黨仍然對共產黨參加代表團有疑慮。我說這很奇怪，我的

印象是事情都已經定下來了。他解釋說,邀請三個黨代表的決定,可能是蔣先生或者是蔣先生與高層領導人一起做出的,但國民黨對此還有保留,擔心讓代表共產黨的董必武加入可能帶來的後果。熊補充說,一般如果有三個負責人反對蔣先生的政策,蔣先生就可能改變主意。熊自己似乎是反對董必武加入的。我重複說,我認為已經有決定了。但熊指出,還沒有正式宣布。

我覺得國民黨的立場不堅定,想探聽我們的態度。我表示堅決反對排除董必武,提醒熊,所有的黨派和團體都為戰爭出了力。戰爭仍在進行,如果讓國共兩黨分裂將是個錯誤,尤其這將是公開的分裂。我告訴熊,我收到張君勱的電報,他問我,應不應該接受政府的邀請──像我告訴過你的,張君勱曾託我在他不在的時候關照他的黨。我告訴熊,如果共產黨被排除在外,我們黨會拒絕參加代表團,並且會把事態的發展電告張君勱。熊看上去很堅決。當然,他表達的不是個人的意見,而是黨的意見。我也表達了我的意見,如果不讓董必武參加代表團,會比讓他參加更不利。如果排除董的話,在美國和其他國家的共產黨員會強烈抗議,這種宣傳的後果將會很嚴重。我重申我的立場,如果董必武被排除在外,李璜也不會參加代表團,然後我拿起帽子向熊式輝告辭。

最後的結果是董必武參加了代表團(政府在1945年2月27日正式宣布以宋子文為首的代表團成員名單)。當時文化圈的人經常在郭沫若家聚會,我在那裡見到許多

朋友。有一天晚上，王若飛很誇張地讚美我，稱我是好朋友。我回答說：「我只是個換換口味的朋友。」我對王若飛的印象一直很好，他比大多數共產黨員更直來直往。

但共產黨還是不滿足，要求多一個代表團的席位，這又是共產黨優越情結的表現。共產黨認為有資格比我們黨和民社黨獲得更大的代表權。代表團啟程去舊金山的前一晚（1945年4月7日），王若飛和沈鈞儒在清晨2點來到我的住處。他們讓我勸李璜，不要和其他代表上路，除非共產黨再拿到一席。我拒絕了他們的請求，不贊同共產黨的態度。再說，代表團哪天上路已經計劃好了。

這個事件使我更了解共產黨，也證明沈鈞儒盡最大的努力在幫助共產黨。他跟周恩來關係密切，已經成為周的最重要工具。但他稱自己是國民黨黨員！他使蔣先生很頭痛。共產黨最後成功地增加兩名黨員到代表團，醫生和秘書，搭晚一點的飛機去重慶。

王寵惠無疑是國民黨代表團裡最棒的成員。他腦子好，工作努力。李璜對他評價很高，說他撰寫官方文件的貢獻最大，他是一個有專業法律知識的學者。顧維鈞的形象好，但學問不深。李璜和王寵惠的關係密切，王是曾琦的密友。

根據我的建議，我們黨的謝澄平作為秘書加入了代表團。他在舊金山表現得很不負責任，我對此表示抱歉。這是青年黨第一次，也是最後一次在聯合國派有代表。抗戰勝利以後，國民黨覺得不再需要我們。我們要求派代表了

嗎？沒有。

　　1945年7月1日。我和其他五位國民參政員褚輔成、黃炎培、冷遹秋、傅斯年、章伯鈞搭機飛往延安。我現在記不清楚我們是怎麼決定要去的。我們是不是赫爾利大使說的，政府指定與共產黨談判的七人委員會成員？[1]不是。我們不是政府指定的，也不是去延安談判的，我們只是以個人名義去的。

　　我們經常談到延安之行。誰先提議去的？我們都談到過，都認為與毛澤東面談是個好主意。當然，我們在重慶就跟周恩來和王若飛談起過。我們什麼時候開始討論具體行程的？行程很快就安排好了。我們肯定是決定6月下旬去。我們不需要做太多的準備，只需要交通工具。但那並不容易安排，只好從政府那裡要來一架專機。

　　我們告訴赫爾利大使，我們想訪問延安。我不知道其他人事先跟他談過這件事沒有，反正我沒有。可能黃炎培或者傅斯年跟他談過。我認識赫爾利嗎？我在公共活動中見過他，但沒跟他說過話。他是個直來直往的軍人，但絕不是外交官！他提供一架軍用機給我們。

　　當我們把計畫告知中共方面時，中共表示滿意和歡迎。共產黨想讓大家訪問延安，以便更好地了解延安。我不知道中共的歡迎態度與赫爾利有沒有關係，那是有可能的。共產黨甚至指示王若飛陪同我們。

1　〔原註〕See Department of State, *United States Relations with China* (Washington D.C.: Government Printing Office, 1949), p. 102.

梁漱溟（1938年1月）去過延安。當時他不在重慶，不然，他肯定會加入我們。為什麼王雲五最後一刻放棄了行程？他的說法是他病了。我不知道真正的原因，但我確實知道共產黨並不想讓他去。

我們沒有把計畫告訴救國會的人。（等他們知道的時候）沈鈞儒和張申府很想加入，他們總是覺得，他們什麼都不能錯過。美國方面不想讓他們去，因為共產黨不想讓他們去。這表明共產黨對救國會的人不是太好。

我們離開重慶之前見了赫爾利。我們六個人都見了他嗎？沒有，我們中有幾個見了他。他對行程表示滿意、樂觀。他知道我們既不屬於國民黨，也不屬於共產黨，我們總是尋求避開兩黨的衝突。因為共產黨的歡迎姿態，他似乎很受鼓舞。我們有沒有告訴他六個人裡的三個非黨派人士是國民參政會委派的？[2] 我們有沒有尋求他的意見和協助？沒有。我們沒有說國民參政會委派我們中的任何人，也沒有徵求他的意見或討論具體的事情。不過，事先跟赫爾利討論過這件事的人可能建議他幫助我們，但我不清楚是不是有人這麼做了。美國使館人員沒有給我們送行，我想他們並不樂意公開參與我們的行程。

我們的指導原則是，勝利在望，希望避免打內戰。蔣先生贊同我們的延安之行嗎？我們透過邵力子得到他的同意，邵力子對我們的延安之行非常熱心，把我們的計畫報

2　〔原註〕See *United States Relations with China*, p. 102.

告蔣先生。我們希望蔣先生不要反對,我們不在乎他贊成或支持,但既然他沒有表示反對,那就算是默許了。蔣先生沒說我們的延安之行沒意義,也沒有跟我們說他的具體意見,也沒說希望我們有收穫。他顯得冷漠。

我們有沒有跟國民黨或者政府官員談過延安之行?我沒有,至少沒有正式地談過。國民黨裡知道我們行程的朋友,譬如張羣與邵力子來訪,為我們送行。他們覺得我們應該去看一看。我們相對客觀,也許可以弄清楚共產黨的態度和意圖。譬如,我們也許能深入了解一下,共產黨是不是計劃在抗戰勝利以後訴諸武力。我們到延安不是去「談生意」,而是去調查。我們依據的是民主同盟的兩條基本原則:「政治民主化、軍隊國家化」。

這是我第一次飛越西北,我為土地的貧瘠所震撼。山上沒有樹木──就是這個地區貧窮的證據。我們的雙引擎飛機飛過秦嶺時,在一萬四千英呎高空,我開始為褚輔成擔心。他還不到七十歲,但健康狀況不佳,發抖,手冷,我怕他吃不消。

幾個小時後,我們降落了,我這輩子從來沒見過那麼小的機場。天氣很熱。我對延安的第一印象是很窮,被日軍炸得滿目瘡痍。以第十八集團軍為核心的共產黨機關被安置在延安外的臨時建築裡。

所有人都出來迎接我們,共產黨的七大在我們到達前不久剛剛結束。有些代表聽到王若飛說我們要來,就留下來見我們。譬如,新四軍軍長陳毅想跟他的江蘇老鄉黃炎

培和冷禦秋談談江蘇省的問題。

　　毛澤東的改變讓我吃驚，我們二十多年沒見。我認識他的時候，他還是個窮學生，現在他像個領導，變胖了。

　　除了共產黨，還有老幼婦孺三、四百人在機場歡迎我們。一共有七千至八千人生活在延安。我的印象是，共產黨與他們相處不錯，他們也很傾向共產黨，熱情地喊毛澤東為「毛主席」。

　　延安把最好的車，一輛老舊的客貨兩用轎車給我們使用。延安一共只有三輛車，道路失修。我們坐車穿過延安，到第十八集團軍司令部。他們似乎不覺得我們在調查他們，而覺得我們訪問用意良善。葉劍英參謀長為我們倒茶，我們被招待一頓很好的午餐，那在延安不是件容易的事情！王若飛介紹他的小女兒讓我們認識，共產黨員似乎也看重家庭生活。

　　毛澤東在午餐後離開，我們接著去為客人準備的旅舍。旅舍很乾淨，讓我印象深刻。我覺察到共產黨是有準備的，旅舍不是臨時設施，我們得知所有來延安的客人都住在那裡。我們休息的時候，毛澤東派裁縫來量尺寸。晚上很涼，毛澤東怕我們的衣服不夠暖和。[3]

3　左舜生在〈記民主政團同盟與延安之遊〉中說得更詳細：「我們的休息還沒有開始，毛澤東便派人帶來了一個裁縫，說：『延安的天氣不比重慶，中午雖然頗熱，晚間卻要蓋被，各位帶來的衣服不多，恐怕要受涼，所以叫裁縫為各位做一套夾衣。』夾衣要一兩天才能做好，又預先為我們每人配給一件毛線短衫。據說織衣的毛線，和做衣的呢子，都是延安土產，總算難為他們。」左舜生，《近三十年見聞雜記》，頁83。

那天晚上，我們六個人開了事前會議。我們此行的目的是聽取毛澤東的意見，戰爭快結束了，國共之間有很多衝突，我們想聽聽毛澤東對國民大會這樣的戰後計畫有什麼想法。我們六個人的觀點相近嗎？是的，我們都同意要搞清楚毛澤東的態度。我們猜想，肯定有人偷聽我們的談話。我們拎了煤油燈去室外，但沒有看到任何人。

第二天早上，我們和被派來照顧我們的學生一起用餐。他們訓練有素、禮貌周到。被派來接待我們的人也一樣，為我們準備新鮮的雞蛋，服務周到。

我們在7月2日第一次和共產黨人開會，7月3日晚上是第二次會議。每次都超過兩小時。在兩次會議裡，共產黨方面都有八個人參加。毛澤東、朱德、周恩來和劉少奇出席了每次的會議。其他人，包括任弼時、林祖涵、張聞天和王若飛，參加過一次或兩次會議。

我們表達自己的觀點了嗎？我們傳達政府的觀點了嗎？一開始我們就宣布，我們既不代表國民參政會，也不代表國民黨。我們這樣描述自己：國民參政員，與重慶的共產黨有聯繫，對共產黨有相當的了解，想更好地瞭解毛澤東的觀點。有時，我們和他們一起批評國民黨，他們也聽過何應欽的軍事報告。國民黨強大，共產黨弱小，我們對共產黨和國民黨的過分之處都提出批評，特別是對國民黨。

第一次會議是非正式的，沒有錄音，我們開了很多玩笑，特別是對國民黨！我們沒有討論具體的問題，而是談

論延安的形勢和其他一般性話題。有時候，毛澤東讓朱德談談軍務。朱德是個老軍人，簡單和藹，有點像李宗仁。有時候，毛請周恩來談談重慶的事情。劉少奇總是沉默，毛澤東很健談，以獨裁者的風格掌控討論，他和我以前認識的那個毛澤東，有令人吃驚的差異！

我們在重慶聽到過毛澤東的健康狀況不好的傳言。梁漱溟和常燕生從延安回來後告訴過我們，毛澤東晚上從來不睡覺，喝白乾，一種很烈的酒，煙也不離手。但他看起來強壯，精力旺盛。第二次會議時，他讓我想起張學良，有北方軍閥的派頭。

第二次會議錄音了。我們把錄音帶回重慶。另外，黃炎培在小筆記本裡也記下了要點。

劉少奇做了詳盡的筆記，他是在座的共產黨人裡最令人畏懼的。他有沒有和我們任何人私下談過？沒有。我問了其他人，發現沒有人跟他談過。我們先前都不認識他。他當時四十多歲。

我們花很長時間談論軍事問題。共產黨不反對我們的觀點，軍隊應該不受黨的控制，不受任何一黨控制，他們表示贊同。事實上，我們用的休息室裡張貼著從我們文章中摘錄的口號。當然，後來他們在與國民黨討論時態度完全不同。

我們詢問他們軍隊的規模，這引起他們的戒心，似乎讓他們難以回答。我們沒有得到任何關於共產黨軍隊規模的資訊。實際上，共產黨有些部隊直到戰後，俄國人在東

北給他們武器的時候，才裝備起來。

軍事問題比政治問題優先。共產黨在憲法問題上沒有貢獻任何意見。我覺得他們不真誠，對建立憲政體制完全沒有熱情。他們明顯地覺得有自己的政府、自己的做事方式。

毛澤東經常離題。我們這邊，黃炎培和傅斯年愛說。我現在的印象是會議上只有空談，沒有達成任何具體決議，我們沒有能夠向蔣先生彙報共產黨的態度。

我們有沒有帶回文件說明共產黨在兩個原則問題上的建議？兩個原則問題：取消定於1945年11月12日召開的國民大會；召開有國民黨、共產黨、民主同盟和獨立政黨或團體三方代表的政治會議。[4] 我沒有印象。

我們的訪問到底有沒有成果？有，但不是來自會議，而是我們的觀察加深了對共產黨的理解，以前我們想像不到延安的情況，也不太清楚共產黨領導人之間的關係。

我們誤解了赫爾利在國共兩黨之間調解的熱情，我們以為他和共產黨的關係好，但發現共產黨並不喜歡他。毛澤東告訴我們：「我們的首要目標是除掉赫爾利。」我到現在都不清楚為什麼共產黨那麼不喜歡他，他是一個好人。

我們跟不同人的非正式談話很有收穫。我們可以提出要見的人，這些人就會得到通知，來旅舍見我們。

---

4 〔原註〕See *United States Relations with China*, p. 105.

我和湖南老鄉丁玲談話。當然，我熟悉她的背景，讀過她的書。她告訴我一些我們不知道的事情，譬如，普通餐與特餐的區別，事情幹得多的和用腦的人吃得比較好。學校和所有公共組織都使用飯票，有餘錢的人可以到小餐館裡吃飯。我說道，我們吃得很好。她說，那是為客人特別準備的。她還描述了向作家分配稿紙的體系。那時她不是共產黨員，後來毫無疑問入了黨。我也同另一位女性陳學昭談話，她是四川人。[5] 我還和徐特立談話。

當我還是（長沙師範學校的）學生時，徐特立是校長。我當時很敬佩他，學生們對他早晨5點鐘起來看書的習慣印象深刻。他在法國留學時，都四十多歲了，他影響了許多青年，最終都成為共產黨人。許多受他影響的人，向警予、蔡暢、蔡和森是其中幾個。在湖南，我們叫他那樣的人為「國民派」，意思是想為國家服務的人。

那時我對徐特立的認識已經發生了變化，因為他的學

---

5 此處的記憶有誤，陳學昭（1906-1991）不是四川人，而是浙江海寧鹽官人，祖籍河南潢川。原名淑英、淑章，筆名學昭、野渠等。1923年開始發表作品，結識戈公振、茅盾、魯迅等。兩度赴法，1934年11月參加克萊蒙大學文學博士論文答辯，由巴黎東方語言學院授予博士學位。次年回國，隨夫自贛轉川，經涪陵、重慶等地，輾轉延安，歷任《解放日報》副刊編輯等，曾在延安接待國民參政會成員左舜生等。自傳體長篇小說《工作著是美麗的》上卷引發好評。1949年後，申請返浙，任浙江大學黨支部書記，深入基層土改，被劃為右派，1960年發落杭州大學圖書館，做卡片，打掃衛生。1979年平反之後，任省文聯副主席兼省作協主席。丁玲曾經讚美陳學昭：「你年輕就如一枝早熟的春蘭，峭然挺立在石山上。閒花野草可以趁春風燦爛一時，而你卻出淤泥而不染，亭亭玉立於晚秋。」原中國文聯主席周巍峙歎曰：「她是我知道，也是我崇拜的人。」

問不全面。我聽說周恩來和董必武經常在重慶買書，帶回延安。徐特立證實有這麼回事。我向徐特立打聽圖書館的設施，他說圖書館不大，圖書分散在不同的部門。他告訴我，他的計畫是編寫課本，包括不同的課目：數學、物理和化學。他還自豪地說到他們的戲劇作品。他七十多歲了，還是精力充沛。河裡水多的時候他會去洗澡。

我們特別想見陳紹禹，猜想他半死不活了，毛澤東答應了我們的請求。陳紹禹看起來病得厲害。他告訴我們，他已經打了一千多針。儘管天氣很熱，他還穿著棉衣。他看起來很可憐，與武漢時期和重慶初期已經大不相同！我們懷疑他和夫人、孩子是最近搬來延安，以便和我們見面的。他的房間空空如也。他的夫人坐在矮凳子上，全家人看起來營養不良。

毛澤東和蔣先生一樣，有些難以改變的偏見。他從來就不信任共產國際的領導人陳紹禹、秦邦憲和張聞天。陳紹禹是黨八大選出的中共中央委員會最後一名委員。

秦邦憲作為《解放日報》的負責人，沒什麼可做的，《解放日報》是一份毫無意義的報紙，每天下午3點出版。他看起來不滿意他的工作，常常不開心。我說他看起來很健康，長胖了，他說他無所事事，只好休息。他補充說，我們的訪問給延安提供新聞，不然延安通常沒有什麼新聞。他看起來很謹慎。

周恩來和毛澤東可能對這些人的態度不盡相同。秦邦憲好像跟周恩來相對親近，他們在西安事變和廬山談話會

時就在一起。秦邦憲後來死於飛機失事。

我請求毛澤東讓我見見我的老朋友張聞天，毛澤東的親信任弼時陪同我會面。張聞天和我談到過去。有任弼時在一邊，我們就談不了什麼，雖然我也不需要問他任何問題。張聞天在這次會面和我們的會議中都保持沉默。我不知道他當時在做什麼，後來他擔任過駐莫斯科大使和外交部次長。最近他又和毛澤東鬧翻了。

我們在延安看到的證據表明我們聽到的謠言不是完全沒有根據的。至少我看到毛澤東打壓陳紹禹，張聞天不受信任。儘管我和陳紹禹、秦邦憲的關係不密切，我和他們接觸也有一段時間了。當然，作為張聞天的朋友和同事，我非常了解他。他和秦邦憲有學者風範，勤奮好學，不像毛澤東那樣經常做出武斷的決定。

毛澤東最終也沒有答應我們見徐向前的要求。他告訴我們徐病了，在很遠的地方養病。

傅斯年與抗大的教員們談話，他們是他以前的學生，有些人尋求他的建議。陳毅在與黃炎培、冷禦秋討論江蘇戰後的問題時，我旁聽。陳毅直爽坦誠，他談了很多。我們問他，他是怎麼穿過日本人的防線的？他說有幾個辦法，因為敵人的防線很長，許多地方是沒有防守的。國民黨指責共產黨不抗日，只會搗亂，共產黨對此耿耿於懷，陳毅尤其憤憤不平。他脫掉衣服給我們看他受的傷。他指出延安有日本俘虜的存在，這就是共產黨軍事行動的證據。

我們看到一百多個日本俘虜，包括一些下級軍官。有些人在延安待了很久，我們看到他們在做體力活、蓋房子等等。大約二十個俘虜仍在看守之下，這些人還沒有皈依共產主義。當我們經過的時候，我們注意到他們看上去很憤怒。有幾個人一定是軍官。令我驚訝的是，我還在俘虜中看見幾個朝鮮人。

有名的日本共產黨領袖野坂參三[6]當時是日本戰俘學校的校長，他請我們喝茶，和我們談了很久。學校名義上是個技校，但我們沒有看到任何設備的跡象，其實就是共產黨的訓練營。

我們被招待三次正式的晚餐。陝甘寧邊區政府主席林祖涵請了一頓，有十多桌。除了邊區政府成員，客人形形色色，譬如「勞動英雄」李滿有。[7]

朱德請的晚餐有共軍人員出席。我那一桌多數是湖南人，有蕭勁光、肖克、賀龍和彭德懷。彭德懷是最重要的，他充當主人，說得最多。賀龍不說話。肖克那時還年

---

[6] 「任這個學校校長的日本人名岡野進，實際便是今天日共中的有名人物野坂參三，他在日共中的地位，僅次於該黨書記長德田球一。」左舜生，《近三十年見聞雜記》，頁91。

[7] 此處李滿有，應為吳滿有之誤。查閱延安1942年4月30日《解放日報》中的人物報導〈模範農村勞動英雄吳滿有〉，以及1943年1月11日由李銳執筆，號召全體邊區農民開展「吳滿有運動」，「向吳滿有看齊」的《解放日報》社論〈開展吳滿有運動〉等等，可知左舜生在中文版《近三十年見聞雜記》頁84所稱為「吳滿有」是對的。吳滿有（1893-1959），陝西橫山人，吃苦耐勞，善於經營，被樹為陝甘寧邊區的「勞動英雄」，是毛澤東的座上賓，毛曾親筆題詞「天下有名」，《毛澤東選集》等多有提及。1948年被俘，宣誓脫黨，從此身敗名裂。

輕，只有三十幾歲。把他們和我在重慶見到的國民黨軍人比起來，我不得不好奇，勝利會屬於哪一邊。肖克、蕭勁光和彭德懷給我印象尤其深刻。他們看起來勇敢、精力充沛，和那些試圖模仿蔣先生的國民黨軍人很不一樣。我也注意到他們看起來對毛澤東既害怕又尊敬。

第三次正式晚餐由毛澤東親自招待，受邀的有共產黨的主要領導人。

7月4日，在我們離開的前一天，章伯鈞和我被邀請到毛澤東家裡共進午餐。為什麼只有我們兩個被邀請？章伯鈞在政治上比較親近共產黨。我之所以受到邀請，可能是因為我在上海見過毛澤東。他們也知道，我愛說，而且我的話在重慶有些影響力。可能他們想利用我。

一大早，有輛汽車來接我們，到毛澤東的家「延園」，以前叫做「棗園」，因為園子裡有很多棗樹。朱德和周恩來作陪。因此，我們是與三位共產黨最高領導人共進午餐。

招待很得體，毛澤東畢竟是領頭人。我們沒看到他的夫人藍蘋，有些失望。我只見過她一次，很久以前在上海，在她認識毛澤東以前。但我們見到毛的女兒，一個七歲左右的小女孩。我聽說她現在是個漂亮的姑娘了。

我們從10點鐘開始談話，談得很自在，毛澤東說話最多。我們的談話涉及的話題很廣，毛甚至評論了我「萬竹樓」的幾篇文章（報紙和雜誌文章，後來收錄於《左舜生：萬竹樓隨筆》，香港：自由出版社，1953）。我們也

談《紅樓夢》。

共產黨內部情況非常好，毛澤東受到同志的支持。我覺得他邀請我們共進午餐，是想讓我們了解他們。他們知道可以跟我們談國民黨，很嚴厲地批評了蔣先生。毛澤東說，蔣先生認為天上只有一個太陽，他要弄出兩個太陽給他看看。

他們有沒有特別批評別的國民黨領導人？他們專注於蔣先生。毛澤東看起來蔑視胡宗南，他說他看不出為什麼要駐紮幾十萬（政府）軍隊包圍他們，他們不怕。周恩來說，這些軍隊在那裡只是裝樣子。他們明顯地看不起胡宗南，他的軍隊確實打不了仗，但他是蔣先生的信徒之一。

他們談到過去和國民黨的關係，強調了清黨運動與國民黨的打壓。他們有些同志死在國民黨手裡的事情，我們也是第一次聽說。譬如，我們以前不知道，長征的年代，何健在湖南下令以死刑處決毛澤東前妻的具體情況。他們希望我們不要責備他們對國民黨的態度。我的感覺是，他們透過大談國民黨的壓迫，以此來做準備工作。

我隨口問毛澤東，如果蔣先生請他去重慶，他的態度如何？他毫不猶豫地回答，如果蔣先生發電報給他，他沒有理由不接受。我覺得他們對我們沒有防備，把我們當朋友。到訪以前我已經感覺到，儘管共產黨在重慶有代表處的存在，但只要毛澤東不參與，國共談判就是無效的。這就是為什麼我抓住機會給毛提這個問題。

我們對延安的印象不錯，共產黨似乎很努力。延安是

個窮困貧瘠的地方，談不上任何工業，但共產黨和民眾的生活條件還不錯。我們熟知的，中國其他地方的壞習慣，在延安看不到，譬如，我們沒有聽到熟悉的打麻將噪音。

抗大的學生和其他年輕人似乎熱衷於獲取知識。徐特立告訴我，各種研究機構配備從重慶帶來的資料，研究的氛圍很明顯。我拜訪毛澤東、周恩來和當地一位知名人物，都不錯。延安的生活清潔、節儉、有序，當然，張聞天和陳紹禹是另一回事。

很明顯，延安方面為我們的到訪做足充分的準備，特別是在可能的宣傳價值方面。旅舍的牆上裝飾著從我們文章裡摘錄出來的話，允許我們見我們提出要見的人。好客令人印象深刻，在與我們談話的時候沒有戒心，丁玲對延安的生活暢所欲言，但他們從來沒有向我們闡明任何具體的建議或條件，或許是因為他們覺得我們並不承擔這種責任。

我問了一位當地的居民，人們可不可以自由地離開延安。他回答說，需要獲取一張旅行許可證。我覺得所有這些——飯票、旅行許可證——很有意思。我的反應並不是負面的。但我覺得，這個系統在小地方可能效果不錯，但如果在全國範圍內實行會有問題，後來我的結論是這個系統必定失敗。這讓我想起孟子對許行關於平均物價和人人耕田的看法。[8] 孟子說，許行不怕把事情複雜化。孟子的

8　參見《孟子·滕文公上》。

意思是，每個人可以自謀生路。如果政府承擔全部責任，就會產生難以應付的局面。當前大陸的發展就是這樣。我還想起一句中國的古話：「當家三年狗都嫌」。

延安有個自由市場，可以用共產黨的貨幣進行一定數量的交易。儘管市場顯然有限、不太大，但光是存在市場就是個成就。我甚至看到有賣當地做的樂器，所有的東西都是當地出產。我聽說在共產黨來之前，延安連一棵樹都沒有，但到我們訪問的時候，一個規模有限的植樹計畫已經實施。在延安，我從來沒有見過共軍，我們只見到毛澤東的衛兵。

我們在7月5日離開延安。一回到重慶，我就向國民黨彙報我和毛澤東的談話。與我交談的第一個人是雷震，我們和蔣先生的中間人。他的暱稱是「各黨各派」。

褚輔成和我見了蔣先生。為什麼選擇我們去見他？褚先生是蔣先生家鄉浙江來的老先生，儘管他們過去的政治信仰不同，褚先生老了，蔣先生善待他。至於我，我跟蔣先生總是暢所欲言，這可能是我被叫去見他的原因。有些人怕他，我一直不理解為什麼。

為了刺激蔣先生，因為這也是事實，我建議他注意兩點：第一點，共產黨沒有脫離群眾。根據我在延安的觀察，他們有大眾的支持。第二點，毛澤東作為文人可以控制軍隊。蔣先生對此不放在心上，他太驕傲，不去想壞的結局，總是相信武力可以解決一切問題。

重慶有很多人認為，黃炎培，甚至我，說延安好，好

像是在為共產黨做宣傳。當然完全不是這麼回事！我們對重慶發生的很多事情感到不滿，希望喚起更大的努力，改變政策。延安之行後，我更同情國民黨還是共產黨？我更同情共產黨。我擔心國民黨會失敗。我們與國民黨合作，但它的敵人更努力。四川是個富裕的省份，什麼都不缺，國民黨自鳴得意。延安窮得難以置信，共產黨在重重困難裡掙扎，取得進展。

我們有沒有把共產黨的代表帶回重慶，來參加即將舉行的國民參政會？[9] 沒有。如果共產黨希望參加，他們可以自由參加。但這件事從未被提起。透過對我們表示尊重，他們表面上看上去似乎很關心國民參政會。他們知道我們作為個人能起到作用，共產黨正處於抓住朋友的階段。

當毛澤東到達重慶的時候（1945年8月28日，日本投降後不久），我對國共關係好轉的前景並不樂觀。安排這次訪問並不容易。毛澤東由赫爾利和蔣先生的代表張治中親自陪同，然而邵力子是在機場迎接他的唯一重要國民黨官員。這表明了蔣先生的優越感！我和其他五位在延安受到共產黨款待的國民參政員也在機場。毛澤東穿著嶄新的制服，走下飛機的時候像個鄉巴佬，連帽子顯然都是新的。

第二天蔣先生和毛談話的時候我也在場，我還出席了

9　〔原註〕See Ch'ien Tuan-sheng, p. 374

蔣先生招待毛澤東的晚宴,但我感到悲觀。毛愛喝酒,可蔣先生不會閒聊。兩個場合都沒有談到實際的問題。

幾天以後會談開始。張治中、邵力子、王世杰、張羣代表政府。遵循國民黨的一貫政策,我們局外人得不到談判進展的資訊,甚至救國會的人也不瞭解談判的進展。我問沈鈞儒知不知道談判的情況,他說,我們被這樣忽視,真是無法忍受。我預言談判會以失敗告終。

大概十天以後,我們的朋友周謙冲[10]看到邵力子。邵告訴他,談判陷入僵局。周謙冲把消息轉告給我們。第二天,張羣來我這裡告知一切,他說,共產黨提了下列條件:由共產黨控制二十四個師;陝甘寧邊區和華北五省、內蒙古的省主席職位;六省三市的副職;還有北平綏靖公署的副職。

形勢看上去毫無希望。我告訴張羣,國民黨可以在中央層面而不是地方層面讓步,在政治上而不是在軍事上讓步,他表示完全同意,我覺得這是唯一可能的途徑。我這麼想有多久了?張東蓀和我 1935 年以前就談到類似的想法,他想勸告國民黨,對共產黨讓步,只要軍權掌握在

---

10 周謙冲(1902-2000),原名德鵬。湖北黃陂人。畢業於湖北省立第一師範學校,1928 年留學法國,入巴黎大學歷史系及該校研究院,主攻現代史,獲博士學位。1931 年返國後,歷任武漢大學、中山大學、四川大學等校歷史學教授,東北大學文學院教授兼院長。曾任青年黨中央常務委員、國民參政會參政員、國大代表。1948 年任常駐聯合國代表團顧問,後來在美國國務院中蘇問題研究機構任職。1971 年退休,數年後定居北加州,幾乎每天早上 8 點乘公車到史丹佛大學胡佛研究所圖書館查閱資料。譯著有《史學家與科學家》等。

國民黨手中就可以了。我認為張東蓀是個知書達理的人，他的話在我腦海裡揮之不去。我和其他人談過這些嗎？我很少跟國民黨的人討論具有廣泛政治影響的問題，甚至和陳布雷都沒有談過，我和他討論過像青年黨和國民黨之間的關係這樣的政治問題，他不是那種可以討論政策問題的人。張羣拒絕負責，但他的腦子好用。至於陳立夫，他的黨派觀念太強，很難跟他討論。跟陳果夫說話更容易些。

我基本上不相信國共之間有合作的可能性，也許我有偏見。有些人不信任共產黨，我既不信任共產黨，也不信任國民黨。蔣先生的性格不會改變，他不適合搞政治，政治需要靈活性。他是軍事型的，只會發號施令。

我在重慶不同的公眾活動中看到過毛澤東。他出現在文化和公共機構、蘇聯使館、宋慶齡辦的宴會等。我們有沒有機會跟他長談，像在延安那樣？沒有。另外，他在重慶說話更謹慎。

到重慶的三個星期以後，毛澤東作為貴賓，出席張治中在國民政府主席林森舊居「林園」舉辦的晚宴。我聽到毛說「張主席萬歲！」在飯後的戲劇娛樂時間，他煙一支接一支地抽。然後我看到有人走到周恩來跟前，周離開了房間。他過了一會回來後，示意張羣跟他出去。坐在我旁邊的王若飛悄悄地跟我說，他們的一個同志被殺了。坐車到林園大約要四、五十分鐘。在去林園的路上，政府的士兵試圖截停毛澤東常用的座車，車沒有停。士兵開火，打死了一個不太重要的共產黨人，據說此人跟廖承志的關

係密切。

　　共產黨把這個事件看成是謀殺毛澤東未遂。我對王若飛說，肯定有誤會，政府沒有理由要殺害毛澤東。但如果事情正好相反的話，那形勢就嚴峻了。毛澤東一直不停地抽著煙。離開宴會後，我跟譚慕愚談了談，我們都認為形勢確實很糟，她甚至不知道談判已陷入僵局。

　　雙方都決定對此事保持沉默。我覺得共產黨，特別是周恩來，想把這事看成是誤會。我相信確實是這麼回事。就算國民黨想殺毛澤東，也不會採取這樣的手段。我感到不安。在某種程度上，我覺得自己有責任，因為是我問毛，他要不要訪問重慶。

　　不久以後，我們訪問延安的六個人請毛吃晚飯，我把周恩來拉到一邊，建議他勸毛儘早離開。我覺得重慶的氣氛不是很健康。如果再出事，情況可能會變得非常糟。我是作為朋友的好意建言。我以為張治中的晚宴是為毛澤東舉行的告別聚會，我不知道他會在重慶待那麼久。（他直到 1945 年 10 月 11 日才離開。）

　　我和馬歇爾將軍的接觸是什麼性質呢？我只見過他一次，在他到達後的兩個星期之內（1945 年 12 月 22 日在重慶）。他開始接觸各黨派團體，他的使命是聽取他們的意見。他是很優秀的軍人，給我留下極好的印象，是我所認識最好的美國人。為什麼？我們見面的時候，每當他一知半解的時候，就會請我進一步解釋。我們談了很久，在兩個優秀翻譯的幫助下，談了一個多小時。他的態度很

好，提的問題很深刻，非常認真。我從來沒見過這麼有政治頭腦的軍人！

我們談了些什麼？我們討論的大部分內容是我最熟悉的國民參政會。我對他說，我們可以暢所欲言，政府重視我們的意見。就像我跟你說過的，我把國民參政會看成那個階段的成就。馬歇爾將軍也問到青年黨——成員的背景和主要政策。他沒有問到我對國民黨的態度，可能他覺得不太方便問，因為我屬於反對黨。

我不認為國民黨真的考慮過讓共產黨加入聯合政府，這當然是馬歇爾想要的。馬歇爾問過我對聯合政府的態度嗎？沒有。我相信他已經跟國民黨討論過我們黨和民社黨在政府中的參與情形。國民黨不怕我們，我們不是問題，這是合乎事實的。我們黨比較小，不反對國民黨，在戰爭期間跟國民黨合作。馬歇爾意識到，我們和國民黨的關係不存在困難，問題存在於國共關係中。

我怎麼看待馬歇爾對包括共產黨在內的聯合政府政策？我告訴過你，我認為國民黨可以在國家的層面而不是地方層面上讓步，在政治層面而不是軍事層面上讓步。如果共產黨願意加入聯合政府，應該讓他們加入。我覺得，如果給共產黨幾個政府部長，甚至一個院長，都不要緊，只要在地方行政領域不作讓步就行。聯合政府是唯一避免內戰，爭取和平的方法——如果共產黨重要人物加入政府的話，他們就不會繼續和國民黨打了。重要的是，要確保他們不再保留自己的軍隊和領土。軍隊國家化是我們黨和

民主同盟的基本原則。

但我必須說，我對國民黨的無能感到擔憂。國民黨在人才上比共產黨落後很多，而且我覺得聯合的政策必定會失敗，因為共產黨不真誠，甚至在更大的程度上，蔣先生也不真誠。所以，儘管在精神上我認同馬歇爾的政策，但我知道這個政策無法實行。

馬歇爾有沒有提到關於我們黨和其他團體在國共之間調解的作用？儘管我們不強大，馬歇爾認識到我們還是可以發揮作用。杜魯門總統派他來和各黨團合作，避免內戰，實現團結。他有沒有試圖鞏固第三勢力的地位？如果馬歇爾將軍在一開始就意識到國共合作並不容易，如果他更加努力地聯絡和聽取第三勢力的意見，他就會對國共關係有更好的瞭解。我不清楚他見了第三勢力的哪一位，我知道在我們黨他只見了我。

我給馬歇爾將軍提過建議嗎？我告訴他國共兩黨以前的衝突和兩個黨在國民參政會上的態度。我知道妥協是不可能的，我太了解蔣先生和共產黨了！但我沒有告訴馬歇爾將軍形勢毫無希望，我不能跟一個外國友人這樣說，畢竟如果他這麼想的話，他就會打道回府。我們仍然希望他能為改善時局做點什麼。後來，我把我和馬歇爾的談話告訴我們黨的成員。

抗戰期間，青年黨常委會大多數成員在什麼地方？在重慶。是不是有人提議將中央黨部從重慶搬到成都，由此引發的爭議導致中央黨部暫停運轉將近一年，直到1945

年末的第十次黨代會？[11] 確實是有把中央黨部搬到成都的傾向。我們很多同志住在成都，譬如李璜、楊叔明、魏嗣鑾、常燕生。但除了魏嗣鑾，他們都得去重慶參加國民參政會。還有別的原因。在重慶，很難找到黨員為我們機關報《新中國日報》寫文章，報紙早先就搬到了重慶。雖然把中央黨部搬到成都看起來確實方便，對這件事也沒有爭議，但我不記得有什麼搬遷的正式提案。你要記住，中央黨部在哪裡，對青年黨這樣的組織來說，並不是很重要的事情。黨的領導們住在哪裡，中央黨部自然就在哪裡。

黨的十大最終在重慶舉行，進展順利，雖然每次黨代會都會有爭論，這就是為什麼我們不愛開黨代會。我喜歡討論，不喜歡開會。

青年黨在十大有沒有用民主政策的原則來取代群眾革命的原則？是的。不然我們黨不能參與政府的工作。代表大會決定青年黨要參加政治協商會議，並且決定在其中應該奉行的政策。

政治協商會議在重慶召開（1946年1月10日）。曾琦、陳啟天、余家菊、楊叔明、常燕生代表我們黨。他們是怎麼被選上的？中央執行委員會常務委員會，也就是說，是由黨的最高層決定人選，只能有五個人出席。

如果我和李璜出席的話，楊叔明和常燕生就不能出席。我覺得李璜和我總是代表黨。事實上，李璜剛剛從舊

---

11 〔原註〕見陳啟天，「陳啟天回憶錄」（初稿），第三部分，頁82。

金山會議回來。楊叔明和常燕生也是重要的黨員,所以我建議李璜和我不出席會議。我跟李璜談,說服他給其他人一個機會,他對參不參加並沒有強烈的態度。

周恩來原來期望我們出席大會。有一天他到我家,告訴我,我們不應該缺席。儘管我沒有參加政治協商會議,我和其他團體仍就會議組織交換意見。

我的態度是不是因為我認為和平解決是不可能的?是的。如果我樂觀的話,我不會不參加會議。毛澤東訪問重慶以後,我尤其悲觀,那就是為什麼當我收到政治協商會議的決議時非常驚訝。我那時在上海,在會議開始以前我就去了,並不知道討論的進展。

決議被歸入五個標題(政府組織、和平建國綱領、軍事問題、國民大會、憲法草案),取得這樣的結果不容易!但我現在知道我當時基本上沒有錯,雖然我們黨和民主同盟全力支持決議,但國民黨和共產黨口惠而實不至。

我覺得就最終結果來說,我參加會議的話,也不會有什麼不同,但決議的文本可能更精煉,有幾段話太囉嗦。

自從民主政團同盟成立,軍隊國家化和政治民主化的原則受到歡迎。就像中國歷史上許多群眾運動一樣,這些原則作為表達民眾的需求,已經被接受。但(在和平建國綱領中)這些原則被歸功於蔣先生,這符合他的習慣,他總是聲稱別人的想法是他自己的。

國民黨想讓我們黨和民社黨參加政府。我對參加政府怎麼看?我支持。我們黨內有沒有反對參加政府的?儘管

有些黨員持懷疑的態度，但並沒有強硬的立場。在常委會討論這個問題的時候，我已經離開了重慶。國民黨表示我們可以從他們提供的兩個部裡選一個。

我帶著黨的指示去上海，為青年黨的回歸鋪路。我們必須規劃我們黨的戰後復興。在我的要求下，周謙沖和四川人劉東巖陪我在一起。他倆很能幹，幫了我很多。我有些同事迴避非常激進的劉東巖，他們覺得有他在身邊太複雜，但我喜歡真正能幹的人。

國民黨資助各個團體，給我們黨三十萬元政府經費，幫助我們的復興計畫。是的，我對這個數字有把握。你說1946年6月份的官方匯率是二千零二十元法幣兌一美元，所以那是一個小數目？當然！國民黨從來不會給我們很多錢。青年黨一直都很窮。軍閥幫助我們的時候，他們給我們一兩萬，或者是五萬塊錢。當然，從來沒有人給過我們一百萬，或者承擔我們所有開支。

我們把大部分的錢留在重慶，只拿一部分去上海。我們花了十五塊金條在海格路盤下一幢優雅的大房子作為中央黨部。這是我們黨第一次安置得如此舒適！

有近千名黨員需要幫助，從四川返回上海。我們不得不重頭開始，為二十多個同志的家庭找到房子，除了租下十幾個房子，我們還把十五個家庭安置在虹口的幾套曾被日本人占據的房子裡。我們與劉攻芸[12]協商，他負責敵

---

12 劉攻芸（1900-1973），原名駟業，別名泗英，福建閩侯人。早年負笈清華大學，轉上海聖約翰大學肄業，留學美、英，倫敦大學經

偽財產。我見到宋子文兩次，我對他沒有什麼不好的印象。劉攻芸和宋子文都客氣友好。當然，蔣先生寫了信，指示要照顧我們。

在分配沒收的財產方面，國民黨對待我們黨怎麼樣？國民黨的態度很好。我們接管了哈同先生的一棟房子。政府拒絕他歸還房子的請求，我們代表他向政府請願成功，他很開心，就讓我們留在他的房子裡，只要我們承認他的所有權，他也只收取一點象徵性的房租。我們用完那棟樓以後，也可以讓別人接手。

我對日本人的撤退印象很好，他們把財產交給我方政府之前，把所有地方打掃得一塵不染。日本青年隊幫助人們搬離，上路回日本。他們對我們彬彬有禮，當時還有兩個日本記者採訪我。

我們黨對我們在上海的努力很滿意。1946 年（5月）中央黨部遷到上海的時候，同志們驚奇地發現，我們已經鋪平了道路。他們空手而來，我們為他們提供了充足的生活設施。

連新聞紙那樣的東西，我們都得向國民黨要。早先在重慶的時候，國民黨允許我們在上海辦一份報紙，我創立

濟學博士。1927 年回國，曾任中央大學與清華大學經濟學教授，轉任中國銀行總會計、中央信託局副局長、郵政總局副局長、郵政儲金匯業局局長，創辦華僑匯款業務。抗戰勝利後，任敵偽產業處理局局長、中央信託局局長、中央銀行副總裁與總裁，1949 年 3 月接任財政部部長不久，經穗赴臺、港，1950 年春任新加坡華僑銀行顧問、華僑保險公司董事、經理等。

《中華時報》。這一回我們辦一份較大規模的報紙。黨在上海的一條主要街道上，接管一棟此前為日本人所有的漂亮房子，在《大公報》對面。雖然有充分的條件，但我們還是沒能運作，原因之一是我們沒有好的機器。後來，我把報紙交給了宋漣波，再後來，讓我侄兒左幹忱接手，他是國民大會代表。宋漣波目前在臺北，他是青年黨中央執行委員會委員，也是國民大會代表。

我創立的三份報紙中，《申江日報》是唯一由我從始至終負責的報紙。哪一份報紙最讓我滿意？我們受阻於資金和人才不足，又缺乏有能力的記者和宣傳員。報紙很難做到經濟獨立，特別是政治報紙。相對而言，哪一份報紙影響最大？《新中國日報》，這份報紙在四川特別有影響。

黨有沒有成立一個叫人文研究所的研究機構？有的。但沒有正式成立，因為沒有足夠的資金和成員。它出版了一個期刊，叫《國論》，收集政治資料和剪報，但並不是只關注政治。因為存在的時間很短，沒有什麼重大的成果。

我對當時民盟領袖的死亡有什麼看法？聞一多和李公樸非常積極敢言。他們在昆明有很多學生。聞一多是著名教授、優秀學者，李公樸在社會上很活躍，人脈很廣。他們有許多追隨者。他們被殺時，很多人都心灰意冷。政府可以直接剝奪他們的自由，並不需要採取這樣極端的手段。人們感到害怕，那就是為什麼許多人到昆明的美國領

事館尋求安全庇護。

　　我覺得上海的情況怎麼樣？戰爭結束時政府固定了匯率，二百元中儲券換一元法幣。根據銀行家的專業意見，公平、現實的匯率可能是二十三比一。政府的匯率給人民帶來很大的損失，讓他們對政府失去信心。買花生都要花很多錢——花生商人還在用中儲券。在重慶時期，政府定的官方匯率是二十法幣換一美元，不現實的匯率。

　　上海有發生過暴力事件嗎？沒有。在我的印象裡，上海平靜有序。但我對吳開先[13]的評價不高，吳是國民黨上海市黨部的要員，跟杜月笙關係密切。我最後一次見他是在幾年前。

　　說回到政府和共產黨的談判問題，絆腳石是東北。蔣先生認為很容易就能打敗共產黨，對他來說，收復東北是理所當然的事情。

　　中共的部隊已經開進東北（緊跟1945年8月8日的蘇聯入侵）。一些共產黨的軍隊可能獲得了日本武裝，因為從大連到長春的南滿鐵路一部分已在共產黨手裡。在那之後，蘇聯過了一段時間才把日本軍火大規模地交給共產黨。

---

13 吳開先（1899-1990），字啟人，上海金山人，美籍歷史學家唐德剛的岳父。畢業於上海法政大學經濟科第一期，先後加入國民黨與共產黨，參加1927年上海工人暴動。國民黨「清黨」之後，專任該黨上海市黨部組織部部長，及上海市社會局局長、立法委員、國民黨中央執委會候補委員與委員，組織部副部長、上海敵後工作統一委員會執行常委兼書記長，全面負責上海黨政軍的地下抗日。1949年赴臺，以經營書局為生。

我不太清楚熊式輝（東北行營主任）、張嘉璈（東北經濟委員會主任）和蔣經國（東北外交特派員）的活動。但有個事實顯而易見，蔣先生派去領導新成立東北九省的人素質不行，這是他失敗的另一個原因。

甘友蘭[14]告訴過我其中梁華盛[15]的故事，可以提供佐證。甘友蘭在視察途中訪問他，受到隆重的招待。梁主席注意到，在慶祝甘友蘭生日的戲劇演出中，他的貴賓並不特別熱情。他就帶甘友蘭去泡溫泉。甘友蘭很驚訝那個地區居然會有溫泉，後來得知那是花了大錢，在地下生火才獲得溫泉的效果。腐敗到了何種地步！多麼難以置信的墮落！蔣先生委任的人是一幫沒腦子的傢伙。甘友蘭告訴我，這些經歷讓他相信大限將至。這些人怎麼能夠對付共產黨和它背後的蘇聯人！我感觸很深。這是蔣先生的失誤之處。不只是底層的人們不理解，熊式輝自己和政學系的

---

[14] 甘友蘭，即甘家馨（1904-1977），字胡蘭，江西萍鄉人。1924年就讀於廣東大學社會學系，與同學組織孫文主義研究會，1926年跟隨革命軍北伐，先後在南昌與南京改組或組建國民黨黨部，1930年冬季入日本早稻田大學研究部，續攻社會學。歷任浙江瑞安縣縣長、國民黨中央黨部總務處處長、組織部戰地黨務處處長、國民參政員、國民黨第六屆中央執行委員、立法委員等。1950年移居香港，講授社會學。著有《日本通史》、《日本的政黨》、《社會主義運動史》等。

[15] 梁華盛（1904-1999），廣東高州人，黃埔軍校第一期畢業，為黃埔系中第一位省主席。早年參加東征、北伐歷次戰役，1936年任國民政府軍事委員會委員長侍從室參謀，抗戰初期任第一九〇師師長與第十軍軍長，後升第四戰區政治部主任、第十二集團軍副總司令。抗戰勝利後，先是任東北保安司令部副司令長官兼吉林省主席，再任東北剿總副總司令兼瀋陽防守司令官。1949年轉任廣州綏靖公署副主任，同年赴臺。

人也不理解。

對張嘉璈這樣的人來說，東北是國家的經濟基地。但他們一到東北，就意識到形勢已經失控了。蘇聯不把人當人，沒有以體面的方式對待國民黨。當然，蘇聯人對中國共產黨有信心，熊式輝發現和平接管根本不可能。

緊張的局勢加劇。後來（1946年10月10日），蔣先生的軍隊佔領了張家口。在這個緊要關頭，第三勢力做了最後的調解嘗試。黃炎培和梁漱溟作為民盟的領導人參加調解，梁漱溟接任張東蓀的民盟主席職位（1946年4月）。儘管青年黨已經退出民盟，我們仍贊同他們的努力。我意識到這是最後的機會，國家瀕臨內戰的邊緣，必須做最後的拼搏。我看得清局勢，比李璜看得清。

我們黨退出以後，我有沒有跟民盟合作過？沒有。很多民盟的成員，譬如黃炎培，是無黨派人士。我們沒有理由不跟朋友們合作。不過，儘管李璜和我是作為個人行動，人們仍然會覺得我們代表青年黨。我們確實沒有得到黨的許可，我們最多是取得最高領導人也就是曾琦的贊同。

我們去南京前的一個星期（1946年10月21日），在上海法租界的吳鐵城家裡開了至少五、六次討論會。我的看法是，吳鐵城是國民黨的骨幹，我們可以跟他談談。他與那些堅持用武力來解決國共問題的國民黨人不同，有頭腦。邵力子當然不同，他傾向於共產黨。雷震不負直接責任，但他在避免陷入僵局方面發揮重要的作用。

這些討論會說服了李璜和我，我們必須到南京做調解的最後嘗試。我們好不容易說服周恩來跟我們一起去。周很高興，李璜和我參與這項工作。我確信，我們的參與和他願意繼續談話的態度有些關係。就像我說過的，他對我們缺席政治協商會感到失望。共產黨覺得李璜和我比我們黨的其他成員更了解他們。他們知道，曾琦永遠不會跟他們妥協。曾琦是徹底反共的，至少比我和李璜更反共。那就是為什麼周恩來不樂意看到他帶領青年黨代表團出席政治協商會議。

　　但我心裡還是知道沒有希望。我們特別安排了一架專機飛往南京，而共產黨為了表現他們的優越感，拒絕和我們同機，搭另一架飛機。

　　蔣先生的態度更糟。我們到達後與他短暫會面，他顯得居高臨下。共產黨越想顯示出優越感，蔣先生就越是居高臨下地對待他們。我們原本希望他會表示願意聽取我們的意見，或者表示對我們的努力表達良好的祝願。但他說了幾句客氣話就離開，去臺灣了。這顯出蔣先生對政治缺乏理解。他的優越感同共產黨的一樣糟糕！我注意到周恩來臉上的表情。蔣先生只說我們談一談是好的，他沒有提到任何自己的觀點，把責任留給不太重要的人，他知道這些人是不能做決定的，只有他能做決定。看得出來，他是決心要和共產黨分道揚鑣了。因此，把最後分裂的所有責任推到共產黨身上是不公平的，蔣先生應該承擔大部分責任。確實，共產黨的要求和條件不能為國民黨所接受。但

蔣先生的自負、傲慢和對武力的依賴招致了失敗，他缺乏自知之明，他甚至不了解他的軍隊、他的官員、學生和追隨者。事實是他們打不了仗。

我們在南京的會議地址是交通銀行。我們在梅園與共產黨代表見面，在孫科家裡與政府官員見面。透過長時間的協商，我們起草了以下三點解決方案：

1. 雙方即時起草停火令。根據三人委員會協定，由調處執行部和前線地帶軍隊執行停止敵對行動、恢復通訊的行動。遵照整軍方案整編雙方的軍隊。三人委員會決定雙方的軍力分配。
2. 依據政治協商會議關於和平建國綱領的決議，整個國家的地方行政管理應該交給改組後的國民政府委員會來解決。有爭議的地方，應該依照軍民分治的原則來解決。
3. 依據政治協商會議的決議和它採納的程序，首先應該召集指導委員會，籌劃政府重組，目的是讓所有黨派加入政府，並決定國民大會事宜，目的是讓所有黨派參加國大。同時，憲草審議委員會要立刻召集會議，完成憲法的修正。

據我看，這三個條件不會被共產黨接受。況且即使在這個階段可以避免分裂，等到三人委員會討論軍隊的分配問題、改組後的國民政府委員會討論地方管理問題，或者是指導委員會討論政府和國民大會的重組問題時，藉機分裂是很容易的事情。

梁漱溟覺得，東北的軍隊分配和地方管理問題容易引起爭論。他建議，與其把解決這些問題的責任推給三人委員會和重組後的國民政府委員會，不如我們把上述三點改得更具體。大家一致同意，建議梁漱溟、莫德惠、[16] 黃炎培研究這些問題，然後再轉給我們。黃炎培善於解決技術問題。莫德惠是東北人，特別了解情況，他在東北有不少財產，意見很受尊重。在最終分裂後，周恩來很不喜歡他。莫德惠已今非昔比，他在等死而已。

　　他們商量的結果是提出兩條具體的意見：1. 齊齊哈爾、北安、佳木斯為共產黨駐軍的區域；2. 共產黨應該以和平方式交出他們控制中長鐵路沿線四十一個縣中的二十個縣，由政府派縣長帶警員前往接管。

　　大家全體贊成把這兩點加進原來的三點決議中的第一點和第二點，並簽上了我們的名字（莫德惠、張君勱、李璜、黃炎培，繆雲台、梁漱溟、余家菊、章伯鈞、陳啟天、羅隆基、徐傅霖、[17] 沈鈞儒、張申府和左舜生）。

---

16 莫德惠（1883-1968），字柳忱，黑龍江雙城人，滿族。1906年考入天津北洋高等巡警學堂，曾任吉林省員警廳西局局員、局長、哈爾濱濱江巡警局局長等。1921年結識張學良，促成粵皖奉聯合反對曹錕賄選，得到張作霖的器重。曾任奉天財政廳長、代理省長，北洋政府農工部總長，隨張作霖乘火車返奉途中被炸傷。歷任莫斯科中蘇談判中方首席代表、國民參政會主席團主席、東北宣慰使、制憲國民大會代表、政府憲政督導委員會會長等。1949年赴臺，任考試院院長凡十二年。編有《雙城莫德惠自訂年譜》。

17 徐傅霖（1879-1958），字夢岩，廣東和平縣人。三歲喪父，秀才出身，京師法政專門學堂畢業，轉日本法政大學（一說早稻田大學），加入中國同盟會，獲法學學士學位。民國首屆眾議院議員。曾退出中華革命黨，加入歐事研究會、政學會等。協助張君勱籌建

（1946年10月28日）提議的鈔本遞交政府、共產黨、馬歇爾將軍。如果國共雙方能夠接受我們的提議，當然令人是高興的事。如果不能，我們也別無他法。

　　在我們附上簽名之後，在送出鈔本之前，沈鈞儒和張申府突然要求刪掉他們的簽名。他們的理由是，他們已經把提議的內容通知共產黨，共產黨拒絕了。但我們不能因為少數人退出而改變程序。三份鈔本由我們指定人員正式交付。

　　共產黨的那份是由梁漱溟、莫德惠、李璜送去的。由於事先就知道內容，周恩來有足夠的時間為三位先生準備了一部戲。當梁漱溟手裡拿著文件，向周恩來解釋第二條的時候，周恩來舉起手來阻止他，哭喊道：「不要講了！我心都碎了！難道國民黨壓迫得我們還不夠嗎？現在你們第三勢力的人也要壓迫我們！今天和平破裂了。我們先跟你們決裂。十年的交情就此結束，今天你們就是我們的敵人！」

　　莫德惠和李璜感到震驚，提議收回三份鈔本。在這一點上，黃炎培和羅隆基要求加入他們，陪著莫德惠和李璜，從孫科和馬歇爾將軍那裡取回另外兩份文件，交給周恩來過目，宣告無效。周恩來這才氣消淚乾。

中國國家社會黨、改建中國民主社會黨。第一屆國民參政會參政員。曾拒絕汪精衛政府司法院院長之誘餌，在港創辦《國家社會報》，參與籌備民盟的《光明報》等。1941年轉往新加坡，動員華僑參軍、捐餉、衛國。由民社黨推舉為制憲國民大會代表、國民政府委員等。1949年由港赴臺，先後任民社黨代理主席與主席。

蔣先生拒絕了我們的三點建議嗎？[18] 蔣先生從來沒有對我們說過一句具體的話。我不清楚他是不是看過我們的提議，如果有看到，他是不是考慮過這些提議，如果考慮過的話，他的意見是什麼。我確信，在談判的時候，沒有一個國民黨員陳述過蔣先生的觀點，甚至沒有間接地表達過。因此，情況完全無望。蔣先生從來沒有公開拒絕過我們的提議，他只是無視我們，這跟拒絕沒什麼兩樣。他的態度是，他在打勝仗的時候，我們在演喜劇，直到最後他依賴的都是武力。他覺得他已經打敗日本，但他錯了，究竟是誰打敗了日本！

　　在東北問題上，談判失敗了。蘇俄與共產黨巧妙地共同策劃一個陰謀。共產黨兩手空空地離開中國內地，奔赴東北，他們在那裡接受俄國人的裝備和林彪的訓練。一股強大的力量將要回來對付蔣先生，占領全國。

　　我決定我們黨參加〔制憲〕國民大會。當時的關鍵問題之一是召開會議的爭議。（1946 年 10 月 11 日）政府擬定在 1946 年 11 月 12 日召開國大。共產黨書面抗議，指責國民黨任意確定日期的行為。共產黨拒絕參加，想讓政府開不成。如果國大受到其他政黨和團體的抵制，國民黨會遭受嚴重的政治挫敗。另一方面，如果共產黨明確表示拒絕參加，而其他政黨和團體不同情中共的態度，中共就會完全孤立。因此，兩黨都需要第三勢力的支援。這是

---

18 〔原註〕See *United States Relations with China*, p. 202.

為什麼第三勢力有資格做調停的最後努力。

　　我決定加入國大,事先並沒有徵詢過曾琦和李璜。我們在交通銀行開會時,有人提出這樣的問題:如果共產黨拒絕加入國大,你們還參加嗎?我是第一個簽字表示肯定的人。李璜站在我後頭,覺得我有點獨斷。他沒有什麼特定的意見,他並不是憑藉他的思想成為黨的領導人,這是又一個證據,他也簽字了。在場的人通過了參加國大的決議。

　　決議的通過實質上意味著要打內戰。我推測國共不再可能避免武裝衝突。如果我們贊同加入國大,國民黨會獲得戰鬥的勇氣。如果我們拒絕參加國大,國民黨就不得不重新考慮是不是召開國大。但我覺得,無論國大問題的結果是什麼,他們總是會打起來。蔣先生一心要打,就讓他們打吧。我錯在以為蔣先生的軍隊仍然有能力作戰,我從來沒有想到它是那麼不堪一擊。

　　曾琦贊同我的行動,我們不得不表明立場。不然,我們的態度如何同共產黨的態度區別開來?我反對共產黨的立場,希望國民大會成為轉變的一步,從蔣先生的專制轉變為憲政。我們對憲法有信心,殊不知蔣先生視若無物。現在看得很明白,他接受憲法只是為了當總統。但在當時,我對他的評價要高一些。

　　國社黨(也決定參加國大)退出民盟。很明顯,在民盟內部,共產主義的影響在增長。我們退出民盟時,就知道國社黨也會跟著我們退出。我們處於同一種位置,都是

共產黨和左翼攻擊的目標。兩黨退出後，民盟失去調解的功能。

在挑選青年黨的一百名國大代表時，黨的常務委員會有沒有優先考慮在 1923 年至 1926 年間入黨的老同志？[19] 是的，總的來說是這樣。不過，我不確定我們有沒有嚴格遵守這條規定，有沒有例外。

（國民大會於 1946 年 11 月 15 日開幕）作為憲草審議委員會的成員，我只對張君勱起草的憲法草案七十五條條款中的兩條表達了我的意見。我對軍隊國家化的文本做了澄清：「第一百三十八條，全國陸海空軍，須超出個人、地域及黨派關係以外，效忠國家，愛護人民。第一百三十九條，任何黨派及個人不得以武裝力量為政爭之工具。」這和政治協商會議的決議一致，「軍隊屬於國家。禁止一切黨派在軍隊內有公開或秘密的黨團活動，軍隊內所有個人派系之組織與地方性質之系統，亦一併禁止。」數十年的經驗和歷史研究使我相信這些原則極其重要。

我沒有太關注被討論的其他內容。有一個討論很可笑，就是從國家、省和地方財政收入中劃撥一定比例的資金用於教育事業。我對張君勱說，這是不可能的，我們甚至沒有可靠的統計資料！

我對一個爭論印象深刻，即國民黨希望把中國是「三

---

19 〔原註〕見陳啟天，「陳啟天回憶錄」（初稿），第三部分，頁 132。

民主義共和國」寫進憲法。最後大家同意憲法（第一條）這樣寫：「中華民國基於三民主義，為民有民治民享之民主共和國。」孫中山用的這句話，讓人聯想起林肯。其實我們不反對三民主義原則本身，現在也不反對。我想，我比國民黨更加支持孫中山，只是三民主義被國民黨濫用了。（1946年12月25日）國大通過憲法。

有沒有可能把小的團體和黨派同第三勢力聯合起來組成一個組織？這種可能性微乎其微。如果馬歇爾使華一開始就來促成此事，會不會增加可能性？可能性還是很小。你想，就連中國青年黨和民社黨都合併不了，如果認為馬歇爾能夠把所有的小黨派和團體合併在一起，那就太高估他了。

蔣先生和他的夫人對馬歇爾將軍都非常禮貌，但蔣先生對共產黨的理解與馬歇爾不同，這是沒有出路的。馬歇爾在臨別時（1947年1月7日的聲明），他的結論是，國共兩黨都沒有誠意。馬歇爾說得很對，最大的障礙是兩黨之間互不信任。共產黨的態度很容易受到批評。但在某種程度上，是因為蔣先生的性格，才強加給共產黨的。蔣先生的優越感太強，他蔑視所有人，包括毛澤東。我們心裡知道，毛澤東雖然有不足，但蔣先生也好不到哪裡去。

杜魯門（總統）選擇馬歇爾將軍使華，反映美國非常重視中國的問題。馬歇爾身居高位。我認為國民黨——蔣先生——從未充分認識到馬歇爾的重要性，這就是後來國民黨與美國關係緊張的根本原因之一。國民黨沒有意識到

馬歇爾回到美國後,會被任命為國務卿。國民黨當然不可能預測到這個。但我們意識到馬歇爾的地位很高,他的話舉足輕重。國民黨應該意識到,馬歇爾的使命失敗,(部分)由於國民黨對共產黨的懷疑,這對中美關係產生了不利的影響。國民黨沒有預見到(美中關係)白皮書的出版和美國援助的終止。

第十一章　參加政府（1947年4月至1949年初）

　　參加政府，這跟我們黨支持政治協商會議、起草憲法，以及召開採納憲法的國民大會是一致的。

　　（1947年4月17日，蔣介石、張君勱、曾琦、莫德惠和王雲五簽署「共同施政綱領」）政府提供兩個部給我們黨，由我們從農林部、水利部、經濟部以及擬從交通部分離出來的郵電部中選擇。得知政府的提議後，我建議我們黨接受農林和水利這兩個緊密關連又非常重要的部門。黨拒絕了我的建議，選擇了經濟和農林，由李璜和我來主持。

　　政府為什麼會多給我們一個部呢？由於共產黨拒絕參加政府，很多職位都空著。另外，（由國社黨重組而來的）民社黨謝絕了部長級的責任，理由是黨員缺乏行政管理經驗，僅僅接受了一個不管部職位（加上三個國民政府委員的席位）。其實，我們黨也同樣缺乏經驗，我在接手農林部時才開始學習。

當時有沒有青年黨成員試圖反抗黨的領導階層？[1] 我來告訴你事實。李璜起初同意主持經濟部，但他並不適合這個職位，因為他的很多四川同志想要這個位置。李璜覺得這也太讓人頭疼，就謝絕任命。他的決定是不是受到了想做次長的劉東巖影響？在一定程度上是的。劉東巖確實合格，他為爭取這個位置盡了最大的努力，但別的黨員比他更有資格。

最後，陳啟天（於 1947 年 5 月 18 日）取代李璜成為經濟部部長。傅斯年對陳啟天有偏見，認為他太關注政治策略而不是政策。傅斯年後來批評我，怪我沒有代替陳啟天當經濟部部長。他覺得，如果我這樣做，後來可能就不會出差錯。當然，他這麼說是因為他對我評價很高，不過真正的問題是當時的官職不夠用。

黨的領導人很難滿足他們追隨者的工作需求。經濟部的各機關有錢，農林部的各機關沒錢。另外，農林部的機關是技術部門，不懂農業的黨員就不能勝任那裡的工作。所以我可以應對這個問題，不費吹灰之力，沒有人在我的部裡競爭職務。農業在國外至關重要，人們還沒有意識到農業的重要性，那是中國的悲劇。

我收到的唯一批評來自我一個密友，他批評我對次長的選擇（即謝澄平），他認為我應該選他。我之所以選擇謝澄平做次長，因為他是從美國回來的學生，講一口好英

1　〔原註〕See Ch'ien Tuan-sheng, p. 353.

語，認識許多美國人，可以幫我和美國顧問打交道。我的另一個次長周昌蕓，留德學生，曾經在福建有過建樹的土壤專家，現在在臺灣仍很活躍。我在選擇他們時，沒有考慮任何個人因素。

有傳聞說我曾經同謝澄平和其他黨員試圖推翻曾琦，沒有成功，導致謝澄平的下臺，這是真的嗎？[2] 沒有的事。我從來沒有懷疑過曾琦是我們的領袖。我們之間當然有分歧，但曾琦樂於接受我的意見，他更願意聽取我而不是其他人的意見，他是講道理的。

但也可以說，這些傳聞並非完全虛假。曾琦的思想基本上落伍了。謝澄平不一樣，我們把他當弟弟看待，他的性格有缺陷，有一段時期對我不禮貌，但我看重才幹，不計較他的態度。

（我黨的國民政府委員是曾琦、余家菊、何魯之、常乃惪。鄭振文[3]和楊叔明被任命為行政院政務委員。）

我認為政府合作嗎？政府完全不干涉我。張羣（1947年4月至1948年4月擔任行政院院長）對我很好，他甚至從不過問我的活動。據我所知，沒有人批評我。我參加政府是不是有成效？我學到很多。參加政府前，很多問題我不可能理解，我不可能近距離觀察到國民黨黨員在行

---

2 〔原註〕見《新聞觀察》（香港），1952年1月13日。
3 鄭振文（1898-1963），字鐸宣，廣東潮陽人。哲學博士，中山大學工學院地質學教授，曾任青年黨中央委員會執委、組織部部長，國民參政員，國大代表、行政院政務委員等。某年南返故里，委其胞弟組建潮陽地方黨部。1949年赴臺，賦閒終老。

為、態度和方法上暴露出來國民黨在政治上的無能。你想要例子嗎？張羣私下談話不錯，但缺乏政策性。行政院院長一定要堅守政策、原則和目標。在我看來，國民黨沒有政策。

我在農林部經歷有哪些亮點？政府輕視農林部。譬如，作為部長，我從沒有在行政院院會上做過報告。部裡預算很少，我的前任周詒春住在上海，對部裡的事情不聞不問。但他很客氣，我接手時，他為我詳細地介紹過部裡的情形。

我發現部裡的職員是個好團隊，三分之二留美，其餘員工留日，或者在國內受教育。重要的職位由留美學生擔任，譬如，中央農業實驗所的所長沈宗瀚、馬君武的兒子馬葆之。員工中有兩個青年黨黨員黃日光和冷彭，我增加了兩個技術專家：已提到過的我黨黨員周昌芸，還有國民黨員趙連芳。我和職員關係很好。

農林部在南京有七個重要的附屬機構：中央農業實驗所、中央林業實驗所、中央畜牧實驗所、煙草改進處、棉產改進處、農業經濟研究所、農業技術推廣委員會。我每月派人到附屬機構視察，我自己也多次訪問江蘇和浙江的下轄機關。

我建立棉產改進處，這個機構有很好的基礎，因為宋子文先前曾經開展棉產的研究。我不懷疑共產黨在大陸關於棉花增產的說法。我還在上海建立籌劃過一段時間的中央水產實驗所，是在聯合國善後救濟總署幫助下建立起來

的，效果非常好。這是我為農林部做最好的一件事。中央林業實驗所實際上比農林部的林業局更重要，實驗所雇用了很多員工，僅在南京就超過一千人。我也發現腐敗的證據——虛報薪酬，我解雇了負責這事的林姓員工。

這個時期給我的主要感悟是，如果政府採取了更為科學的方法，雇用更多受過專業訓練的人，國家本可走上軌道。如果我可以連續服務五年，也許能夠為農林部做出一些成績。

我想激起南京官方對農業的興趣。我諮詢過任職於美國農業部的穆懿爾（1948年被任命為農村復興聯合委員會的美方成員）。我問他，中國有沒有可能在三至五年之內實現農業機械化，他的看法是不可能，因為中國的農民像其他地方的農民一樣，雖然善良勤勞，但思想保守，缺乏機械知識。另外，大規模的機械化很困難，特別是在南方的低窪地帶，尤其是四川。

我決定在南京附近長江的八卦洲上建立一個運用現代農業機器的實驗計畫，這個決定部分來自穆懿爾的建議。美國幫助我們啟動，還給我們價值每隻三千美元的澳大利亞綿羊。

這讓人想起毛澤東的農業機械化計畫。根據我的經驗，我敢說，中國農民往往不歡迎新機器，而且還容易破壞機器。這就是我為什麼要建立八卦洲計畫來展示現代機器的效率，我懂得他們的心理。我的好友，當時的南京市市長沈君怡協助我展示拖拉機的用法，我邀請農民協會的

領袖來參觀，親眼看看可以做些什麼。

另一個我動過很多腦筋的計畫是重新造林。我集中在兩個地區，南京周圍和杭州西湖區域。浙江省省長陳儀批准了我的計畫，跟我合作。他給我的印象是個能幹的人，軍人出身。沈君怡也非常配合，在南京到湯山的公路邊種植長得很快的法國漆樹。

我為農林部籌劃兩個月刊。一個叫《農業研究》，是一個介紹新方法和新觀念的技術性刊物。另一個叫《農業行政》。[4] 可惜我們沒有來得及實現。

聯合國善後救濟總署派了二十來個專家來幫助我們。他們拿高薪，卻沒有有效的成果。利用善後救濟總署的物資，計劃建幾家農機製造廠，但進度很慢。我建議先在南京建一個工廠，並被採納。在我離開農林部時，南京的工廠已經投入運營。後來，農林部在北平的工廠之一就為傅作義將軍生產步槍。

善後救濟總署幫我們做了些什麼？它給了我們不少機器和設備，也給下轄機關廣泛而直接的幫助。善後救濟總署與農林部是一種什麼樣的關係？我認為，善後救濟總署和農林部應該有一方負全責。那些名義上由聯合國和中國政府合管，實際上是由外國人和身居高位中國人控制的計畫，徒有形式，從來就沒有成效。一旦失敗，這種制度就

---

4 左舜生在〈我眼中的中國農林事業〉一文曰：「我在去職的前三月，已籌定專款，預備發行兩種月刊：一種《農業行政》，一種《農業研究》」。參見左舜生，《近三十年見聞雜記》，頁120。

會導致互相指責。這些外國人喜歡繁文縟節，多數人以前在他們自己的國家工作，沒有認識到中國才剛剛開始關注農業。同時他們也受到腐敗的誘惑。

我與美國大使司徒雷登博士有沒有聯繫？他和我們很少聯繫。我只見過他兩次。第一次見面的時間很短，第二次他邀請我共進晚餐，會見的時間比較長。是我主動求見司徒雷登大使的嗎？可能是吧。我接管農林部之後見到他，此後不久，大概一個月內，他邀請我共進晚餐。還有誰在場？只有他的教子傅涇波。[5]

兩次見面都是在美國大使館，司徒雷登從來沒有回訪過我們，美國人自視太高。馬歇爾沒有跟我聯繫過嗎？我們去見過他。當然，我們的寓所太簡樸，無法招待美國要人。

我和司徒雷登談些什麼？我們討論了國共關係。我記不起他表達了任何具體的意見。他希望兩黨合作、避免戰爭，與馬歇爾的觀點一致。我說了些什麼？我告訴他，我了解共產黨，分析我認識的共產黨領導人。他想加深他的理解。我沒有指出我認為需要做什麼，就是有好主意的

---

[5] 傅涇波（1900-1988），出生於信仰基督教北京一滿族正紅旗之家。早年自北京大學轉讀燕京大學，成為校長司徒雷登的私人秘書與助手，終身陪伴在司徒雷登左右，除了差旅費之外，謝絕任何薪酬，不參與燕京大學的任何校內事務，惟對司徒雷登負責，風雨同舟。司徒雷登於《在華五十年》一書有言：傅涇波之於我，就像是我的兒子、同伴、秘書和聯絡官。我所以能取得的一些成就，特別是在了解中國和中國人民方面，應該歸功於他的地方，也許甚至比我自己意識到的還要多得多。

話，說出來也不合適。我說得很籠統。

我對魏德邁將軍的中國之行怎麼看？我只見過他一次，在他離開中國兩天前的一個會上（1947年8月22日的國民政府委員與部長會議）。蔣先生坐在魏德邁旁邊，作為非正式的會議主席，請魏德邁講話。

魏德邁將軍講了很長時間，至少四十到五十分鐘。我記得，他主要在談美國陸軍，重點談到非執勤時間官兵之間友好而民主的關係。當然，我不能判斷他觀點的真實性，我不知道他為什麼要強調這一點，我的感覺是他想說中國軍人缺乏對部下的關心和體貼。其實不久前發生了一件事，一個美國或者歐洲的軍官打了一個士兵。

魏德邁是個滔滔不絕的演講者。跟馬歇爾將軍一樣，他帥氣，有人格魅力。他看上去很文雅，暗示說，中國的政治現狀令人不滿意，政府官員腐敗。他實際上並沒有提起民主的問題，但他的話暗示我們的民主程度不夠。不過，他的話並沒有冒犯之意，至少我沒覺得，我不覺得他的話有侮辱性。當然，蔣先生不會這麼理解。

曾琦說了幾句話，比較贊同魏德邁的觀點。我覺得其他人的發言也大同小異。蔣先生反駁說，魏德邁將軍只是站在美國的立場說話。蔣先生必須這麼說，是因為他擔心人們接受魏德邁的話。蔣先生所言，按照他的標準來說非常有禮貌。我認為魏德邁完全是好意。

除了這一次，我沒有再見過魏德邁。就我所知，我們黨的其他領導人也沒有見過他。馬歇爾將軍關注我們和我

們的意見。民盟在馬歇爾訪華時很活躍。馬歇爾將軍知道我個人與民盟的關係密切。魏德邁呢？他並不關注小黨派和團體。實際上，這些黨團毫無力量可言，不值得關注。

我們黨在上海開的第十一次代表大會，是不是在1947年9月5日決定迫使國民黨全面執行「國民政府施政方針」？如果談判破裂的話，全體黨員退出政府？[6] 是的，有可能，但這並不重要。我們曾多次向國民黨提出這樣的要求。十一大是不是充滿爭論？在那之前，所有的人事問題都已解決，不可能有大的衝突。

我是不是參加與國民黨的討論，並達成協議，在1947年11月國大的選舉中青年黨占三百個席位、民社黨占二百六十個席位？[7] 我沒有參與席位之爭，沒有表達我的意見，也不太關心這個問題，這就是為什麼我不適合搞政治活動。曾琦和陳啟天更有技術頭腦，他們關心細節。我的同志們知道我對細節不感興趣，也就不來打擾我。

李璜呢？他對黨來說，就像是讓中藥變甘的特殊草藥。他有一些好的特質，其中一點就是他對黨員的來函，每件必覆。他總是盡自己所能，為他們找工作。他在國大席位一事上起了什麼作用？他為黨做得最多，陳立夫和他被同一種病折磨──為了黨的組織工作而頭疼。陳立夫告訴他，希望自己的後代不要從事黨派工作。他倆都意識到

6　〔原註〕見余潤棠、姚傳鏗，《中國當代政黨論》，頁69-70。

7　〔原註〕See Ch'ien Tuan-sheng, p. 333. 見陳啟天，「陳啟天回憶錄」（初稿），第三部分，頁144。

黨的組織工作絕非易事。

我的負擔比較輕，不是我躲避責任，我只是覺得我有自己的責任。我的職責是鑽研大事，隨時準備應對危機。對我來說，很多問題根本不存在。譬如，我就看不出分配更多的席位給民社黨有什麼不好，畢竟他們改天可以回報我們。我們當時跟民社黨的關係怎麼樣？我想不起來有什麼衝突，我習慣於無視那些經常引發衝突的瑣事。我覺得，國大席位這種事情對我來說太複雜了。

李璜、曾琦和陳啟天代表我們黨。誰代表國民黨？陳立夫、陳布雷、張羣、吳鐵成。立夫做得最多，他最了解國民黨的困難。和他一樣，我也不願意我的孩子承擔黨派責任。

我們把我黨的實情告知國民黨。如果嚴格依法進行選舉的話，我們不可能與國民黨競爭。曾琦在這個問題上不得不堅守立場，我們的同志讓他別無選擇。國民黨理解我們的困境，不得不採用分配固定席位的辦法來做做樣子。一開始就沒有人規劃。我們知道國民黨會占據大多數席位，這是毫無疑問的。分配固定席位給我們黨和民社黨是誰的主意？我不清楚。這未必是我們的建議。這是討論的結果。我不知道是誰的提議。

我是作為湖南農民協會的代表當選為國大代表，我當時是農林部部長。國民黨事前就幫我準備好了，它充分認識到，除非為我們做好準備，否則，我們完全沒辦法競爭。「選舉」這個術語，意思是人民投票，在中國是毫無

意義的，人民不直接參與選舉，不要被形式所誤導。國民黨的候選人是由黨組織提名的。

　　我們黨也提名了候選人，黨必須根據成員的資格與背景來做決定。黨想讓某些人當選，譬如，來自四川某些地方的人。沒有人會批評或者抱怨，參加選舉的是我們黨具有地方影響力的重要成員。我們黨是不是規定了我們的候選人應該在哪些選區勝出？嚴格地說來並不是這樣。

　　陳立夫為選舉大為頭痛。我們黨的候選人在實力雄厚方面是沒有問題的。但總體來說，國民黨是執政黨，它的黨員有更多的財政支持。國民黨不得不要求一些當選人放棄席位，給我們黨的落選人。但在一些縣遇到困難，那裡的國民黨候選人實力強大，很活躍，不願意把席次交出來，不肯讓步。其中有些人（在 1948 年 3 月 29 日國大開會以前）在國民大會堂前靜坐抗議。很可笑！

　　不能怪國民黨中央和地方黨部，因為拒絕讓出席次的當選人實力很強，這是現實問題。（最終我們黨得到二百三十席，民社黨得到二百席。）[8]

　　對於分配固定席位給我們黨和民社黨的做法，我怎麼看？當然不是好事。我能想出另一種做法嗎？不能。我們不得不面對現實，而不是理論。國民黨決定召集開國大，憲法已經通過，但中國實在太缺乏真正選舉的必要基礎。國民黨已經掌控一切，現在它不得不妝點門面。

8　〔原註〕See Ch'ien Tuan-sheng, p. 334.《中國青年黨簡史》油印手稿，藏於哥倫比亞大學口述史計畫。

青年黨和民社黨在職業團體與婦女組織中有相對較大的迴旋餘地，我們的候選人更容易當選為這些團體的代表。

國民參政員比國民大會代表的地位高，儘管國民參政員是抗戰初期由國民黨主動指定的，但無論從地區還是職業的角度來說，都更具有代表性，社會地位也很高。我對國民大會代表的評價不會很高。當然，國民參政會最初的參政員數目比較小，而且隨著第二次國民參政會的召開，參政員的素質也有所下降。

國大依據憲法選舉總統和副總統，有哪些亮點？蔣先生是國民黨的總裁，他想當總統，這並不奇怪，儘管有段時間他說想讓胡適當總統。我後來聽說戴季陶強烈反對蔣先生選擇胡適做總統，因為胡適跟國民黨沒關係。我強烈地感覺到，戴季陶不是唯一持這種看法的人，很多國民黨人無疑跟他的觀點一致。當時，我甚至沒有想到蔣經國，他還沒有勢力。總統的選舉很簡單。如果蔣先生不想當總統，他可以不被選。另一方面，如果他想當總統，他的當選就是既成事實。居正也不算真得想選。

問題發生在副總統的競爭上。蔣先生原來可以讓事情簡單化，指定一個國民黨黨員做自己的競選搭檔。在美國，總統和副總統候選人屬於同一黨派，前者有權選擇後者。作為國民黨的總裁和總統候選人，蔣先生有資格挑選副總統候選人。我不知道他如何以及為何決定不那麼做，而是讓國民黨的成員自由競選，使事情複雜化。他應當為

副總統的選舉出錯負責。

三個最重要的副總統候選人是孫科、李宗仁和程潛。別的黨派（民社黨的徐傅霖和無黨派人士莫德惠）沒有機會，他們的作用只是陪襯。合格國民黨候選人的自由競選是問題的核心。

蔣先生發自內心堅決反對李宗仁參選，矛盾之處在於他不想讓李宗仁競選副總統，但又允許自由競選。我聽說，當李宗仁拜訪蔣先生，告知他自己打算參加競選時，蔣先生沒有表示不贊同。事實上，李宗仁以為他的候選資格得到了蔣先生的認可，這是誤會。

我覺得，程潛的參選是被蔣先生啟發的。他認為，讓程潛加入兩個主要候選人——孫科和李宗仁，是個好主意。根據我的消息來源，蔣先生為他提供競選資金。程潛試圖尋求湖南人的支持，但沒有試圖爭取我的支持。他沒有聯繫我，因為他知道我對他印象不好，而且我不容易動搖。蔣先生估計程潛可以得到一部分選票，他知道票數不會很多，但不管票數多少，都意味著李宗仁的選票會減少很多。程潛出局後，他的選票可以給孫科。

蔣先生和我們都清楚，李宗仁有大量的財力支持。他每天招待客人，一天還不止一次。他自己沒有那麼多錢，但他的下屬和與他有關係的人支持他。譬如，安徽省政府主席李品仙就很富有，他送了一火車的現金到南京為李宗仁助選。我們雖然沒有親眼見到現款易手，但很明顯，李宗仁有大筆競選資金任他支配。

我清楚地記得李宗仁來我在梅園新村寓所拜訪的那一天。我的房子很普通，兩層樓，每層兩間房，對一個部長來說很不起眼。在那之前，我從來沒有跟李宗仁交談過，只在公開活動中見過他。我與白崇禧將軍交談過，我覺得他是個有學者風範的軍人。

李宗仁坦言，希望我幫他拉青年黨的選票。他應該就此打住！但他接著狠批蔣先生。我覺得，第一次見面，他就這麼說話，有些淺薄。如果我是蔣先生的支持者，對他來說就會很危險，但我不是。然而，他表現出的不謹慎令人震驚。後來，他作為副總統也同樣不謹慎。

李宗仁跟我黨的其他成員有關係嗎？他認識曾琦，但不是很熟。他來訪後，我告訴曾琦，他很不謹慎。他見了曾琦，但沒見陳啟天。跟陳啟天談話不容易，他喜歡講條件。

我沒有講條件。我只告訴李宗仁，我會幫他。我沒有講假話。雖然他給我的印象不好，但我還是覺得他比孫科更合適。另外，他把漢口和北平的秩序維持得很好。我覺得他是個幸運的傢伙，我喜歡看相，他看上去誠實，他的坦率來自他的誠實。

我意識到獲得黨內選票的任務並非沒有困難，我們的選票舉足輕重。後來的選舉結果表明，如果我們黨投的是孫科，他就會勝選。李宗仁後來以不到二百張的選票險勝。我預料到會在黨內遇到困難，因為國民黨已經跟我們的一些黨員談過，包括陳啟天在內。陳啟天奉蔣先生的命

令，要讓孫科當選。我不知道我們的中執委有沒有答應幫助陳立夫。

在副總統選舉（1948年4月23日開始）的前一天晚上，我們黨在曾琦家開會。沒有作出應該支持李宗仁還是孫科的決定。誰出席了會議？黨的常委和幾個中執委，加起來超過十人。所有人都是國大代表。

有些人認為，既然蔣先生和李宗仁都是軍人，支持一個文人更好。另一個看法是，李宗仁的中學、西學都欠缺，而孫科相對來說有學問。另外，孫科對我們的態度不錯。這些看法都對孫科有利。孫科與我們有關係嗎？沒有。我們跟孫科和李宗仁都沒有關係。

支持李宗仁的人說他是個好軍人。另外，孫科的私生活倍受譴責，他與藍妮的風流韻事為他帶來不好的影響。從道德上說，孫科不如他的父親——這不只是我們黨的看法，也是普遍的看法，李宗仁在這方面則很清白。最後，我們知道蔣先生強烈反對桂系。由於我們中的很多人不喜歡蔣先生，儘管表面上很友好，但阻撓他的想法也很重要。如果他想當總統，我們無法反對他，但選一個他不喜歡的副總統是個好主意。這是一股強大的暗流。

我們黨的會議開完後，陳立夫來曾琦的家看望我們。李璜和我正好在場，一共有四、五個人。陳立夫的來訪不是事先安排的。他的語氣很堅定，當然，他不能明說要我們反對桂系。他只是指出，孫中山的獨子孫科當選副總統是合適的，他還強調孫科是一介平民——陳立夫當然會從

這個角度談起。他說:「如果你們接受我們的觀點,我們兩黨的關係會更上一層樓。」這是陳立夫第一次在這件事上找我們嗎?他非正式地單獨跟我們談過,但我不記得他跟我談過,我相信他這次是奉蔣先生的指示來的。

我們想表明我們不帶偏見。我們還沒有做出最後的決定,不願做出承諾。我們拒絕做出任何承諾。陳立夫對我們的態度感到不滿,他認為我們有權做出承諾,命令我們的代表給孫科投票。即使我們的常委會有分歧,但只要委員會決定支持孫科,我們所有的代表就會尊重這個決定。

兩個多小時以後,李璜和我把陳立夫送到門口。因為曾琦走路困難,我們代表他護送這位國民黨的要人。在門口,陳立夫轉身對我們說:「我們兩黨的關係就取決於這件事了。」他好像在暗示,如果我們投李宗仁的票,我們的關係就會惡化。這樣粗魯的恐嚇讓李璜和我很震驚。我對曾琦說:「我們必須決定支援李宗仁,別管他說了什麼。」陳立夫說話太不禮貌,好像我們黨的生存依賴於國民黨。好吧,就讓國民黨欺壓我們吧!

陳立夫的話對我們的決定形成了關鍵作用。他太不謹慎。如果換成是張羣或陳布雷來找我們談話,事態不會變得這麼緊迫。蔣先生派陳立夫來,因為他可以真正代表國民黨,蔣先生靠他讓孫科勝選。陳立夫與他自己的黨員有矛盾嗎?他比較能夠控制國民黨,但他控制不了三青團。

我們黨召開了第二次會議,與會者是同一批人。這次我們決定給李宗仁投票,被陳立夫的話激怒了。其實,我

們黨對孫科從來沒有好印象,雖然我個人對他的評價還好。我常去他家談民盟的事務,他也常跟我討論最近讀的書。我不太在乎藍妮的問題,有些人卻很在乎,譬如,曾琦就因此堅決反對孫科。不過,我們的決定是基於我們知道蔣先生對李宗仁的敵意。蔣先生可以控制想要錢的孫科,但控制不了有自己軍隊的李宗仁。

我們黨內有人反對支持李宗仁的決定嗎?部分成員給出了支持孫科的理由。譬如,陳啟天就表示,我們不應該激化國民黨內部的衝突,也就是蔣先生和李宗仁之間的衝突。不過,反對意見並沒有很堅定地表達出來,我們是事後才知道陳啟天的批評。據陳啟天說,在4月29日最後一次投票的前夜,七人投票支持孫科,七人投票支持李宗仁,主席投了決定性的一票給後者。[9] 誰支持陳啟天?我不記得有人支持他。或許是他們沒有說出來。

透過我們的黨支部,我們把決定通知各個代表。我們在國大的黨支部有多大?黨支部是我們黨的幾個代表組織的。我們黨的代表們遵守黨的決定嗎?是的,沒有違反紀律。當然,不可能去查證,因為是無記名投票。但當時普遍的氛圍是服從黨的紀律。再說,很明顯的是,一兩張選票的作用不大。

我們把我們的決定告知民社黨了嗎?儘管我們與民社黨的成員有聯繫,我們黨的決定畢竟是黨的高度機密,我

9　〔原註〕見陳啟天,「陳啟天回憶錄」(初稿),第三部分,頁152。

們沒有就投票交換資訊，民社黨比我們的票數少。投票結果出來以後，我們才知道彼此的立場。結果顯示，民社黨也支持了李宗仁。

我們沒有跟其他黨團事先建立正式聯繫。我們有沒有人以個人名義跟其他支持李的黨團成員談過？那是自然，作為個人，我們會討論副總統的選舉，沒人去談論總統選舉。我聽到一些民社黨的成員說他們會支持李宗仁。另一方面，我們的決議肯定洩漏出去。可以說，我們黨和民社黨互相影響。也可以說，我們對民社黨的影響比民社黨對我們的影響大。

我在國大開會期間有跟陳立夫或李宗仁交談過嗎？沒有。李宗仁來拜訪我後，我跟他有進一步聯繫嗎？沒有，除了在他主辦的一個晚宴上，他用溢美之詞來誇獎我，說我的家像個工人的家。他那麼做不太聰明！他可能會讓人覺得我們之間有共識。誰出席了晚宴？來自不同黨團大約一百名客人。

李宗仁缺乏政治才能，這點在不同方面都有體現。譬如，他投票時站在臺上。當然，他看不到代表們投的是誰。白崇禧恰好坐在我前面，我告訴他，李宗仁不應該站在那裡，別人會以為他想影響投票。白崇禧把訊息傳達給李宗仁，他馬上從臺上下來。簡而言之，李宗仁的行為——他跟我談話時譴責蔣先生，他在晚宴上讚揚我，他出現在臺上——暴露出他在政治上的幼稚。

李宗仁的夫人沒有為丈夫積極助選嗎？有的，但她的

競選活動不太體面，顯得太焦慮不安。代表們到達時，她站在門口，記錄了她認為丈夫可以得到的票數。我聽到許多有關她過去的故事：她是如何成為小學校長，如何遇見李宗仁。當時普遍的氛圍對她不利，意味著對她丈夫不利。

孫科夫人也積極地為丈夫助選，她站在門口，與每個代表握手。藍妮甚至也在後頭助選，因為她的名聲不好，對孫科的競選弊大於利。

投票過程沒有出現任何麻煩，無記名投票有效執行。在孫科和李宗仁角逐的最後階段，我們找到了一點慰籍。向公眾宣布投票結果的時候，人們不太關心孫科，而是熱烈地為李宗仁歡呼。雖然我們支援李宗仁別有目的，但我們覺得，我們仍然代表真心支持他的民眾。

我想說，雖然我黨的票數作用重大，讓天秤向李宗仁一邊傾斜，但他勝出的根本原因是三青團的態度，他們是一個很大的群體，大多數投李宗仁的票。如果國民黨和三青團的人都受到了控制，我們就無能為力。我們黨和三青團的人有聯繫嗎？沒有。我事先知道他們的態度嗎？選舉結束後，我們從不同的人那裡得知他們的態度，譬如甘友蘭，但當時我並不清楚他們的態度。我也沒有印象，國民黨被分裂成黨、團兩派。我也沒有想到，雖然國民黨支持孫科，但三青團可能支持李宗仁。我不知道其他人知不知道，我完全不知道他們之間的分歧情形。現在，我當然瞭解 CC 系和三青團的衝突。當時我知道這種衝突的存在，

但並沒有覺得很重要,因為我想蔣先生會化解他們的分歧,有效地控制局勢。

回想起來,我認為我們支持李宗仁是個錯誤。如果我們支持孫科的話,事情可能會變得更好。為什麼?可能會避免蔣先生和李宗仁的直接衝突,情感而不是理性推動了我們的行動。另外還有一個因素,除了蔣先生和桂系的長期衝突,蔣夫人也看不起李宗仁的夫人。兩對夫妻跟國大代表拍照留念的時侯,我就親眼看到了證據,蔣夫人看都不看李夫人一眼。她明顯地認為,李夫人不適合做「第二夫人」。

蔣先生完全無視李宗仁。他先是決定身穿正式軍裝,出席(1948年5月20日的)就職典禮,而且定製了新制服。於是李宗仁也打算穿軍裝。但蔣先生在最後一刻改了主意,穿上中式長袍。這就讓站在他身後的李宗仁看起來像個隨從。蔣先生就是這樣在小事情上為難李宗仁,這樣的事件讓我們感到不安。我們談論到這個情形,但已是亡羊補牢。

憲法生效後,我是怎麼看待在1948年5月至11月期間擔任行政院院長的無黨派人士翁文灝?翁文灝和張羣一樣,沒有政策。孫科(1948年12月至1949年3月期間的行政院院長)也是如此。三屆行政院院長處理憲法和其他問題的方法如出一轍。作為農林部部長,我有基本政策,但我無法將它們與行政院的總政策協調,或者結合起來。

我記不記得在行政院院會上曾就哪些重要問題發表過意見？（1948年8月，蔣經國被派往上海執行幣制改革的政策）我告訴翁文灝，我在上海二十年的經驗，讓我能夠理解上海社會的複雜性。嚴厲的措施不會帶來預期的結果，某些群體的問題很難處理。我心裡知道，國民黨自己涉足其中，宋子文和孔祥熙以及孔的兒子和二女兒所作所為，無人不知。蔣經國還沒有能力對付孔、宋。既然如此，他還能怎麼對付別人？當杜月笙的兒子（杜維屏）被逮捕的時候，我就預測他會被釋放。順便說一句，我在農林部部長的任上結識杜月笙，因為他經營的一個魚市場在農林部管轄之下。

我從一開始就告訴翁文灝，蔣經國註定會失敗。翁文灝起初還顯得很高興，但很快就擔心起來。蔣經國被要求在行政院院會上彙報上海的問題，大約十個人出席了院會，包括徐堪、王雲五和我。我看得出來，蔣經國覺得自己已經被打敗了。他沒有說很多，沒有細談上海的事態發展，只談自己遇到的困難。在那之前，杜月笙的兒子已被釋放，（孔令侃組建的）揚子貿易公司已經處於蔣夫人的保護之下。

關於1948年8月的貨幣政策，我的意見是什麼？我從來沒有研究過金融和貨幣問題。起初，我很驚訝，政策似乎行之有效。王雲五是金圓券政策的主要擁護者，他不知怎麼說服蔣先生接受他的計畫。他不是金融專家，蔣先生更不是。我不懂金融，但我知道一件事，那就是經濟問

題不能用政治手段來解決，只能用經濟手段來解決。

我對禁止個人擁有黃金的政策持保留意見。有些人知道這個政策不會長久，就把黃金留下來，另一些人則按規定把黃金拿到中央銀行去兌換。我記得，任鴻雋的夫人表達了對王雲五（財政部部長）的怨恨。她告訴我，她和她的先生只有幾塊金子，但她先生堅持要服從命令。

在行政院院會上，我記不記得我就哪些其他問題發表過意見？我對中央銀行董事長張嘉璈的報告不滿意，他從上海被召回，彙報銀行的進出口管制措施。我指的是哪個報告？我沒辦法引用任何具體的報告。他做了很多關於原棉、棉線和水貨的報告。我的感覺是，他彙報得不夠詳細，他只是在利用我們，因為我們在經濟問題上是門外漢。我覺得，他沒有告訴我們真正重要的事情。就這樣，我們無法知道中央銀行的真實情況和運作。我提的問題似乎惹惱了他。當然，我可能問了多餘的或者不相關的問題。總之，我覺得他的報告對我們沒有啟發。

張嘉璈與張羣關係密切。我知道張嘉璈是個好人，好學者。我是不是覺得他不夠坦率，或者沒有政策？我懷疑上海正在發生的事情不為我們所知，中央銀行執行政策不徹底，因為不得不庇護某些人。我說的不見得對。關於這些行徑，我有沒有聽到過報告或者獲得過證據？沒有，我沒有證據，但我能感覺到是這麼回事。

我有沒有考慮到張嘉璈面臨的困難？自然是一塊大石頭擋住了他的路，如果他不能搬起石頭，我不會責備他。

蔣先生治下，這種石頭的存在一目了然。蔣先生自己就是一塊大石頭，甚至連他的名字裡就有「石」字。問題是，我們至少要試著把石頭搬開。

我必須強調的事實是，我和張嘉璈的私交還不錯。（1953年）他在離開香港到美國之前，要我去半島酒店跟他見面。關於未來，我們談了很多。至於他的哥哥張君勱，我幾乎把他當作聖人，我對這位學者的評價不可能更高了。張嘉璈畢竟是個銀行家，屬於商業圈。因此，他與張君勱不同。張肖梅（他們的弟媳）也是一樣。

我還記得其他重要的事情嗎？當張治中受到張厲生和谷正綱的攻擊時，我替他說話。他們暗示他親共，對黨不忠，但沒有他叛黨叛國的證據，我認為，他們的指控不公正。我知道張治中並非完全無可指摘，他曾經聽命於蔣先生跟共產黨談判。畢竟作為談判者，不能太愛爭吵。

我不是國民黨黨員，以我的身分能夠為他說話，特別適合為他說話，因為在某些方面我同情共產黨。這種同情植根於國民黨的破產。我（1945年7月）訪問延安以後，在某些問題上說共產黨的好話。作為個人，作為非國民黨人，我有機會說一些國民黨人更容易接受的話，我為張治中辯護就是個例子。這是在國民黨人裡的非國民黨人功能之一，我了解並使用這個技巧，但奇怪的是，陳啟天完全不理解我的做法。

我們參加行政院有沒有成效？我不能代表經濟部。我認為我做出了貢獻。我怎麼做的？首先，我認識到了農業

的重要性。我有計畫,雖然並沒有實施。我覺得最痛苦的莫過於國民黨的領導人不懂得農業的重要性,包括張羣在內。毛澤東懂,但他用錯了方法。

其次,我認識到農業現代化的必要性,不僅僅是農業機械化。但我知道發展農業需要先進的科學手段和大量資金。我們實在是囊中羞澀,儘管美國在一定的程度上援助我們,就像善後救濟總署一樣,對此我很感激。但實在沒什麼希望。

最後,我的職員素質很高,大多數都清廉,我敢說我自己的紀錄也是清白的。

司徒雷登大使認為,少數黨為他們的成員尋求職位,他們做部長和在政府部門任職的成員並不比他們的國民黨前任做得更好,我是不是可以評論一下這個說法?[10] 司徒雷登不瞭解,他很糊塗,不懂政治,沒有主見,並沒有給我留下深刻的印象。他對中國的現狀一無所知。他是個好朋友、好人、好大學校長、好教授,但他不是一個好政治家或者好外交家。他當然不適合擔任駐華大使。

我是不是認為司徒雷登的觀點毫無根據?我們的部分黨員毫無疑問給人留下壞的印象。我自己在農林部的工作沒有問題,但我已經說過,陳啟天在經濟部就遇到麻煩。經濟部要複雜得多,活動範圍要大得多,很容易跟試圖賄賂部門職員的商人混在一起。

---

10 〔原註〕See John Leighton Stuart, *Fifty Years in China* (New York: Random House, 1946), p. 188.

陳啟天自己倒是沒有給人留下壞印象，但他的某些職員，特別是燃料管理委員會的員工令人印象不佳。他們是我黨的黨員嗎？有的是。在多大程度上牽涉到私人關係？陳啟天的女婿在中國紡織建設公司得到一份工作，那是上海最大的一個工廠，繞廠一周還得開車。他現在還是該公司在臺灣的要員之一。我的侄兒左幹忱說，如果他不姓「左」，他的叔叔就會給他一份工作。這就是我的處事方式。

總體來說，我們參加政府發揮了什麼作用？對國民黨是有利的。美國要求拓展政府的基礎，國民黨不可能不聽美國的建議。共產黨拒絕加入政府，張君勱領導的民社黨則不肯擔任部長職務。我們黨接受了兩個部，幫助國民黨建立一個合乎美國願望的聯合政府。可以說，我們改善了國民黨在世界輿論中的地位。

在行政院院會上，我對國民黨黨員的同事說：「我們出現在這裡對你們有利。我們多少可以減少你們的腐敗、不負責任和漠不關心。」儘管我的責任不大，我管的部門是國民黨輕視的部門，但我可以在行政院院會上暢所欲言，可以談論大政方針。

（1948年10月）曾琦赴美（參觀學習憲政），由劉東巖陪同。

蔣先生在新年致辭中說，如果能夠實現和平，他並不擔心自己的處境。在這之後，蔣勻田和我有沒有建議蔣先

生出國?[11] 是的,我建議了,在他下野(1949 年 1 月 21 日)幾天前的一次會議上,但我不記得蔣勻田是不是也這樣做。出席會議的有十四人,張君勱和我是僅有的非國民黨成員。其餘的有孫科、吳鐵城、王世杰、朱家驊、陳布雷、洪蘭友。[12] 我跟蔣先生坐得近,不需要大聲說話。我跟他說:「也許出國一趟是個好主意。」我真心希望他帶一個能說外語的有識之士出去一年,我希望他作為退休人員去,讓李宗仁接手。如果李宗仁不能勝任,再歡迎他再回來。當然,我沒有對他這樣說。

李宗仁接手做代總統的時候,我曾抱有任何希望嗎?沒有。我猜蔣先生不會把權力交給他。我記得曾琦問過我,蔣先生會持有哪一種姿態。我說有三種可能性:第一種是蔣先生會命令他的屬下和親信聽命於李宗仁,這是最好的態度。第二種是蔣先生退休回奉化,超然物外。第三種是蔣先生不僅可以不幫忙,實際上還可以反對李宗仁。換句話說,他看著一艘船要翻,甚至還要攻擊那艘船,這是最壞的可能性,也是我害怕他採取的態度。這就是為什麼我建議他出國。

關於與共產黨和談的問題,我的立場是什麼?我個人

---

11 〔原註〕See Carson Chang(張君勱), *The Third Force* (New York: Bookman Associates, 1952), p. 242.

12 左舜生此處的記憶有誤。在 1949 年 1 月 16 日晚蔣介石新年致辭的現場,在左舜生所提國民黨人士中,只有孫科、吳鐵城、王世杰出席。除了陳布雷已於兩個月前自殺身亡,朱家驊、洪蘭友亦未到會,然國民黨方面尚有張羣、張治中、邵力子、陳立夫在場。誠謝劉維開教授提示。

的看法是和談不會有結果。在南京行政院的一次會議上，孫科提起和談代表團的組成，要包括章士釗、邵力子和顏惠慶。彭昭賢想加入代表團，但被共產黨拒絕了。[13] 孫科讓坐在我旁邊的鍾天心[14] 參加。我不知道鍾天心去了沒有，他是孫科的密友，現在是九龍中山學院的院長，這個學院用英文授課，有小學、中學和大學。

孫科問我青年黨是不是願意加入代表團。他指出顏惠慶和章士釗是無黨派人士，邵力子當然代表國民黨。我毫不猶豫地拒絕這個提議，不必考慮。我說：「我不想去。」為什麼？我知道孫科沒有誠意，他只是出於禮貌而已。我知道他想讓鍾天心去，不是真心想請我去。坦率地說，如果他有誠意，我可能會去，但他很漫不經心地跟我提出這事。一個人如果想讓某個人去一個地方，他一定覺得這個人很重要。如果他給人的印象是他並不看重此人，別人自然不會想去。

---

13 彭昭賢（1896-1979），字君頤，山東牟平縣人。先後就讀於牟平師範講習所與北京大學史地系，在北大俄文專修科任教。蘇聯十月革命後，與十八名中國代表攜救濟糧赴蘇，救濟災民，轉國立莫斯科大學社會科就讀。1924 年回國，先後任國民政府外交部條約委員會委員、駐伯力總領事、國民黨中央組織部副部長、行政院內政部次長、部長等。1949 年赴臺。

14 鍾天心（1903-1987），又名汝中，廣東五華人。父毓元係同盟會會員。早年在港讀完小學，隨父北遷，就讀於南開中學。1920 年考入北京大學文科，參加校內愛國活動，常在《晨報》與《京報》副刊、《民生週刊》發表詩文，著有《追尋》等專集。1923 年加入國民黨，當選為北京特別市黨部委員兼青年部部長。與孫科情趣相投，成為國民黨「太子派」的骨幹。曾赴牛津大學、日內瓦國際研究院深造。1948 年，孫科任行政院院長時，任政務委員兼水利部部長。1949 年冬赴港，創辦中山學院，1966 年赴臺。

事實上，孫科確實不可能理解我在這個問題上的相對重要性，我接觸過共產黨，認識一些重要的共產黨人，我甚至可以直接跟毛澤東對話。孫科不明白我能夠分析局勢。當然，孫科在南京的家裡會見過周恩來、我與其他人（1946年10月，在第三勢力試圖調解期間）。但事實表明，他並不認為我們可以起重要的作用，我們也不想讓他理解。為什麼不？我知道和談是註定要失敗的。當然，我們還可以談談，要看能不能找到解決的辦法。但我可以感覺到國民黨即將崩潰，無法阻擋共產黨的進攻。

如果局勢到了這一步，我們黨還能做些什麼？我們仍然可以履行政治功能。怎樣做呢？我想親眼看看共產黨治下的華北的發展。我強調的是理解，從理解出發，我們可以尋求新的解決方案。這是我訪問延安、建議毛澤東訪問重慶並參加南京調解的深層理由。在達成共識之前，我沒有主觀的想法。

其他青年黨的領導人怎麼看待和談？我的看法就是黨的看法。黨內沒有人比我更瞭解形勢。你說這是不是意味著其他黨員不能有不同意見？他們無從表達自己的想法。孫科接任行政院院長的時候，陳啟天已經離開政府。青年黨幾乎不在南京開會。當然，我們幾個人單獨交談過。那是一個時代的最後日子，基調是絕望的。

我們黨有沒有表明在和談問題上的立場？沒有。我們知道沒有希望，所以對和談持冷靜的態度，但反對也沒用。

共產黨願意跟國民黨談，也只是出於禮貌而已。他們隨時可以渡江，就像周恩來直截了當地跟人民和談代表團講的那樣（代表團於 1949 年 2 月 14 日飛到北京）。我承認周說的是真的，國民黨腐敗到了極點，共產黨花錢買到江陰要塞大砲的沉默（要塞司令戴戎光被收買了）。共產黨事先開展了工作，真的沒有必要打。

農曆新年那天，我坐車離開南京到上海。一路上我看到一群群的農民，穿著他們最好的衣服，互相招呼著。我不得不離開南京，已經沒法繼續了，政府機構已經暫停工作。還在運行的機構人員配備不足，沒有經費。我們找不到財政部部長徐堪，甚至找不到孫科。一部分政府已經搬到廣州。民眾驚慌失措，在市場上買銀元。在這種一片混亂的背景下，有些部會遭到攻擊，農林部倖免於此。

我有四、五位部裡的職員陪同。我的家人在哪裡？我夫人和孩子們比我先乘火車到上海。我離開的時候，火車還在運行，但除非爬窗戶進去，否則不可能上得了車。南京是一片恐慌混亂。

第十二章　近年（1949年初至1961年）

1949年農曆新年那天離開南京時，我不禁悲從中來，尤其當我們經過中山陵時。不遠處是明孝陵，大約有六百年的歷史。我常來這個地方，是南京最好的去處。

中山陵的現代風格雖然壯觀，但在藝術上遜於明孝陵，後者作為中國建築的豐碑，有很高的的藝術價值，我喜歡欣賞它。附近還有北伐與抗戰的陣亡將士公墓。回溯到近千年前，它最初是一座寺廟。儘管光線不佳，但它是一座具有藝術價值的堅固建築。

經過這些建築的時候，我感到痛心，我知道我可能不會再回來了。我是什麼時候開始覺得時局無望的？就是那個時候。從那之後，我一直都很悲觀。

我們看到三五成群的士兵路過，他們雖然攜帶武器，但沒有騷擾我們。我不知道他們是在轉移，還是從南京撤退。他們井然有序，表明長江流域的軍隊紀律還沒有被打破。公路上的車不多，一兩輛而已，沒有人想徵用我們的車。我們的司機對農林部忠心耿耿。

這裡的公路像我在1930年看到的山西的公路一樣糟

糕。這條路只修到湯山,因為蔣先生到了那裡。其他地段失修,直到我們抵達無錫城內,那是榮氏家族的家鄉,路況才有所改善。經過一整天的旅程後,我們終於在傍晚抵達上海。

我的問題是如何結束農林部的事務,部裡與下轄機關的員工陷入了財務困境。我不想出行,就派謝澄平和部裡其他幾個職員去廣州見孫科,孫科撥給農林部三億元。

我在上海召集農林部轄下機關負責人開會,討論怎麼分發這筆錢。這樣做是為了說明部長沒有拿一分錢,大家一致認同我們沒辦法繼續下去了。

同時,部裡的文件送到廣州。立法院的一些人抗議拋棄南京,吵著要防守到底。甘友蘭告訴我,他是其中之一。(1949年2月22日)李宗仁飛到廣州,請孫科回南京,孫科照辦了。

(1949年3月12日)何應欽被任命為行政院院長後不久,來我愚園路寓所,見我和李璜。何應欽常在上海,當時還能在南京與上海之間飛來飛去。我們的關係很淺,甚至不能說有私人交往,但他想跟我們談談。他告訴我們,沒有人幫他,甚至沒人幫他寫邀請函,只好讓他的隨從處理,他連秘書都沒有。我知道他沒有辦法撐下去了。

他為什麼想見我們?他想知道我們的意見,應該讓誰加入行政院。我們覺得他是「一張白紙」,控制不了局面。我們只能隨意聊聊,因為我們幫不上多少忙,自己也感到困惑。我不記得提供了什麼值得一提的看法,不過,

我們明確建議他見見我們很了解的王寵惠。

我們表明不會參加政府。他邀請我們加入行政院了嗎？他沒有明確請我們加入行政院，但我覺得他曾打算這麼做，不過我們對此毫無興趣，確實沒有參加政府的期望，覺得已經不能勝任了。何應欽希望我們即使沒有意願參加政府，至少還可以在旁邊幫忙。

我唯一願意承擔的農林部處於停擺狀態。當共產黨蓄勢待發，準備渡江的時候，教育部的人員都已經訴諸暴力了。我的職員還沒有到這個地步，他們只是派代表來上海與我商量事情。

在這個時候，中國青年黨已經停止發行《中華時報》。由於普遍不確定的經濟情況，黨已不能繼續該報的運營。但《中華時報》所在地很值錢，我們的房子以二十多根金條被接手。

在1949年時大約有多少黨員？不超過三萬，這是我的最高估計，我知道僅在四川就有將近一萬名黨員。

我不久後又搬了家，因為留在上海太危險了。1949年4月的某一天，我去了臺灣。那時商業航線已經停飛，我坐的是空軍的運輸機，我享受這樣的特權，是因為我的二兒子左宗惠是空軍上尉，但他自己還不能離開。在機場，他指著一排小飛機說，這些飛機都會被摧毀，以免落在敵人的手裡。我問：為什麼不能把這些飛機開走呢？他沒有回答。

我在臺灣感到相當苦惱。從大陸湧入的大量人員造成

房屋的極度短缺，我沒有地方安身。農林部得知我的困境，給我安排一處雅致的房子，屬於最初由日本人創立的中國農業研究會。我和夫人、孩子們住了進去（他們也隨我到臺北）。

蔣先生要我在草山見他。在此之前，他要求見陳啟天。他離開南京後不久，在奉化與陳啟天見過面。蔣先生住在旅館裡。我到的時候，一個空軍軍官、我兒子以前的同學接待我，他叫我「叔叔」。在等待蔣先生時，我隨手拿起一本名著概覽，顯然是他正在看的書，這是我們學者永遠不會讀的東西。

時值5月，天氣挺暖和，蔣先生身著一襲藍袍走進房間。他看上去很健康，看不出一絲悲傷。他對我說的第一件事是「現在毛澤東打不著我了！」這話多幼稚啊！他表面上似乎很樂觀，沒有因為在大陸的損失而感到恐慌的跡象。當然，蔣夫人像往常一樣把他照顧得很好。我記得陳布雷有次說起蔣夫人的「衛生標準」，蔣先生作為傳統社會的產物，遵循他夫人的西式生活。

我們的談話輕鬆隨意，談到我是什麼時候離開大陸的，打算在臺灣待多久等等。蔣先生沒有向我透露他的計畫。這是一個互相安慰的友好會面。他說希望我留在臺灣，他很客氣，送我上車，與南京時期的蔣先生判若兩人！他讓我想到破廟裡的老和尚──一幅淒慘的景象。

蔣先生的失敗是政治上的失敗。在中國青年黨與國民黨合作以前，曾琦曾寫過一篇文章談蔣先生必敗的十大原

因。文章已找不到了，它不可能被收進曾琦去世後出版的文集，因為文集是在臺灣出版的。

中國的政治家可以分為三類群體：以孔孟為代表的儒家，以韓非為代表的法家，還有道家。三個派別之間的分界線不是很清楚。一個人可以表面上看起來屬於儒家，但擁護道家的教條。一個人可以看起來像儒家，但具有法家精神，譬如諸葛亮。

蔣先生欣賞法家，儘管他還不夠格成為法家的一員，但深受法家的弱點之害，即不能任用比自己能幹的人。蔣先生只用不如他自己的人，他害怕那些比他能幹的人，只能容忍唯唯諾諾的人。相對有學問的幹才也不願意為蔣先生效力，這是他的重大損失。

如果為蔣先生做研究，就不能堅持自己的重要想法。打個比方，你可以建議改變房屋平面圖中某個房間的位置，但不能改變平面圖本身。有句中國格言：君子隆師而親友。這話有道理。在開明的政治家周圍，就會有能幹的助手和顧問。

我從沒看到蔣先生身邊有政治能人。他趕走了汪精衛和胡漢民，兩人都才華橫溢，能言善辯，但對蔣先生來說，他們太過能言善辯了。蔣先生曾當著胡先生的面說：「我總是說不過你。」

蔣先生甚至不能充分利用很有政治頭腦的黃郛和懂得政治策略的楊永泰。他不能用像邵力子和周佛海這樣有才能的人，更不用說其他人了。陳布雷作為秘書，為蔣先生

服務很長的時間,是因為他沒有自己的想法,只是像打字機一樣為蔣先生起草文書。張羣呢?張羣從未履行職責,甚至不願意建議做些小的改變。蔣先生有時接受小的改變。你需要例子?在國民參政會時期,蔣先生接受我們的建議。張治中和熊式輝這樣的人就沒什麼可說的。

我必須承認,當我知道戴季陶(1949年2月在廣州)自殺時,確實感到懊悔,我為多年來對他的低評價感到抱歉。

我認為,如果國民黨或者說蔣先生能更加容人的話,像沈鈞儒這樣的人是不會跟共產黨站在一起的。黃炎培也是如此,很遺憾,國民黨和蔣先生不知道怎麼用黃炎培這樣的人,黃是很容易繼續站在國民黨一邊的。他是反共的,蔣先生本來可以贏得他的忠誠。黃炎培是最容易用的人之一,如果蔣先生有更多的政治洞見,他跟黃炎培之間就不會有任何問題,一個跟軍閥和杜月笙建立聯繫的人在意識形態上是遠離共產黨的!但蔣先生對他過度壓迫,他的長子在共產黨占領上海之前就被殺害了。[1] 我見過他兒子,無疑是左傾的,但我懷疑是不是共產黨員。黃炎培要加入共產黨陣營就毫不奇怪了!

有些人對吳貽芳加入共產黨感到困惑不解,但我也不覺得奇怪,蔣先生把她置於一個難堪的位置。蔣先生以同

---

1 左舜生此處記憶有誤。1949年5月遭殺的黃炎培兒子黃競武不是長子,而是次子。長子黃方剛已於1944年初在四川樂山武漢大學教授任內病逝。

樣的方式得罪過很多人。吳貽芳曾有一段時間擔任過江蘇省教育廳的廳長。

臺灣的生活似乎平靜許多。我的印象是大多數人都能謀生，大陸來的難民可以做小生意，譬如，北方人賣饅頭和餃子，生活好像並不那麼糟糕。

我見了吳國楨。我突然收到臺灣政府主席陳誠的便條，告訴我，他和王世杰找到一處房子，我可以用新臺幣一萬二千元買下來。陳誠非常禮貌。如果不是他幫忙，即使有錢也買不到房子。但我沒有那麼多錢，我也不能在中國農業研究會無限期地住下去，房子要用來開會和做其他功能。那是我離開臺灣的原因之一。

我知道自己不想涉入政治。如果國立臺灣大學請我教書的話，我會接受，因為有任命就會有房子。傅斯年是校長，一位老朋友，但我不能向他要求，我早就養成從不問人求教職的習慣。我也許可以為別的事情求人，但永遠不會求教職，這是一個學者的習慣。如果一個學校的校長認為我可以教書，他應該主動邀請我。

我離開臺灣還有一個原因。我很多同志都離開大陸，到了香港。我在農林部的幾個下屬也到了香港，我每天都收到他們的信，敦促我去香港，幫助他們安頓下來。超過三十個難民的家庭指望我幫助，那是個大問題。

共產黨接管大陸的時候，農林部和下轄機構大部分職員都留下來，他們覺得共產黨需要技術人員。大多數職員是搞技術的，有黨派背景的比較少。

我也需要幫助在臺灣的難民家庭嗎？在臺灣，其他同志可以幫助他們，但香港沒有人。我們的首要任務是弄點錢。我們的一個朋友跟李宗仁有聯繫，李宗仁表示了解我們的困難，願意幫忙，但我們要派一位負責人去跟他談。

　　因此，我去了一趟廣州。李宗仁給了我們黨六萬港幣，錢雖不多，但暫時解決我們的問題。當然，那是政府的錢，別的團體和組織也得到政府的援助。

　　我在廣州見到了閻錫山。（1949年6月）他接管了行政院。立法院已決定取消農林部，我不得不結束部裡的事務。我等著見閻錫山的時候，注意到其他人也在等著見他，一共大約三十人，都是山西人，他們都說山西方言。閻錫山有強烈的鄉土觀念，這給我留下不好的印象。

　　我在家人的陪伴下，（於1949年9月）去了香港。過了大約兩個星期，我收到國立臺灣大學的任教邀請，邀請函來自傅斯年。我告訴過你，我在臺灣雖然經常跟他見面談話，但他沒有給我任何邀請。他雖然不是政客，但很懂政治。我剛離開臺灣，邀請就來了，我怎麼看這件事呢？毫無疑問，蔣先生是幕後主使，他很狡點，希望我待在臺灣，覺得我留在外面不是好事。他覺得我不滿，可能會唱反調，王世杰也這麼認為。

　　我謝絕了邀請，因為我們已經計劃出版一個叫《自由陣線》的期刊。作為大陸難民，我和朋友們討論該做些什麼，雖然似乎沒有什麼可做和可說的，但我們有一個共識：香港的文化水準低下。

李宗仁給我們的六萬港幣不足以滿足我們的需求。香港油麻地小輪船有限公司經理劉德溥是中國青年黨黨員，借錢給我們創辦《自由陣線》。我是社長，謝澄平跟我一起做。還有誰？丁廷標，[2] 留英學生丁文江的叔叔，他最近去世了。當然還有其他人。李璜沒有加入我們，他當時因公在北婆羅洲待了半年。

　　六個月以後，《自由陣線》陷入嚴重的財務困境，政治出版物的日子異常艱難。它是中國青年黨的黨刊嗎？很難這樣說，雖然我們都是黨員，但我們是作為個人工作的，這個期刊不是黨建立的。我們的口號是「臺灣民主改革」。我們想讓臺灣民主化，因為我們已經知道蔣經國將會控制臺灣。

　　1950年，我們用美國國務院的資金創立自由出版社。謝澄平同菲力普・傑賽普取得聯繫，後者當時是為國務卿艾奇遜執行任務（傑賽普1950年1月17日到20日在香港）。謝澄平從來沒有告訴我，他為了獲得美國國務院幫助所做的細節安排，我只知道我們用國務院的錢成立了自由出版社。在那之前，我們已經花光了劉德溥借的錢。

2　丁廷標（1906-1958），字果生，出生於江蘇泰興的名門望族，雖比同譜的丁文江小十九歲，其輩份卻為族叔。1927年畢業於復旦大學，留學英國倫敦，攻讀政治經濟學，加入青年黨。先後任教於河南中州大學與上海大學、法政大學、持志大學、暨南大學等，創辦思暉醫院等，任中國植物油公司中央釀造廠董事長。1940年蟄居上海租界，負責青年黨的蘇滬黨務。抗戰勝利後，被選為青年黨中央執行委員兼江蘇省委書記、制憲國大代表等。1949年遷居香港，以出版為業，兼青年黨駐日聯絡員等。

自由出版社的人是中國青年黨黨員嗎？是的，大約十分之九是黨員，職員超過一百人。自由出版社是黨的喉舌嗎？不能說是黨的喉舌。這麼說吧，黨不會反對我們的立場。

自由出版社創辦了一個晚報，《中聲晚報》（1951年10月）。出版社還成立了田風印刷廠，由非常能幹的劉子鵬領導。印刷廠共出版了三百本書，其中十分之一的書頗有價值，特別是關於印度和日本的書。我們也是平安書店的經銷商。

我們還建立了一個研究所，由羅夢冊領導，他不是我們黨的黨員。研究所每個月花費一萬港幣，後來這筆經費減少了。

我們設立了一個計畫，收集中國大陸的資料，調查中國大陸的狀況，由我們黨的軍人負責這個特別的計畫。翁照垣的職位只是名義上的，實際上是由四川人龔從民來掌舵。我不大清楚這個計畫的運作。據我所知，這個計畫沒有做它應該做的事情。美國人知道是龔從民不負責任，不是翁照垣的錯。

我和翁照垣的私交一直不錯。（幾年前）我生病時，他來探視我兩次。他現在七十歲了，住在（新界的）大埔，對政治不感興趣。邱國珍現在是香港的倉庫管理員，他們是好朋友。

謝澄平不負責任，把錢花在自己身上，為此我訓斥他。後來他便不跟我說任何事情，我也不問，儘管從自由

出版社的建立到 1959 年結束，我都一直擔任顧問。我羞於說自己是顧問，因為從來沒有人徵求我的意見，我的貢獻只是時不時寫幾篇文章而已。謝澄平現在住在日本。

我估計，在過去十多年裡，美國在香港的文教活動花了五千萬美金。美國人最初花得相對少些，後來數額逐漸增加。起初他們幫了謝澄平，然後幫助聯合出版社和張國興的亞洲出版社。謝澄平一人每年就拿到五十萬到一百萬港元。

美國人的錢沒被好好地使用，相當一部分都浪費了。派往香港的美國人並不完全稱職，他們挑選來幫他們的中國人也是如此。很遺憾，自由出版社出現腐敗現象。不只是美國人對中國人印象不好，美國人自己也腐敗。

張國興在亞洲出版社的表現不佳，這個出版社轉向電影製作，現在出版通俗小說，張國興現在美國從事報業工作。三個出版社中，由年輕人管理的聯合出版社是最好的，舊書、新書都出，出版社的財務好很多，歷史也長一些。但三分之二還是失敗了。

重要的是持續進步。但顯然，實現這一目標的手段還有很多不足之處，也有一定程度的政府干涉，因為沒有足夠的資源，教育人士依賴政府補貼。儘管如此，過去十年間，香港在文化水準的提升和文化設施的拓展方面，還是取得了令人矚目的進步。在大陸知識分子湧入以前，沒什麼值得一提，香港的出版物讓人不忍卒讀。雖然現在的一些期刊不大好，但有改進的希望，圖書館也多了很多。

我在香港的頭幾年，香港政府對我有所關注。皇家警察警務處政治部約談我幾次，就像你現在做的一樣！他們詢問我的背景和想法等問題，有一次在我家搜查我的信件。那時有個廣泛傳播的謠言，說第三勢力人士正在組黨，他們誤認為我參與其中，拿走了李宗仁寫給我的一封信，還有其他幾個朋友的信。但那只是一封普通的信。特警把我說的和寫的都存了檔，給我看了那些檔案，說他們清楚我的一舉一動。我告訴他們，我並沒有參與其中。

　　我最終讓他們相信我沒有涉入第三勢力，而且堅決反共。他們說，他們明白我活動的性質，不會再來打擾我。過去六、七年他們確實沒有來打擾過我。英國本質上是反共的，香港政府認為共產黨很麻煩，知道正在發生的事，但不干涉。

　　我在香港又見到了趙毓松。他花了三年時間學會講一口流利日語，剛剛開始學英語。他曾經帶給我關於汪精衛傀儡政府的資訊。他跟汪親密嗎？談不上。他現在住在日本。

　　順便提一下，我很欣賞陳璧君臨終前的精神（1959年6月）。宋慶齡和何香凝奉毛澤東之命，勸陳璧君跟新政權合作，她拒絕了，說，她的先生（汪精衛）一直反共，為反共事業獻出了生命。她寧願死在監獄裡，也不會改變自己的立場。真是太可敬了！

　　中國青年黨的現狀如何？黨內的紛爭不少，對（定於1961年夏天召開的）陽明山會談有意見分歧。我們有些

同志想迎合政府。民社黨也是一樣。

中國青年黨搬到臺灣後不久（中央黨部在 1950 年 1 月恢復運作），採用了（在 1951 年 6 月 4 日緊急代表大會上）主席團制度。個人的領導權是一件困難的事。只要曾琦還活著，一切都沒有問題，困難出現在他去世（1951 年 5 月 7 日，在華盛頓特區）之後。但一定不要以為我的意思是說曾琦是個獨裁者，他總是徵求我們的意見。他徵求誰的意見？李璜、陳啟天、余家菊、楊叔明、常燕生、何魯之和我。

共產黨接管大陸時，楊叔明沒有離開，被囚禁了。他後來被放出來，但我不知道他是不是還活著。常燕生（1947 年 7 月就）去世了。李璜、何魯之和我在香港。陳啟天和余家菊在臺灣。

順便說一下，劉東巖在曾琦去世後患了精神病。

黨主席團的五個成員（陳啟天、李不韙、張子柱、李璜和我）中的三個住在臺灣。他們是李不韙、張子柱和陳啟天。李不韙七十多了，張子柱不關心黨務，他與年輕時候不可同日而語，歲月不饒人！因此，陳啟天大權在握。但在臺灣，黨在所有問題上都會諮詢我和李璜。有些黨員想兜售他們的「老大哥」給蔣家，但我拒絕去臺灣。

黨有哪些主要派系？首先，有個比較大的派系跟著我和李璜。這個團體包括胡國偉、夏濤聲、于復生，想要我們去臺灣出席即將召開的黨代會，我們不會去。這個團體對臺灣的政府持什麼態度？它不拿政府的錢。

然後是陳啟天的派系，人少一些。這個群體親政府。陳啟天幼稚，我相對精明一些，能更加清晰地分析政治氣氛。陳啟天不太瞭解外界正在發生的事情。他疲於應付黨內的紛爭，有些黨員反對他的領導。同時，黨外的人士想控制他。

第三個派系是少數群體，他們利用余家菊，他的眼睛瞎了。這個團體實際上由已經被開除黨籍的冷彭領導。他的個性不好，跟國民黨特務有聯繫。他在農林部是我的下屬。那時他很不錯，對農林部很忠誠。

曾琦去世後黨就分裂的事實，證明了他是一個合格的黨領導人，能夠管理所有的派別。我自己從來不想做黨的領導人，李璜只能領導一個團體，余家菊也只能領導一個團體。這就是曾琦去世後的情形，我們仍在試圖合併，迄今為止沒有成功。我跟陳啟天的關係怎麼樣？我們偶爾通信。我不給余家菊寫信，因為他眼盲。即便是現在，只要李璜在身邊，我就不寫信。譬如，他回覆了張君勱最近徵求我們意見的信。

黨現在在臺灣有多少成員？至少有兩千人，其中一千到一千五是臺灣人。黨在臺灣有些什麼活動？在蔣家父子（蔣先生和蔣經國）的控制下，我們能做什麼！黨出版兩種期刊，一本半月刊《民主潮》和一本月刊《新中國評論》。《新中國評論》相對比較保守，《民主潮》比較進步。有黨員出版期刊《公論》，但那不是黨刊。

這些出版物在何種程度上受到政府的審查？形勢不算

壞。蔣先生不敢過於壓迫我們黨,但他對個人的態度不同,雷震事件就是明證。

《民主潮》的觀點和《自由中國》觀點相近。在雷震被捕(1960年9月4日)和《自由中國》停刊之後,《民主潮》的發行量增加到八千。

臺灣的審查制度和大陸以前的審查制度相比如何呢?臺灣的審查品質還很差。審查人員更嚴格,更糟糕。譬如,有個朋友最近送一篇手稿去臺灣給《民主潮》發表,文章通過審查,因為內容是反共的。審查人員太愚蠢,看不出作者透過批評毛澤東的獨裁和壓迫人民來影射蔣先生。

如果作者僅限於討論原則問題,不攻擊蔣先生和蔣經國,文章就能通過審查。臺灣的審查者不能容忍對蔣家父子的攻擊,尤其是當這些攻擊有具體資料的支持時。當我們在香港收到並發表來自臺灣的資料,譬如蔣先生在黨內的演講以及黨員之間的秘密談話紀錄,這對臺灣就是一個打擊。畢竟並非所有國民黨黨員都與蔣先生的意見一致!

我們在臺灣的一些黨員素質令人覺得有希望,他們成熟,對時局有清楚的認識。有新加入的黨員嗎?很難在臺灣的學校裡吸收新黨員。每間學校都有蔣經國的特務,檢查學生讀什麼、談什麼等。我們黨在勞工中間開展了什麼活動嗎?沒有。黨是不是參與了「軍事運動」?臺灣有幾個軍人與我們有聯繫,但他們不重要。我看不到青年黨在臺灣有什麼前途。黨不被允許積極參與社會活動,更不用

說政治。以前在大陸的情況要好得多。

中國青年黨在香港的情況如何？李璜、何魯之和我是「老大哥」，是老一代，但我們不干涉。香港支部有多少黨員？四百到五百人，其中大約三百人是活躍分子。香港的大多數黨員是廣東人，有些人一直住在香港，其他人是在共產黨占領廣東之後來的。大多數黨員是知識分子，但我們也有來自工商界的黨員。可以說，十分之一的黨員是能幹的。

學生中有黨員嗎？沒有，沒有招募新黨員。可以說，香港的青年黨處於暫停的狀態。那麼黨開展了什麼活動呢？沒什麼活動。我們偶爾開會討論與臺灣的聯繫，以及來自臺灣的消息。

我們許多同志發現已經無法離開大陸。共產黨殺害許多我們的黨員，特別是在四川，一共殺了至少兩千人，可能有三、四千人，我們沒有可靠的辦法來調查數量。我知道很多老朋友，特別是在四川的，已經不在人世了。有些人則是反共的游擊隊員。

我們青年團的情況如何？暫停了。我們沒有辦法發展青年團，蔣經國在臺灣壓迫得太厲害。

在臺灣組建新黨同樣不可能。吳三連，一個有政治抱負、比較有錢的商人，是雷震的朋友，他害怕國民黨的壓迫，去了美國，沒有其他路。李萬居，一個臺灣人的領袖，很窮。另一個臺灣人的領袖高玉樹有一點錢，也不多。錢是必須的，情況跟以前不一樣，曾琦用他口袋裡的

幾美元就創立中國青年黨，現在的人首先考慮的是謀生，民主需要財政支持。中國的工業家和商人與美國和西方國家的不一樣，對政治沒有興趣，覺得沒有必要支持一個新政黨。

中國青年黨的未來如何？如果大問題——國家的問題——不解決，我們黨的問題就不能解決。只要國民黨不放棄一黨專政，我們黨就不能生存，更不要說團結。我們的黨員在臺灣無法辦報、教書、參與文化工作。他們的地位像個小媳婦，那就是李璜和我不去臺灣的原因。我是個喜歡討論大事而不是小事的人，我的想法是，如果中華民國的生存都令人存疑，討論中國青年黨能做什麼有什麼用呢！

我在 1954 年是不是沒去臺北參加國大第二次會議，也不是國大主席團的成員？我去了。那時重新選舉蔣先生當總統是合法的，我覺得這樣做是對的。就他的地位、聲譽以及維持臺灣秩序的能力來說，總統非他莫屬。

我在臺灣時，農林部的一些前下屬送給我一本紀念簽名冊，我們關係仍然很好。

1956 年，立法院院長張道藩率領的親善訪問團成員到日本訪問前後，我是不是到訪過臺灣？我去了。我跟很多臺灣同志交談，他們告訴我，他們在臺灣省教育廳這樣的機構遇到的阻力，怎樣被一一降職，請我寫信給臺灣省民政廳廳長連震東。臺灣人連震東是忠誠的國民黨黨員，同蔣經國走得近，現任內政部部長。我只好寫信，但那些

信沒有用,信件不會改變任何人的態度。我對 1949 年和 1954 年留下了同樣小氣和狹隘的印象。

這次訪問期間,我找了十位住在臺灣的少年中國學會成員,包括沈君怡、雷寶華、湯元吉、[3] 方東美、陳啟天、余家菊和張夢九。友情依舊把我們維繫在一起。

我怎麼會加入張道藩的親善訪問團的?張羣建議我加入的,我不想去。那我為什麼去了呢?我想再去看看日本。我在 1936 年和 1953 年去過日本。訪問團有其他非國民黨、非政府人士嗎?是的,有民社黨黨員石志泉。[4]

我對日本的印象很好。作為訪問團的一員,比我個人訪問看得多一些,日本人給我們書籍和小冊子。我們想看看他們的重建,我注意到了令人印象深刻的發展。日本的工商界有政治覺悟,人才濟濟,我們見了許多管理人員和重要的商人,他們對世界的廣泛了解令我震驚。日本確實有資格加入世界市場。中國人聰明,日本人沒有我們聰明,但他們是很好的組織者,在集體行動上出類拔萃。

我的印象是,日本的政治家不如工商界領袖。基於過

---

3 湯元吉(1904-1994),江蘇南通人,德國慕尼黑大學化學博士。曾任資源委員會鎢鐵廠籌備委員會工程師,四川瀘縣、遵義等酒精廠廠長、中央研究院化學研究所專任研究員、軍政部應用化學研究所專員,經濟部臺灣區特派員辦公處專門委員,臺灣肥料股份有限公司總經理、董事長。

4 石志泉(1885-1960),字友漁,又號友儒,湖北孝感人,日本第一高等學校肄業,日本東京帝國大學法律科畢業。曾任國立法政大學教授、北平朝陽大學教授兼法學院院長,民國司法部次長、司法院副院長,中國民主社會黨副主席,1954 年由民社黨提名副總統候選人。

去十多年的事件來做判斷，我不覺得我的觀點沒有依據。近年來，除了吉田茂、鳩山一郎、岸信介、池田勇人之外，我認為日本沒有出現傑出的政治領袖。我從未見過吉田茂，我覺得他是這四個人中最能幹的。我見過其他三位。吉田茂最近有一個聲明，提醒池田勇人在承認北京的問題上不要輕率行動。

就我個人來說，我訪問日本沒有政治目的。我旅行是樂趣，而不是為了政治。但這些訪問幫助我了解政治問題，形成政治判斷。當然，我的判斷不見得正確。從日本開始發動戰爭、戰爭期間和戰後，一直到它現在的恢復，我一直是日本發展的密切觀察者，我想進一步研究日本問題。

蔣先生的業績好壞參雜。但近年來，他讓兒子接管一切，形勢就變得毫無希望。如果任其發展下去，就無可救藥了。蔣先生的所作所為，特別是在過去幾年，已經一筆勾銷了他的所有成就。雖然他以前的所作所為也不是十全十美，至少他是果斷的。現在他完全依賴他的兒子，他的兒子掌控一切：軍隊、黨、救國團、情治單位。蔣先生不能獨立於他的兒子採取行動，所有事項都需要得到兒子的批准。

從前蔣先生很敏捷，那時他還年輕。現在，他讓兒子蒙蔽了雙眼。肯定有補救的辦法，但臺灣不接受我們的建議。有些美國人建議臺北說，恢復雷震和孫立人的自由，會改善臺灣的國際地位，但這個建議沒有被接受。雷震太

可憐了！我們曾經叫他「各黨各派」。他對國民黨的忠誠是毫無疑問的，他的被捕就是政治迫害的一個顯例。

我剛聽到一個內幕消息，政府搞了一個名叫《新時代》的期刊來取代《自由中國》。國立臺灣大學教授毛子水透過胡適，得到四十萬新臺幣，相當於五萬港幣，來創辦這個期刊。我剛剛看了創刊號，乏善可陳。

根據我的估計，國民黨在香港花六十到七十萬港幣，但一事無成。

蔣先生在 1930 年代開始和我們交朋友之前，我們黨批評政府，當時的批評不如現在的嚴厲。現在我是蔣先生最嚴厲的批評者，我們之間再也沒有妥協的空間。

我最近在《祖國》（周刊）發表的一篇文章中，譴責了慈禧太后。臺灣認為我把她比作蔣先生，確實如此。他們看到有人在《自由中國》一篇回應文章中做了同樣的類比時，非常生氣。我被指責為煽動者。胡適跟朋友說，他不贊成我這種迴避具體批評的態度。

很可能在蔣先生去世的時候，蔣經國會下令暗殺陳誠（副總統和院長），蔣經國和陳誠的關係正在你死我活的關頭，即將召開的陽明山會談對陳誠不利。（1936 年 7 月的）廬山談話會是蔣先生親自召集的，這次蔣先生讓陳誠召集會談。大家都知道陳誠沒有權力，誰會願意出席如此可憐人物召集的會談？如果許多要人拒絕出席，會談就將缺乏政治重要性，陳誠就會沒面子。即使有許多人參加會談，任何通過的決議不過是一紙空文，因為還需要蔣

經國批准,才能付諸執行。我不好說蔣經國當前跟莫斯科是什麼關係,但大家都知道他從前跟共產主義者之間的聯繫。可以說,他的人裡有很多是前共產主義者。

我怎麼看大陸政權?對大多數僑居海外的中國人來說,顯然同共產黨沒有妥協的餘地。其理由不是對共產主義教條或共產黨本身有偏見,而是過去十一年間共產黨的負面紀錄。事實是大陸人民活不下去了,這是共產黨政治才能低下的證據。毫無疑問,共產黨被內部問題所困擾。要了解共產黨,必須瞭解《水滸傳》,因為共產黨做事的方式同強盜如出一轍。

美國傾向於採取「兩個中國」的政策,並同意北京加入聯合國,大多數中國人不能不對此表示反對。美國處理中國問題缺乏技巧,在外交上不如英國,在了解中國人方面則不如日本。我對美國的中國政策缺乏信心。

我相信,在解決中國的問題,包括臺灣對中國共產黨政權的問題上,日本很快就會發出重要的聲音,甚至可能比美國發揮更重要的作用。如果美國能夠處理好它和日本的關係,日本可以發揮更有效的作用,至少比印度更重要。儘管我非常欽佩尼赫魯,我還是會這麼說。從印度的角度來看,他的政策非常好,印度今天的地位與他的領導分不開。

我認為英、美、日、印四個國家將決定中國問題,它們是真正關切這個地區的國家。法國對世界的這部分已經沒有真正的興趣。

我的家人在哪裡？我的二兒子宗惠是我最喜愛的兒子。作為臺灣的中國空軍上校，他在戰略計畫研究委員會擔任副手。他最近代表中國在泰國開會。無論是親戚、朋友還是同事，大家都喜歡宗惠，我從來沒有聽到任何人說他不好。他忠誠、謹慎、負責。

我的大兒子宗矩畢業於東吳大學，在香港聯合出版社工作。我不能與他共事，他是唯一我無法應付的人。他和妻子離婚，患有神經紊亂的疾病。他另一個長處是一流的棋手。我們很少見面。

我的三兒子宗志，有一天出去釣魚時，被日本人抓走，當時他是上海同濟大學的三年級醫學生。日本人懲罰他，讓他在太陽底下站了一天。這個經歷讓他深感不安，想和我的四兒子宗明離開上海去重慶，並寫信告知他們的計畫。我叫他們不要冒險，這對兩個年輕男孩來說太危險，但宗明成功地到達重慶。我很感動。後來我想也許我不該告訴宗志不要冒險。戰爭結束前一兩年，他自殺了。他自殺的原因是什麼？我現在都不知道，我從來沒有跟我的第一任妻子追問過這個話題。宗志的自殺是我倆疏遠的原因之一，我只能說她沒有處理好這些事。我悲痛欲絕，宗志原來是我最喜愛的兒子，他是我所有的孩子中最聰明的一個。他有文學才能，在科學和文學方面都很有潛力。

宗明畢業於上海大同大學。1949年他差點離開上海，但還是留下來，和他的女朋友在一起。他現在結了婚，兩個人都在上海工作，都是技術人員，日子似乎過得不錯。

他們在化學領域有所發明。他們的照片看起來不愁吃,他們的兒子很聰明。

我女兒宗華畢業於上海復旦大學,住在香港。她的先生從事出版業。

我和第二任夫人有三個孩子,兩男一女。大兒子宗楷是浸會學院的學生,小兒子宗權是美國愛荷華州的沃爾多夫學院的學生。最小的女兒宗機在香港上學。

我現在的主要活動有哪些?作為《聯合評論》的主編,我一周平均寫三千。我為這個期刊(1958年8月創辦)一共寫了五十萬到六十萬字。作為新亞書院、中華學院和華僑學院的教授,我每週都得備課。

大多數課本和歷史大綱不能激發學生的興趣。如果課本過於簡單,就變得沒有意義,尤其是關於近代的部分。我把近代中國史課程分為四個主題:1894年到1895年甲午戰爭;1898年戊戌變法;1900年到1901年義和團事件;1911年辛亥革命。當然,我們必須溯及更早。談甲午戰爭,就必然要講到明治維新和發生在朝鮮的中日衝突。這就意味著我要從1862年,從同治朝和明治時期的第一個年頭講起。分析朝鮮的事態發展特別重要,它在很大的程度上導致甲午戰爭的發生。但大多數人忽略了朝鮮問題,它在今天依然至關重要。朝鮮問題可以引發世界大戰。[5]

歷史教學的品質有很大的改善空間。這個評語不僅適

---

5 〔原註〕講稿發表時的書名是《中國近代史四講》(香港:聯合出版社,1962),共417頁。

用於香港的學校,也同樣適用於大陸的學校。臺灣呢?臺灣的情況比較好,那裡有一些能力很強的人。不過,臺灣的人一直在向美國遷移。

我怎麼看歷史研究在大陸的發展?有好有壞。馬克思主義的立場當然不好。一些無視馬克思主義的歷史學家做了很好的工作,在出版優秀歷史讀物方面,中國大陸領先於臺灣,許多新的歷史資料也能看到了。我雖然反對共產黨,但在這一點上我不能反對,共產黨在歷史方面做的工作值得敬佩。

從前歷史手稿很罕見,沒有被出版。手稿被認為很珍貴,不鼓勵大家去讀,尤其是私人收藏的手稿。在圖書館裡看到手稿的機會多一點。譬如,燕京大學有相當數量的手稿,允許那些做嚴肅研究的學者去讀。

自1949年,共產黨出版許多歷史手稿。最近出版的資料,包括1898年戊戌變法的文獻(《戊戌變法》,上海,1953,四卷)。除了最終失掉性命的六君子,還有兩個重要人物被捕,張蔭桓和徐致靖。

張蔭桓能幹,但他貪婪自負,四十歲以後才開始學外語,因為他負責處理外交事務。他代表中國參加過維多利亞女王登基鑽禧慶典。他變得西化,擁有漸變幻燈投影機這樣的小工具,他愛吃西餐,相信西醫。只有一小部分北京官員贊同他的生活方式。大多數保守派看不起他,因為他不是透過正常的制度晉升到高位。慈禧不喜歡他。康有為和他是南海老鄉,康有為住在他的北京家裡,那就是為

什麼戊戌變法失敗後張蔭桓會被捕。

最近公開的資料披露了這八個人在監獄的經歷，他們不知道他們會不會都被處死。張蔭桓向一個看守打聽，看守告訴他兩個人會被饒恕。他問哪兩個。看守說康廣仁和楊（深秀）。張蔭桓以為他會死。但在天亮時，六輛車來押解死刑犯去刑場，他才知道他和徐致靖獲得赦免。這兩個人都不知道是誰救他們，我們現在知道答案了。英國政府藍皮書（的譯本）和一份由日本駐華代理公使林權助保留的紀錄透露，是英國和日本救了張蔭桓。英國要求日本和他們一道，抗議處死張蔭桓。他們警告清朝政府，如果他們一意孤行，不經過審判就處死張蔭桓這樣的要人，就會遭到國際輿論的譴責，英國人並說他們可能會考慮介入。張蔭桓後來被流放到新疆，根據兩個押送張蔭桓一路到達山西的官員紀錄，我們知道路上發生的事情，他們也寫下了張蔭桓告訴他們的事情。

共產黨收集張蔭桓案有關資料的工作做得不錯，沒有篡改那些顯示清朝政府怎麼受到帝國主義壓迫的原始資料。張蔭桓案與義和團事件的爆發有很大的關係，慈禧遷怒於列強破壞她處死張蔭桓和徐致靖並除掉光緒皇帝的計畫，這就是她為什麼要利用義和團拳民。

歷史應該由許多人來書寫。越往後的歷史學家，越有機會產出有價值的東西，因為他們可以看到更多的資料。外國人的著述對於了解中國歷史也有幫助。

我估計，過去的十年中，共產黨出版了至少五千萬字

的原始資料，有重要文集，也有獨立卷本。在太平天國的文集裡（《太平天國》，上海，1952，八卷），我們看到李秀成的原始證詞。以前，我們只能看到由曾國藩編輯並保存在湖南的版本。

即將出版的多卷本《洋務運動》（第一卷於1959年出版）涵蓋1860年到1894年，涉及張之洞和其他人在創辦中國海軍、軍工廠、礦場等方面所做的努力。盛宣懷有才幹，雖然不能說他廉潔。世上有三種人：做事不為賺錢的人，做事同時賺錢的人，做完事才賺錢的人。盛宣懷屬於第二種人。

誰是第一種人？這種人不多，張靜江是個例子。作為在巴黎的中國藝術品商人，他賺了十萬到二十萬法郎，實在不是什麼大數目。但他跟孫中山有個約定，如果孫中山給他發電報「A」，就知道孫中山需要一萬法郎，「B」代表想要兩萬法郎，「C」是三萬法郎，「D」是四萬法郎。他從來不還價。孫中山要多少，他就匯多少。

張其昀最近在臺灣完成了一本書，涵蓋五千年中國歷史（《中華五千年史》）。他目前在重編清史稿，雖然他已失去權勢，但仍然在辛苦地工作。他是東南大學的優秀學生，柳詒徵是他的老師。現在他是陽明山的國防研究院主任，曾任教育部部長。

在中國研究的領域，香港華人走在美國人前面。美國人擅長方法，不擅長內容。香港華人不擅長方法，擅長內容。

我對當前青年一代的知識素質有什麼看法？老一代沒有好好對待年輕一代，沒有引導年輕人。缺乏知識的領導力是我們這個時代最大的缺陷，新舊文化的領袖都遠遠低於標準。

　　新文化運動的領袖不再擁有他們在運動初期擁有的力量。胡適現在寫得不多，他寫不了太多。他已經失去了領導當前青年一代的能力，新文化運動缺乏領袖。

　　對立的一方也缺乏領袖。現在反對新文化的一些人太無能！新文化運動從開啟到後來一段時間裡，它的支持者和反對者都令人敬畏。四十年之後，雙方都不再有力。這是一個悲劇，讓我感到非常痛苦。

　　新舊文化之間的衝突從來沒有消弭過，反對胡適一直存在。在大陸、臺灣和海外，都能發現反對他的人。香港的新亞書院是海外反對派大本營。大陸與臺灣的問題是自由和民主，新亞書院的問題不在於自由和民主，而在於名氣之爭。胡適的聲譽之高，讓有些人不高興。反對胡適的聲音如此強烈，不是偶然的。作為 1920 年代的年輕人，胡適在演講和寫作中咄咄逼人。

　　錢穆（新亞書院院長）和唐君毅是人文主義運動的領袖。可惜有些宣導人文主義的人是機會主義者。當一種思潮出現時，就會有些人為了自身的利益跟風。有些人反對胡適，是因為他們認為（臺灣）政府反對胡適。

　　我必須說，我看不出有任何必要推崇儒教。儒家教義當然值得研究，但我看不出用儒教來拯救我們的國家會有

什麼希望。儒教不足以完成救國的任務,我也不認為儒教應該用來作為反共的武器。我不反對那些推廣儒教的人,我只是不認為它是治病的藥方。

坦白說,「德先生」和「賽先生」更有效,同儒教也並非必然衝突。當然,有人會說儒教和民主不相符。雖說如此,儒教也有很多方面,包括有關教育、政治、藝術和文學的觀點。到目前為止,我們只是簡單地討論了新文化的複雜問題和它與舊文化的衝突,這個問題仍然值得深入研究。

最近胡適在臺北說,他仍然喜歡白話新詩,因此他從來沒有背離自己的原則,他鼓勵年輕人寫白話新詩。不過,近年來讀過的新詩讓我深感疑惑。許多人寫新詩,我們有一段時間在《聯合評論》發表新詩。後來我們暫停這個做法,因為很多新詩毫無意義,至少詩人是詞不達意。我看到大陸出版的幾本新詩集不怎麼好,主要是宣傳和歌頌毛澤東。

實際上,過去的四十年,我還沒有看到過真正好的、值得保留的新詩。主要原因是什麼?我認為,白話新詩可能有前途,我只是還沒有看到真正有意義的作品。我幾乎看了所有出版的新詩,年輕人寫不出好的新詩的一個原因是,他們缺乏傳統中國文化和西方文化的基礎。

為什麼寫白話詩需要西方文化?西方文化有直接的影響。我相信西方的語言知識是中文教授必須的裝備之一。熟悉西方詩歌很重要,西方詩人和中國詩人在精神上是相

通的,教中文詩詞散文的人應該接受西方語言的訓練。我不贊成中國詩的全盤西化,但我認為,中國詩需要一點西方的情感和韻味。這是新事物,青年們還沒有能力吸收。同時,他們缺乏扎實的中文基礎,這就是為什麼他們的新詩缺乏意義。

毛澤東寫古詩,但我認為他並不擅長。他寫了十九首詩,這數字只包含古詩。我說他不是一個好詩人,並沒有帶偏見,那是總體客觀評價。他的其中一首詩,「沁園春」,是經過郭沫若和柳亞子修改的,還不錯,但總的來說,他的詩沒有真正的地位。人們只是想奉承他,僅此而已。他缺乏扎實的基礎和文學修養。不過,他的散文很有力量。另外,他有經驗,對中國社會有一定的了解,在這一點上他比蔣先生強。蔣先生在軍事上戰敗,在文學上遠遠地落後於毛。

三年前章士釗訪問香港時,我見過他。他最近又來,但我沒有見到他。他曾經是影響新文化的人物,如今不過是自己從前的影子。幾年前,他給張君勱一首詩,頌揚毛澤東,為共產黨辯護。如果他願意,讚揚毛澤東沒什麼大不了,那是政治。問題是他的詩寫得糟,我最近批評過那首詩。

毛澤東的品質有好有壞。對一個學者來說,最重要的是保持清醒的頭腦,不要混淆黑白。我不能理解像章士釗那樣的學者怎麼能夠在大陸人民食不果腹的情況下,為共產主義制度辯護。他在詩裡還不適當地批評梁啟超。我上

次見到他時，建議他寫回憶錄，不知道他寫了沒有。

臺灣有不少傳統詩人，但沒有人給我留下深刻的印象。

我們的曾慕韓先生（曾琦）寫舊詩，我批評那是志士的詩，不是詩人的詩。

李璜、我和其他為《聯合評論》寫稿的朋友寫古詩。我們在《聯合評論》發表了很多古詩。雖然人們可以模仿古詩，但很難超過以前的詩人。要想超過李白，那會是了不起的成就！

我最近寫了一首詞，讓我很高興。我和一些朋友在杯渡山，我們遠眺對面的大陸，有幾艘漁船，我的朋友們抒發了自己的感傷。我寫了一首詞勸他們不要過於悲觀，雖然我心裡也是悲觀的。

我雖然不清楚大陸過去十二年的發展，我認為那裡產生的新文學作品優於海外，有相當大的成就。當然，有些作品沒有價值，譬如頌揚史達林、毛澤東和階級鬥爭的白話詩。但從我看到的詩、小說、電影劇本來判斷，有些文學作品很不錯。

共產主義制度在多大程度上影響了文學藝術的發展？儘管毛澤東的藝術水準不高，但他對藝術和文學有興趣。這樣的領袖一定會對文壇有影響。我是不是認為大陸的文化是在黨的控制之下？不見得。譬如，兩部成功的大陸電影就沒有共產主義的含義，充滿愛國情感的「楊門女將」，還有「梁山伯與祝英台」。

由於中國傳統戲曲的改革，大陸的戲劇發展得很好。

以前京劇壟斷了舞臺。近年來，地方戲劇復興，有粵劇、鄂劇、湘劇，甚至廣西的戲劇。非常棒！另外值得一提的是那些關注這一發展的人們殷切之情。戲劇學校在培養年輕一代方面做得非常徹底。

共產黨讓田漢改革戲劇，讀過他最近關於一個唐朝公主嫁給藏族王子劇本的人都大加讚賞。這個主題也許來自西藏問題的啟發，但我聽說這個劇本是成功的藝術作品。直到今天，田漢作為劇作家沒讓我失望過。曹禺也在大陸。

大陸的新文化有前途嗎？有。給人一種充滿活力的印象。但我不能說大陸的作家享有多少自由。毫無疑問，書寫與黨政策有衝突的小說和戲劇有困難。但這並不意味著作家必須站在黨的立場上，一定要獻媚於黨。我能不能說出大陸的成功作品？我還沒有看到由從前的名作家或者新一代人寫的好小說。當然，這不等於說還沒有好的小說出版。

我看到臺灣出了幾篇優秀的短篇小說，那裡有幾位優秀的女作家。香港呢？我還沒有在香港遇見有才能的作家可以在未來的文學界占據一席之地。但話又說回來，我的標準很高。

我對文學的未來並不悲觀，雖然對於政治我不能說同樣的話。一個人到了成熟的年齡，他的行為舉止就不會像個孩子，我們也不能期望他有孩子的活力。我不會說新文化運動自初期以來一直處於衰退狀態，只是從事新文化的

人不夠努力。

　　不過，我得承認，就香港而言，我是悲觀的。香港青年的興趣太窄，臺灣的情況相對比較好。在知識成就方面，臺灣與香港相比如何呢？我敬佩臺灣的一些人，那裡的主要問題是政治壓迫，試圖壓制批評。不過我認為這種令人沮喪的情形不會持久，我不樂觀，但我也不完全悲觀。混亂、幼稚、政治干預，這些都不會持續太久。香港的優勢是相對自由，人民可以暢所欲言。

　　我自己的興趣又多又廣。我喜歡各種戲劇，包括西方歌劇、京劇和現代戲劇。但我不能欣賞粵劇，因為我聽不懂方言。我也喜歡電影。

　　我用很多時間來讀書。我最近讀了一些梁啟超先前沒有發表的作品，收錄在今年出版的《年譜》裡，大多是他與家人和朋友的通信。我很感動，因為我向來崇拜梁先生，《年譜》能讓我們更好地了解他。

　　我認為中國必會進入一個大規模翻譯西方優秀作品的時代。日本人在積極從事翻譯工作，在日本，原作出版後一個月就有譯作面世，總體來說品質不錯。從前，有些日本譯作拙劣得可笑。

　　在過去的十年中，我收集了超過三百種中文的譯作。譬如，李霽野翻譯的夏洛特・勃朗特的《簡愛》讓我非常感動。托爾斯泰被大量翻譯，他的著作在大陸被重新編輯。帕斯捷爾納克的《齊瓦哥醫生》兩個譯本最近出版，但都不成功。哪種語言被翻譯得最廣泛？俄語（在大

陸）。在香港則很多元，有些老書被再度翻譯。在我自己的藏書中，法文譯本占的比例最大。

翻譯著作還是不夠多。六十年以來，嚴復作為介紹西方文化的人，仍然沒有被超越。非常遺憾。當有人勸胡適獻身翻譯事業的時候，他回答說，這不是件容易的工作，尤其是翻譯學術著作。譯者必須對原作的內容有清楚的了解。另外，譯者還必須精於漢語，善於表達自己。這就需要三十年的訓練，也許有天賦的人只需要二十年。很嚴格的要求。

除了熟悉語言、理解原作，譯者還必須對翻譯對象感興趣。譯文應該既要易懂，又要好。易懂的標準比較容易建立，但比較難判斷翻譯的好壞。如果不可能大規模地進行翻譯，至少有必要在每個領域裡選擇最好的來翻譯。

我主張向西方學習。如果我是學校的校長，我就不會聘用不懂西方語言的中文教師。我這話對教古文和白話文的老師都適用。外國人寫作講邏輯，我們中國人不太關注語法，外國人重視語法。馬建忠是中國最早留學回國的學生之一，他寫了一本很有影響的書，用中國古典文學中的例子介紹西方語法，這本書對我們非常有教益。古典文學裡是有語法的，只是我們沒有分析而已。感謝馬先生，我們得以理解一直忽略的東西。

還有一點，中國文學缺乏風景和情感的描寫。中國小說裡描寫情感痛苦的段落少。如果沒有西方的影響，改變中國文學的內容是不可能的。我們必須掌握西方描寫人

物、風景與情感的精髓。當然,在《水滸傳》和《紅樓夢》那樣真正成功的一流古典文學中是有的,但那是例外。

　　我們需要學習表達新的情感。譬如,我從來沒有在中國小說裡讀到過描寫男女之間有一方是盲人的愛情。(左拉的)《娜娜》中的主人公是個不良少女。我們必須吸收西方描寫的精髓,用於中文的表達。我當然不反對中國傳統,我只是覺得我們可以從西方文學裡學到很多東西。

附言 [1]

　　胡適去世前不久,寫信給一個香港的朋友,表達自己得知任鴻雋的逝世以及他妻子(莎菲)失明時的悲傷。現在胡適去世了,還有不少人反對他。

　　大陸文化界過去兩年有所改善。從哪一方面看?從所有方面。有很多研究機構,有些很不錯,由夠資格的人領導,在地質學、數學和原子能領域確實如此。臺灣也有研究機構,但蔣先生的人不合格。譬如,張其昀就完全不夠格。

　　在大陸,重新整理文學和歷史典籍的工作做得很好,尤其是前者。他們重新整理詩歌和小說,譬如《紅樓夢》。他們在重新整理方面的成就,體現在最近關於長城和北京動物園的珍稀動物電影。不過,我還沒有見到任何優秀的創意作品,不論是文章、戲劇、還是小說。我讀了很多,我想這是因為害怕共產黨的批評。

　　大陸出版業的特點是勞動分工。譬如,商務印書館、

1　〔原註〕左舜生在1964年2月3日所作的時評。

中華書局,以及其他出版社致力於專門的領域,百分之九十以上的工作,他們都認真對待,很少有排印錯誤,管理非常嚴格。大陸的專門化確實令人印象深刻,臺灣跟不上。蔣先生完全不懂創作。他只是個大老粗。

譯後記

劉紅英

　　2017 年，世佑學長再次訪問史丹佛大學，邀我翻譯《左舜生口述史》。他鞭策我翻譯的原因，大概與我倆有過在湖南省首屆大學生論文報告會上獲獎的共同經歷有關，可能對我多存了一點信任。那是 1981 年大四的冬季，他在全省的歷史專業中勝出，我則代表外國語言文學專業，帶我們去湘江賓館參加授獎大會的校領導是世佑學長的近代史授課老師、歷史學權威林增平教授。林先生和我的父親兼老師——湖南師範大學外語系的翻譯理論家劉重德教授——為這個省屬重點院校貢獻了一生。世佑學長經常想著用自己的文字和演講彰顯我們的本科母校。這一年，他還邀請了二十六位在北美工作和居住過的湖南師大校友撰寫自己的父親，搶救家史乃至校史與社會史，知人論世。他作為主編，不僅教我們怎麼寫出接近出版水準的父親，還在醫院為我們修改文稿。天道酬勤，我們的書《故園的背影——湖南師大北美校友筆下的父親》就給第二年湖南師大建校八十周年獻上了一份特殊的生日禮物，

還被選為教育部給全國中小學圖書館推薦的書目。

　　我在接受世佑學長邀譯時,想的還很簡單,比起艱深的學術著作,訪談體裁翻譯起來會容易些,還能幫我恢復中文。

　　我於1985年初在北大西語系研究生畢業,留校任教半年後,赴美留學,隨後改變了回國任教的計畫,轉向IT行業。不論工作多忙,我每天在睡覺前,會讀個把鐘頭的英文雜誌,幾乎不讀中文書,不看中文電影,不寫中文。親友之間的對話只限於日常用語,中英混雜,方便為上,哪個詞先冒出來,就用哪個詞。中英混雜的原因,首先是懶,其次是內容使然。如果第一次接觸的某個話題是在英文的語境裡,腦子裡儲存的就是英文的有關詞彙和知識,用英文表達就比中文容易。這與文化差異也有關係,中英文的詞義還是有些細微差別。比如,我們常說某個同事很「nice」,中文的「人很好」、「善解人意」、「樂於助人」都算近義詞,但還是跟「He's a nice person」略有差別。久而久之,我的母語中文日益荒廢。動手翻譯之後才知道,即便是訪談的體裁,我的中文還是不夠用,譯出來有點彆扭。看了世佑學長的修改後,我才知道為什麼彆扭:第一,句子不符合中文句式的習慣。英文語法很規矩,主謂賓清楚,如果不斷句,就要用連詞或者分號把句子連起來。而中文可以一個逗號接一個逗號,講完一個意思再斷句。第二,口語要合乎習慣,我的譯文裡經常混進書面語。譯完幾段後,還應該拋開原文讀一兩遍,才知道

是不是合乎口語的習慣，避免世佑學長說的「夾生飯」。

夏連蔭女士的英文非常道地。雖然說的都是民國的事情，她流暢得讓人猜不出受訪者原來的中文用詞。為了感受一下左舜生先生的文風，我讀過他的《近三十年見聞雜記》。這位長沙前輩的文風很平實，語不驚人，不溫不火，簡明得體，娓娓道來，給人留下清晰的印象。左先生是個會講故事的歷史研究者。世佑學長也善於講故事，也很簡練，但他會出其不意地犀利一下，而且語言詼諧生動。不過，他修改的譯文不像自己的話風，卻能體現左先生的風格。我們儘量採用直譯而不是意譯的方法，因為翻譯不僅要保全原文的意義，通順易懂，還要切合原文的風格，這是我的父親劉重德教授曾經在嚴復先生的「信達雅」基礎上提出的翻譯三原則：「信達切」。

我生鏽的母語與夏女士完美的英文之間存在隔膜，我對時代背景與歷史脈絡的生疏更是給翻譯增加了難度。官方的敘事是在有選擇地解說歷史，有時就掩蓋了那個時代的真實風貌。比如，口述史的第二、三章談到1920年代中期的新文化運動，涉及當時辯論雙方那些形形色色的人物，除了我和許多讀者都耳熟能詳的梅光迪、吳宓、林紓、錢玄同、胡適、陳獨秀，還有大量幾乎被埋沒卻同樣才情恣肆的人，比如劉伯明、胡先驌、姚永概、康白情、楊杏佛、朱謙之、楊沒累、梁宗岱……還有一些嘈雜的細節：胡適的八不主義，陳獨秀的專斷；不懂外文的林紓翻譯了一百七十一部小說，一個字掙六塊錢，比普通作者多

一倍，左舜生給摯友王光祈爭取到優惠的稿酬，王還嫌低；嚴復不同意通過廢除古典文學來推廣白話文，北大校長蔡元培同情新文化，但也聘請舊學派的教授……左先生給我們呈現的是百舸爭流的時代畫卷。

　　生於1893年的左舜生對新文化運動的興趣十分濃厚。五四運動前夕，他加入了回應新文化運動的少年中國學會，擔任南京分會的負責人。1920年初，他到上海加入中華書局編輯部，以新書部主任的身分，出版了很多譯著和期刊。後來他投身政治，成了中國青年黨的黨魁之一。左先生見識廣博，人脈資源豐富，立場中立，跟各派人士都說得上話。他希望中國青年黨作為第三勢力，在國共之間做些調解，沒有意識到中國還沒有走完你死我活的政黨鬥爭階段。他交往較多的人裡除了青年黨內的曾琦、李璜、陳啟天、常燕生等，還有劉伯明、沈曼若、陳布雷、黃郛、雷震、蔣介石、張羣、張君勱、張聞天、毛澤東、鄧中夏、惲代英……這些第一手的資料，讓我腦海裡模糊的黑白畫面變得五光十色起來。相比之下，我輩從小接受過的黨史課程與反帝反封建的宏大敘事不免單調乏味。

　　除了新文化運動這樣的大事，左先生還講了很多不為人知的故事，比他在1950年代初在香港出版的《近三十年見聞雜記》提供了更多的內幕與細節。為了譯好這些故事，我們花了很多功夫。比如，左先生記性極好，時間地點人名從來不會拉下。夏女士翻譯人名不用中文拼音，也

不用威妥瑪拼法，而是遵循粵語的注音習慣，我們往往要經過多方對照才能確認。誰是民國歷史上存在過的重要人物，誰是路人甲，不少人和事已被歷史堙沒，維基百科裡也找不到。這時，世佑學長作為歷史學教授的偵探技巧就派上了用場。他甚至會從美國移民局的入境紀錄中，去考證某個家族的姓氏拼法，還會通過一系列旁證來決定某個細節是左先生的記憶有誤還是夏女士的筆誤。世佑學長的嚴謹和耐心，令人歎為觀止。為了便於年輕的讀者閱讀，他還對很多久違了的民國人物做了腳注，其中也不缺他首次接觸的姓名，畢竟他以前的研究重點是晚清而不是民國。那些註腳的語言簡練，對民國名人詞典提供了重要補充。

《左舜生口述史》的英文訪談記錄由三百多張打印紙的照片集結而成，字體小、背景發黃、老式打字機的字體清晰度遠遠低於電腦排版的出版物，翻譯起來很費眼神。我有不少漏譯和誤譯，幸虧有世佑學長逐字逐句地校對，逐一改正。世佑學長經常謙虛地說，自己在岳麓山學的是啞巴英語，只能應付大鍋飯式的英語課程與晉升職稱時的低級考試，考完就扔，很多單詞和有趣的句式都記不清了，但從他修改的譯文來看，他對英文口語的理解還相當準確，加上他龐大的中文詞彙量，經常能找到更能達意的詞語，我等於上了一次翻譯課。

世佑學長談得最多的，是把漢譯英之後的英文訪談還原成漢語的冒險性，還有在這個還原過程中許多中外師友

與弟子付出的情誼,讓他如數家珍,其中讓我印象比較深的有:在哥倫比亞大學的口述史資料還在倉庫堆積的年份找到英文打印稿的訪問學者——兩位中國政法大學的法學博士楊貝教授與沈嵐教授,還有為世佑學長代勞補拍哥大的訪談資料、至今還沒與世佑學長見過面的紐約友人鳳儀先生,始終關注世佑教授受託研究專案之進度的史丹佛大學胡佛研究所資深研究員郭岱君女士與林孝庭先生,支持該譯著出版的香港三聯與北京三聯原總編輯李昕先生,走進哥大多方追詢左氏口述史資訊的紐澤西湖南師大校友徐琳玉女士,近年熱心提供殘留的錄音磁片與相關資訊、有求必應的哥大圖書館年輕有為的館員黃穎文女士,以及該校的資深館員王志成先生,史丹佛大學東亞圖書館資深館員薛昭慧女士與 Grace,還有把記錄左舜生晚年在臺北演講的日記供世佑學長抄錄,再贈送一箱青年黨資料的臺灣中央研究院近代史研究所前所長陳三井先生,該所前胡適紀念館主任潘光哲先生,細心查證民國時期上海老街名的滬籍實業家王秋皓先生,南昌大學講師張大海先生,還有全力支持世佑學長追蹤左舜生與李璜在港足跡的李金強教授、區志堅博士、黃淑薇館員與王炳強先生,受左師啟發留學東瀛的新亞弟子盧瑋鑾教授,支持世佑學長在九龍鑽石山住下來、追蹤左氏藏書下落與家屬蛛絲馬跡的浙大本科學子丁凱博士,認真回應個別譯名疑難的臺北民國史資深教授劉維開先生與臺灣國父紀念館鍾文博博士,……還有並未先富起來卻全資買下臺北某教授家藏青年黨資料、

再悉數轉贈世佑學長的湘籍工程師蕭君，還有先把英文訪談資料全部列印再襄助世佑學長逐章審校的美國猶他大學傳播學博士孫瑱教授，……還要感謝哥倫比亞大學授權世佑學長對《左舜生口述史》的漢譯與出版，推進學術研究之公益。

希望《左舜生口述史》讓那些珍貴的歷史資料抖落塵埃，給那個豐富多彩的時代開一扇窗。

劉紅英　謹記
美國加利福利亞州庫珀蒂諾
2024 年 10 月 11 日

史家薪傳 07
左舜生口述史（1893-1961）
The Reminiscences of TSO Shun-sheng (1893-1961)

記　　　錄	夏連蔭
編　　　譯	郭世佑、劉紅英
總 編 輯	陳新林、呂芳上
執行編輯	林弘毅
封面設計	溫心忻
排　　版	溫心忻

出　　版　開源書局出版有限公司
香港金鐘夏愨道 18 號海富中心
1 座 26 樓 06 室
TEL：+852-35860995

民國歷史文化學社 有限公司
10646 臺北市大安區羅斯福路三段
37 號 7 樓之 1
TEL：+886-2-2369-6912
FAX：+886-2-2369-6990

http://www.rchcs.com.tw

初版一刷　2025 年 7 月 31 日
定　　價　新台幣 500 元
　　　　　港　幣 168 元
　　　　　美　元 25 元

ＩＳＢＮ　978-626-7543-77-1（平裝）

印　　刷　長達印刷有限公司
臺北市西園路二段 50 巷 4 弄 21 號
TEL：+886-2-2304-0488

版權所有・翻印必究
如有缺頁或裝訂錯誤
請寄回民國歷史文化學社有限公司更換

國家圖書館出版品預行編目 (CIP) 資料

左舜生口述史 (1893-1961) = The reminiscences of Tso Shun-sheng, 1893-1961 / 左舜生口述 ; 夏連蔭記錄 ; 郭世佑, 劉紅英編譯. -- 初版. -- 臺北市 : 民國歷史文化學社有限公司, 2025.06

　　面 ;　公分. -- (史家薪傳 ; 7)

ISBN 978-626-7543-77-1（平裝）

1.CST: 左舜生 2.CST: 傳記 3.CST: 口述歷史

782.886　　　　　　　　　　　114007385